Deutsch-spanisch-französisch-englisches Wörterbuch Der Berg- Und Hüttenkunde Sowie Deren Hülfswissenschaften

ENGLISH-GERMAN-SPANISH-FRENCH

DICTIONARY

OF

THE TERMS EMPLOYED

IN

MINING, METALLURGY AND CHEMISTRY

WITH THE RESPECTIVE AUXILIARY SCIENCES

BY

MAX VENATOR

MINING-ENGINEER AND MANAGER OF MINES

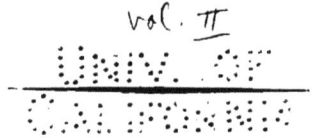

LEIPZIG
VERLAG VON A. TWIETMEYER
1897

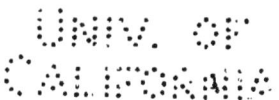

A.

English	German	Spanish	French
abaca (s)	Hanf (m)	abaca (f), cañamo (m), pita (f) (Mexico)	chanvre (m), abaca (m)
abacus, (s) (ore dressing)	Scheidtrog (m)	platon (m) de madera para lavar minerales	augette (f) à main
abandon, give up (v. a) a mine	eine Grube auflassen, verlassen, den Betrieb einer Grube einstellen	paralizar, abandonar los trabajos de una mina	délaisser, abandonner, suspendre les travaux d'une mine
Abbyssinian spring (s)	Abbessynier Brunnen(m)	pozo (m) de Abisinia	puits (m) de l'Abyssinie
above ground (Ming)	Ueber Tage	al sol, al aire	au jour
above sea level (adj.)	Ueber dem Meeresspiegel	por cima del nivel del mar	au-dessu du niveau de la mer
absorb (v. a) (chem.)	absorbiren, aufsaugen	absorber	absorber
absorption (s)\ absorbition (s)/ (chem.)	Absorption (f), Aufsaugung (f)	absorpcion (f), absorcion, absorbencia (f)	absorption (f)
accelerate (v. a)	beschleunigen	acelerar	accélérer
acceleration (s)	Beschleunigung, Erdanziehung (f)	aceleracion (f)	accélération (f)
accumulator (s)	Akkumulator (m)	accumulador (m)	accumulateur (m)
acetate (s)	Acetat, Essigsaure Salz (n)	acetato (m)	acétate (m)
potassium — (s) [$KC_2H_3O_2$]	Essigsaure Kali (n), Kaliumacetat	acetato (m) de potassa	acétate (m) de potasse
— of sodium [$NaC_2H_3O_2 + 3H_2O$]	Essigsaure Natron (n), Natriumacetat	acetato (m) de sosa	acétate (m) de soude
— of aluminium [$Al_2(C_2H_3O_2)_6$]	Essigsaure Thonerde (f)	acetato (m) de alúmina	acétate (m) d'alumine
— of lead, sugar of lead [$PbC_4H_6O_4 + 3H_2O$]	Essigsaure Bleioxyd (n), Bleizucker (m), Bleiacetat	acetato} de plomo azucar}	acétate (m) de plomb, sucre (m) de Saturne
— of copper [$CuC_4H_6O_4 + H_2O$]	Essigsaure Kupferoxyd (n), Kupferacetat (n)	acetato de cobre	acétate (m) de cuivre
Crystallized verdigris (s)	Neutrale Essigsaure Kupferoxyd (n)	verdete, cardenillo (m)	verdet cristallisé, vert-de-gris (m)
Schweinfurt green (s) [$CuC_4H_6O_4 + 3CuAs_2O_4$]	Schweinfurter Grün, Essig-arsensaure Kupferoxyd (n)	verde (m) de Schweinfurt	vert (m) de Schweinfurt
— of ammoniac (s)	Essigsaure Ammoniak	acetato de amoniaco	acétate (m) d'ammoniaque
acetic (adj.)	essigsauer	acético	acétic
— acid [C_2H_4O]	Essigsäure (f)	acido (m) acético	acide (m) acétique
acetone (s) [C_2H_6O]	Aceton (n)	aceton (m)	aceton (m)
acetyle (s) [C_2H_3O]	Acetyl (n)	acetilo (m)	acétyle (m)
acicular (adj.) (Min.)	nadelförmig	acicular	aciculaire
acid (adj.) (chem.)	sauer	ácido	acide
— (s)	Säure (f)	ácido (m)	acide (m)
acidification (s)	Essigbildung, Ansäuerung	acidificacion (f)	acétification (f)
acidify, acidulate (v. a)	säuern, ansäuern	acidular, acidificar	aciduler

1

English	German	Spanish	French
acting (adj.) (mech.)	wirkend	agente	agent
single acting	einfach wirkend	de simple efecto	à simple effet
double acting	doppelt wirkend	de doble efecto	à double effet
acting (s), action (mech.)	Wirkung (f)	efecto (m), accion (f)	effet (m), action (f)
adarme (s) [1,8 gr.]	Adarme (m)	adarme (m)	adarme (m)
add (v. a) minerals (met.)	zugeben (von Erzen und Flussmitteln), zuschlagen	agregar minerales ó fundentes	ajouter un minerai ou un fondant
adhesion, adherence (s)	Adhäsion (f)	adhesion (f)	adhésion (f)
adit (s) (Ming.)	Stolln	socavon (m)	galerie (f)
water adit, adit for draining a mine,	Wasserlösungsstolln (m)	socavon (m) de desagüe	galerie (f) pour l'écoulement des eaux
deep adit (s)	Erbstolln (m)	socavon (m) principal	galérie (f) principale
adit-entrance, mouth of adit (s)	Stollnmundloch (n)	boca-mina (f)	embouchure (f), orifice (f) d'une galerie
adjust (v. a)	abrichten (von Gezähe)	ajustar	ajuster
adjusting screw (s)	Stellschraube (f)	rosca que se puede subir ó calar segun el conviene	vis (f) de rappel
adobe see air-dried-brick			
Adularia (s)	Adular (m)	adulário (m)	adulaire (f)
adventure see undertaking			
aeriform (adj.)	luftförmig	aëriforme	aériforme
aerolite(s), meteoric stone	Meteorstein (m)	meterolita (f), piedra meteórica	météorolithe (m), pierre (f) météorique
affinage (met.) (s)	Läutern, Affiniren der Metalle (n)	affinado (m)	affinage (m)
after-damp see damp			
Agate (s) (Min.)	Achat (m)	ágata (f)	agate (f)
banded —	Bandachat (m)	— bandeada	— rubanée
agents (s) (chem.)	Agens (n)	agente (m)	agent (m)
Aikinite see lead ores			
air (s)	Luft (f)	aire (m)	aire (m)
— in a mine	Grubenluft (f), Grubenwetter (n. pl)	aire de minas	air (m) des mines
— bubble (met.) (s)	Luftblase (im Guss)	burbuja (f)	soufflure, chambre (f)
— chambre (s) (hydr.)	Windkessel (m)	recipiente (m) de aire	réservoir (m) d'air
— compressor (s)	Luftcompressor (m)	compressor (m), maquina (f), para comprimir el aire	compresseur (m) de l'air
— current (s) (Ming.)	Luftstrom, Wetterstrom (m)	corriente (m) del aire	courant (m) d'air
— dried brick (s) adobe (s)	Luftziegel (ein an der Luft getrockneter Ziegel)	adobe (m)	adobe (m)
— door (s) (Ming.)	Wetterthüre (f)	puerta (f) de ventilacion	porte (f) d'aérage
draught of air (s) (Ming)	Wetterzug (m)	tiro (m)	tirage (m)
fresh air for ventilating a mine	Frische Wetter (n. pl)	aire bueno en minas	air pour l'aérage
infected air	Matte Wetter (n. pl)	aire malo (m), bochorno (m) (Mexico)	air mauvais (m), mofettes (f. pl)
— gallery, air-way, air-level, air-way(s)	Wetterstrecke (f)	galeria (f) de ventilacion	galerie (f) d'aérage
— pipe (s) (Ming.)	Wetterlutte (f)	tubo (m) de ventilacion	tuyau (m) d'aérage, buse (f) de ventilation
— pump, pneumatic machine (s)	Luftpumpe (f)	bomba (f) de aire, maquina neumática	pompe (f) à air, machine (f) pneumatique
— shaft (s) (Ming)	Luftschacht, Wetterschacht	pozo (m) de ventilacion	puits (m) d'aérage, de ventilation
Alabandine see Manganese ores			

English	German	Spanish	French
Alabaster, Plasterstone, sulphate of lime (s)	Alabaster (m)	alabastro (m)	albâtre (m)
Alalite (s) (Min.)	Alalith (m)	alalita (f)	alalithe (f)
Albin (s) (Min.)	Albin (m)	albina (f)	albine (f)
Albite (s) (Min.)	Albit (m)	albita (f)	albite (f)
alcohol (s) [C_2H_6O]	Alkohol, Sprit (m)	alcohol (m)	alcool (m)
aldehyde (s) [C_2H_4O]	Aldehyd (n)	aldehido (m)	aldéhyde (m)
alder-wood (s)	Erlenholz (n)	madera de alamo negro	bois (m) d'anne
alembic (s) (chem.)	Kolben (m), Phiole (f)	matras, alambique (m)	matras (m), clepsydre (f
alive (adj.) (of a lode)	banwürdig	beneficiable	exploitable
Alkali (s) (chem.)	Alkali (n)	alcali (m)	alcali (m)
alkaline, alcalious (adj.)	alkalisch	alcalino	alcalin
alkalize (v. a) (chem.)	alkalisch machen	alcalizar	alcaliser
Allanite (s) (Min.)	Allanit (m)	allanita (f)	allanite (f)
allay see alloy			
alligation (s)	Legiren (n)	mezcla (f) de metales	alliage (m)
Allemontite see arsenic ores			
Allophane (s) (Min.)	Allophan (m)	alofano (m)	allophane (f)
alloy, allay (v. a)	legiren	alear	allier
alloyage, alloy (s)	Legirung (f)	aleacion, liga (f) de metales	alliage (m) métalique
Almandine, Almandite(s)	Almandin (m)	almadina (f)	almandine (f)
alluvial, alluvious (adj.)	alluvial, angeschwemmt	alluvial	alluvial
alluvial diggings (California)	Seifenwerk (n)	laboreo de aluviones, placer (Mexico)	minière d'un gisement alluvial
— washings	„		
alluvion (s) (Geol.), alluvium (s)	Alluvium (n), das Angeschwemmte Land	alúvio (m)	alluvium (m), alluvion(m)
alum (s) [$K_2SO_4 + Al_2 3 SO_4 + 24 H_2O$]	Alaun (m)	alumbre (m)	allun (m)
— earth (s)	Alaunerde (f)	tierra (f) aluminosa	terre (f) alumineuse
— pit (s)	Alaunbergwerk	alumbrera, mina (f) de alumbre	alumière (f), mine (f) d'alun
— slate (s)	Alaunschiefer (m)	pizarra (f) aluminosa	schiste (m) alumineux
— stone, Alumite (s) [$K_2 SO_4 + Al_2 3 SO_4 + 2 (Al_2O_3, 3 H_2O)$]	Alaunstein, Alunit (m)	piedra (f) de alumbre, alunita (f)	alunite (f)
alumina see aluminium			
aluminate (s) (chem.)	Aluminat (n)	aluminato (m)	aluminate (m)
aluminite (s) (Min.)	Aluminit, Websterit (m)	aluminita (f)	aluminite (f)
aluminium (s) [Al]	Aluminium (n)	alumínio (m)	aluminium (m)
chloride of — [Al_2Cl_6]	Chloraluminium (n)	cloruro (m) de alumínio	chlorure (m) d' —
oxide of —, aluminic oxide, alumina (s) [Al_2O_3] (s)	Aluminiumoxyd (n), Thonerde (f)	óxido (m) alumínico, alumina (f)	oxyde (m) d'aluminium alumine (f)
sulphate of alumina [$Al_2 3 SO_4$]	Schwefelsaure Thonerde, Aluminiumsulfat (n)	sulfato (m) de alumina	sulfate (m) d'alumine
alumite see alumstone			
amalgam (s)	Quickbrei (m), Amalgam (n)	amalgama (f), pella (f) (Mexico)	amalgame (m)
— of gold	Goldamalgam	amalgama de oro	amalgame d'or
— of silver	Silberamalgam	amalgama de plata	amalgame d'argent
— — — (Patio, Mexico)	—	plata pella (f)	—
— refined silver(Patio)	Ausgebranntes Silber	plata piña, secas (pl), limadura (f)	argent affiné (m)
native amalgam [$Ag Hg_2$]	Natürliches Amalgam, Silberamalgam (n)	pella natural (f), plata amalgamada (f), mercúrio argental	amalgame natif. (m)
sodium amalgam (s)	Natriumamalgam (n)	amalgama (f) de sódio	amalgame (f) de soude
amalgamable (adj)	amalgamirbar	amalgable	amalgable

1*

English	German	Spanish	French
amalgamate, amalgamize, amalgame (v. α)	amalgamiren, verquicken	amalgamar	amalgamer
amalgamating (s)	Amalgamiren (n)	amalgamacion (f)	amalgamation (f)
amalgamation (s)	Amalgamation, Amalgamirung, Verquickung (f)	amalgamacion (f)	amalgamation (f)
amalgamation of mining rights see consolidation			
— barrel (s)	Amalgamirfass (n)	tonel (m) de amalgamacion	tonneau (m) d'amalgamation
— pan (s)	Amalgamirpfanne (f)	tina (f) \ de amalgamacion / pan (m)	tinette (f) \ d'amalgamation / pan (m)
pan amalgamation Cooper's system	Pfannnenamalgamation (f), Tinaprocess (m)	sistema de Cooper, benefício de la plata por amalgamacion en tinas	procédé (m) d'amalgamation de l'argent en tinettes
amalgamator, amalgamating-mill (s)	Amalgamator (m), Quickmühle (f), Goldmühle (f)	amalgamador (m)	amalgamateur (m), moulin (m) à or
— heated from below (Mexico)	— mit Unterfeuerung	cazo, fondon (m)	amalgamateur à chauffage inferiéur
amber (s) (Min.)	Bernstein (m), Amber (m)	ambar, succino (m)	ambre jaune (m), succin, carabé (m)
amethyst (s) (Min.)	Amethyst (m)	amatista (f)	amethyste (f)
amianthus see asbestus			
ammonia (s) [NH_3]	Ammoniak (n), Salmiakgeist (m)	amoniaco (m)	ammoniaque
ammoniacal (adj.)	ammoniakalisch	amoniacal	ammoniacale
ammonium (s) [NH_4]	Ammonium (n), Ammon (n)	amónio (m)	ammonium (m)
oxyde of — [$NH_4 O$]	— oxyd (n)	óxido de amónio	oxyde d' —
nitrate of — [$NH_4 NO_3$]	— nitrat, Salpetersaure Ammon	nitrato de —	nitrate d' —
sulphate of — [$(NH_4)_2 SO_4$]	— sulfat, Schwefelsaure Ammon	sulfato (n) de —	sulfate (m) d' —
carbonate of — [$(NH_4)_2 CO_3$]	— carbonat, Kohlensaure Ammon	carbonato (m) de —	carbonate (m) d' —
chloride of — \ sal ammoniac / [$NH_4 Cl$]	Chlorammonium (m), Salmiak (m)	cloruro (m) de —, sal amoniacal	chlorure (m) d' — sel ammoniaque
hydrosulfuret of — [$(NH_4)_2 S$]	Schwefelammonium (wässerige Lösung)	sulfhidrato de amoniaco	hydrosulfate (m) d'ammoniaque
ammonio phosphate of soda, microcosmic salt, salt of phosphorus (s) [$NaNH_4, HPO_4 + 4 H_2 O$]	Phosphorsaure Natron Ammon, Phosphorsalz (n)	sal (f) de fósforo	sel (m) de phosphore
amorphous (adj.)	amorph	amorfo	amorphe
amount (s) of metal in ores	Gehalt (m) an Metall in Erzen	contenido (m) metalico en minerales	teneur (f) métallique des minerais
ampere (s) (elect.)	Ampere (f)	ampere (f)	ampère (f)
Amphibole, Hornblende (s) (Min.)	Amphibol (m), Hornblende (f)	anfibol (m), hornablenda (f)	amphibole, hornblende(f)
Amphibolite (s) (Geol.)	Amphibolit, Hornblendefels (m)	anfibolita (f)	amphibolite (f)
amygdaloidal porphyry see spilyte			
analcite, analcime (s)	Analzim (m)	analcima (f)	analcime (f)
analyze (v. a)	analysiren	analizar	analyser
assay (v. a)	probiren	ensayar	essayer

English	German	Spanish	French
analysis (s) (chem.)	Analyse (f), Untersuchung (f)	analisis (f)	analyse (f)
assay (s)	Probe (f)	ensayo, dosado	essai, dossage (m)
—	Feuerprobe(f), Trockene Probe	ensayo por via seca	essai par voie sèche, analyse (f) au feu
analysis by de wet process (s)	Nasse Probe (f)	ensayo (m) por via húmeda	essai par voie humide
qualitative analysis	Qualitative Untersuchung (f)	analisis cualitativa	analyse qualitative
quantitative —	Quantitative Untersuchung (f)	— cuantitativa, dosado	— quantitative
spectral —	Spektralanalyse (f)	— espectrométrica	— du spectre
gravimetric —	Gewichtsanalyse (f)	— por peso	— par poids
volumetric —	Maassanalyse, Titrirung (f)	— volumétrica	— volumétrique, titrage(m), dosage en volume
assay by scorification (s)	Ansiedeprobe (f)	ensayo por escorificacion con el plomo	essai par scorification par le plomb
assay in crucible	Tiegel Tuten } probe (f)	ensayo por el crisol	essai au creuset
blowpipe assay	Löthrohrprobe (f)	ensayo por el soplete	essai au chalumeau
analytic (adj)	analytisch	analitico	analytique
Anatase (s) (Min.)	Anatas (m)	anatasa (f)	anatase (f)
anchor (s)	Anker (m)	ancla (f)	ancre (m)
Andalusite (s) (Min.)	Andalusit (m)	andalusita (f)	andalousite (f)
anemometer (s)	Windmesser (m), Anemometer (n)	anemómetro (m)	anemomètre (m)
angle (s)	Winkel (m)	ángulo (m)	angle (m)
— bob see crosslever			
— iron	Winkeleisen	hierro { angular de angulo de escuadra	équerre en fer (m), cornière (f)
anglesite (s) [PbSO₄]	Anglesit (m)	anglesita (f)	anglésite (f)
angular instrument for surveying	Winkelspiegel (m)	transportador con espejos	instrument d'arpentage à miroirs
anhydrous (adj.)	wasserlos, wasserfrei	anhidro	anhydre
Anhydrite (s) [CaSO₄]	Anhydrit (m)	anhidrita (f)	anhydrite (f)
Annabergite see arsenic ores			
anneal see to temper			
anode (s) (elect.)	Anode (f)	anodo (m)	anode (f)
Anorthide (s) (Min.)	Anorthit (m)	anortita (f)	anorthite (f)
Anthracite (s) (Min.) see mineral coals			
anticlinal (adj.) (of veins or stratas)	widersinnig	anticlinal	anticlinal
antimonial (adj.), antimonic, antimonious	antimonisch	antimonial	antimonieux
antimoniate (s)	Antimoniat (n)	antimoniato (m)	antimoniate (m)
Antimony (s) [Sb], Stibium	Antimon (n)	antimónio (m)	antimoine (m)
oxide of — [Sb₂O₃] antimonious acid	Antimonoxyd, Antimonige Säure	oxido de antimónio, ácido antimonioso	oxyde (m) d'antimoine, acide antimonieux
antimonic acid [Sb₂O₅]	Antimonsäure (Anhydrid)	ácido antimónico	acide antimonique
antimonious chloride [SbCl₃]	Antimonchlorür (n)	protocloruro de antimónio	protochlorure d'antimoine
antimonic chloride [SbCl₅]	Antimonchlorid (n)	percloruro de —	perchlorure d' —
antimonious sulphide [SbS₂]	Antimonsulfür	súlfuro de antimónio	sulfure d'antimoine
antimonic sulphide [SbS₅]	— sulfid, Goldschwefel (m)	súlfido de —	sulfide d'—
antimoniuretted hydrogen [SbH₃]	Antimonwasserstoff	hidrógeno antimoniado	hydrogène d'antimoine

English	German	Spanish	French
Antimony Ores:	Antimonerze	minerales de antimónio	minerais d'antimoine
Native Antimony	Gediegen Antimon, Spiessglanz, Spiessglas	antimónio nativo	antimoine natif
Antimony Blende, Kermesite, Pyrostibit, Red Antimony [Sb O₃ + 2 Sb S₃]	Antimonblende (f), Rothspiessglanzerz (n), Pyrostibit (m),	antimónio rojo, Pirostibita	antimoine rouge, Pyrostibite (f), Antimoine oxydé sulfuré
White antimonial ore, Valentinite [Sb₂O₃] Exitelite	Weissspiessglanzerz, Valentinit (m), Antimonblüthe (f)	antimónio blanco, Valentinita, flores de antimónio	Valentinite, Exitèle, fleurs d'antimoine
Gray-Antimony, Antimony Glance, Jamesonite, Feather ore [Sb₂ S₃]	Antimonglanz, Antimonit, Grausspiessglanzerz, Federerz (n)	estibina, antimonita, antimónio gris	stibine, antimonite, mine d'antimoine aux plumes
Antimonial silver see silver ores			
anvil (s)	Ambos (m)	yunque (m)	enclume (f)
Apatite (s) (Min.) [Ca₃ P₂ O₈]	Apatit (m)	apatita (f)	apatite (f)
aperture, opening	Oeffnung (f)	apertura (f)	ouverture (f)
discharge aperture, tap hole (s) (met.)	Stichloch (n)	ojo (m) para la colada	trou (m) de coulée
Aphanite, corneine (s)	Aphanit (m)	afanita (f)	Aphanite
apparatus (s)	Apparat (m)	aparato (m)	appareil (m)
apply (v. a) for the permission of working a mine, to claim	muthen, Muthung einlegen	solicitar una concession, denunciar (Mexico)	demander la concession d'une mine
apyrous (adj.)	feuerbeständig, feuerfest, unverbrennlich	apiro, refractário	réfractaire, apyre
aqua fortis (s)	Scheidewasser (n)	agua fuerte (f)	eau (f) forte
aqua regia (s) [3 H Cl + H NO₃]	Königswasser (n), Salpetersalzsäure (f)	agua régia, ácido nitromuriático, ácido nitrohidroclórico	eau régale, acide nitromuriatique
nitromuriatic nitrohydrocloric } acid			
aqueous (adj.)	wässerig	acuoso	aqueux
Aragonite (s) (Min.)	Aragonit (m)	aragonita	aragonite (f)
arbor, beam, axletree (s)	Wellbaum (m)	árbol (m)	arbre (m)
arc (s)	Bogen (m)	arco (m)	arc (m)
graduated arc (s)	Gradbogen (m)	semi-circulo graduado	demi-cercle gradué
arch (arch.)	Bogen, Gewölbbogen (m)	bóveda (f))	voûte (f)
area, surface (s)	Flächenraum, Flächeninhalt (m)	area (f), cabida (f)	aire (m)
arenaceous see sandy			
argent see silvery			
argentate (s) (chem.)	Argentat (Silberoxydverbindung)	argentato (m)	argentate (m)
argentation, silvering (s)	Versilberung (f)	plateadura (f)	argenture (f)
argentiferous (adj.)	silberhaltig	argentífero	argentifère
argil, clay (s), Potter's clay	Thon, Letten (m), Töpferthon (m)	arcilla (f)	argile (f)
argillaceous (adj.)	thonig	arcilloso	argileux
Argillaceous rocks	Thongesteine	rocas arcillosas	roches argileuses
clay-slate	Thonschiefer (m)	arcilla pizarrosa, pizarra arcillosa	argile schisteuse
fuller's earth	Walkererde (f)	cimolita (f)	terre (f) à foulon
loam (s)	Lehm (m)	arcilla margosa (f)	limon (m)
plastic } clay	Plastischer Thon (m),	arcilla plastica (f),	argile plastique
pipe	Pfeifenerde (f)	tierra grassa	terre } glaisse à pipe
arsenat (n)	arsenate (n)	arsenato (m)	arsénate (m)
arseniate (s) (chem.)	Arseniat (n) (arsensaures Salz)	arseniato (m)	arséniate (m)

English	German	Spanish	French
Arsenic (s) [As]	Arsen, Arsenik (n)	arsénico (m)	arsénic (m)
arsenious acid, white arcenic, arsenic powder [As₂O₃]	Arsenige Säure (f), Hüttenrauch (m). Weisse Arsenik (n)	ácido arsenioso (m), arsénico blanco	acide arsénieux fleurs \ d'arsénic farine /
arsenic acid [As₂O₅]	Arsen Säure (f)	ácido arsénico	acide arsénique
arseniuretted hydrogen [As H₃]	Arsenwasserstoff (m)	hidrógeno arseniatado	hydrogène d'arsénic
sulphide of arsenic [As S]	Einfache Schwefelarsen (n)	súlfuro \ arsénico, bisúlfuro / de arsénico	sulfure \ d'arsénic bisulfure /
arsenious sesquisulphide [As₂S₃]	Anderthalbfache Schwefelarsen (n)	trisúlfuro arsénico	trisulfure d'arsénic
Arsenic Ores:	Arsenerze (n. pl)	minerales de arsénico	minerais d'arsénic
Native Arsenic [As]	Gediegen Arsen (n), Scherbenkobalt (m)	arsénico nativo (m)	arsénic natif
Arsenopyrites, Mispickel [Fe As S]	Arsenkies (m), Misspickel	arsenopirita (f), mispickel (m)	arsénopyrite (f), mispickel (m)
Arsenical pyrites, Löllingite [Fe As₂]	Arsenikalkies, Löllingit (m)	pirita arsénical	pyrite (f) arsénicale
Red sulphuret of arsenic, Realgar [As S]	Rothes Rauschgelb, Realgar (m)	realgar, rejalgar	réalgar (m), arsénic sulfuré rouge, rubine d'arsénic
Yellow sulphuret of arsenic. Orpiment [As₂S₃]	Gelbes Rauschgelb, Auripigment (m)	oropimente (m)	orpiment (m), arsénic sulfuré jaune
Cobaltite \ Glance Cobalt / [Co As S]	Glanzkobalt, Kobaltin (m)	cobalto gris, cobaltina, cobalto brillante	cobaltine (f)
Smaltite \ Gray Co- } [Co As₂] balt ore /	Speisskobalt (m), Kobaltkies, Smaltin	cobálto arsénical, esmaltina (f)	smaltine (f)
Arseneical Antimony, Allemontite [Sb As₃]	Antimonarsen (n), Allemontit (m)	arseniuro de antimónio(m), allemontita (f)	arséniure d'antimoine
Erythrite Red Cobalt, Cobalt bloom [Co₃ As₂ O₈]	Kobaltblüthe (f), Erythrin (m)	flores de cobalto, eritrina (f)	fleurs de cobalt, erythrine (f)
Niccolite Copper Nickel [Ni As] Nickel green, Anna- [Ni₃ As₂ O₈ bergite [+ 8 H₂ O]	Rothnickelkies (m), Kupfernickelkies (n) Nickelblüthe (f), Nickelocker, Annabergit(m)	niquelina (f), nickel arsenical (m) nickel arseniatado	nickeline rouge, nickel arsenical nickel arseniaté
arsenical (adj.)	arsenikalisch	arsenical	arsénical
arsenide, arseniuret (s)	Arsenikverbindung mit einem andern Element	arseniuro (m)	arséniure (m)
arsenious (adj)	arsenig	arsenioso	arsénieux
artesian spring (hydr.)	Artesische Brunnen (m)	pozo (m) artesiano	puits artésien (m)
artisan (s)	Handwerker (m)	profesionista,artesano(m)	artisan (m)
Asbestus, asbestos, amianthus (s) (Min.)	Asbest, Amianth (m)	asbesto, amianto (m)	asbeste, amianthe (f)
Mountain cork	Bergkork		
„ leather	Bergleder		
„ wood	Bergholz, Holzasbest	Xilotilo (m)	Xylotile (f)
Asbolan see Manganese Ores			
ascending (adj.)	aufsteigend	ascendiente	ascendant
— pipe (hydr.)	Steigrohr	tubo de ascension (m)	tuyau (m) d'ascension
ascent (s) of miners	Ausfahrt (f) der Bergleute aus der Grube	subida (f) de los mineros	remonte (f) des mineurs
ash (v. a)	einäschern	reduzir a cenizas	réduire en cendres
ashes (s) (pl.)	Asche (f)	ceniza	cendre (f)
ashpit (s)	Aschenfall (m), Aschengrube (f)	cenizero (m)	cendrier (m)
Asphaltum, Asphalt, Mineral Pitch	Asphalt (m), Bergpech (n), Erdpech	asfalto (m), pez mineral	asphalte (m)

English	German	Spanish	French
aspiring-pump	Saugpumpe (f)	bomba (f) aspirante	pompe (f) aspirante
assay see analisis			
assayer (s)	Metallprobirer (m), Bergwardein	ensayador (m)	essayeur (m), maître (m) essayeur
assaying (s)	Probiren (n)	ensayo (m)	dosage (m)
atacamite see copper ores			
attle see deads			
auger (s) (Ming.)	Gesteinsbohrer (m)	barrena (f)	aiguille (f), fleuret (m)
Augite (s) (Min.)	Augit	augita (f)	augite (f)
aureous (adj.)	goldhaltig	auroso	aurifère
auriferous (adj.)	goldhaltig	aurífero	aurifère
auriferous pyrites	goldhaltiger Kies	pirita aurífera	pyrite aurifère
Aventurine (s)	Avanturin (m)	aventurina (f)	aventurine (f)
axle (s)	Achse	eje (m)	essieu (m), axe (f)
axle tree see arbor			
azote see nitrogen			
azotic see nitric			
Azurite see copper ores			

B.

English	German	Spanish	French
Back (Geol.) see basset			
— water (hydr.) (s)	Stauwasser (n)	aguas detenidas (f. pl)	eau (f) remoue
Backing (s) (Ming.)	Firatenstempel (m)	ademe (m)	planche de ciel (f)
balance (v. a)	wägen, abwägen	balanzar	balancer
balance (s)	Wage (f)	balanza (f)	balance (f)
assay — (s)	Probirwage (f)	— de ensayo	— d'essai
counter — (s), counterpoise	Gegengewicht (n), Contregewicht (n)	contrapeso (m)	contrepoids (m)
decimal — (s)	Dezimalwage (f)	báscula (f)	bascule (f)
gold —	Goldwage (f)	pesillo (m) de oro	balance (f) à l'or
roman — (unequal arms)	Römische Wage (f), Schnellwage (f)	romana (f)	balance romaine (f)
weighing bridge (s)	Brückenwage (f)	puente-báscula (f)	pont (m) à bascule
— arm (s)	Wagearm (m)	palanca (f) de balanza	fléau (m) de balance
— beam (s)	Wagebalken (m)	lengüeta (f) de la balanza	langue (f) de balance
— tongue (s)	Wagezunge (f)	balance (m)	bilan (m), balance (f)
balance (s)	Bilanz (f)	balance (m)	bilan (m), balance (f)
ball (s)	Kugel (f)	bola, bala (f)	balle (f), boulet (m)
ball (s) (met.), lump, loop of iron (s)	Luppe (f)	massa (f) de hierro bruto	loupe (f) de fer
balling furnace (s)	Schweissofen (m)	horno (m) de enalbar	four (m) à rechauffer
ball-mill (s)	Kugelmühle (f)	molino (m) de balas	moulin | à boulets cylindre |
ball-pivot (s) (mech.)	Kugelzapfen (m)	gorron (m) de bola	tourillon (m) à boulet
baluster (s)	Schutzgeländer (n)	guarda lado (m)	garde-fou (m)
band			
endless — (ore dressing)	Plane ohne Ende	tela (f) sin fin	toile (f) sans fin
endless — for transporting ores	Transportband (n)	tela sin fin para el trasporte de productos de la preparacion mecánica	toile (f) sans fin pour le transport des produits de la préparation mécanique
banksman (s) (Ming.)	Abzieher (m)	amainador (m)	décrocheur (m)
bar (s)	Stange (f), Stab	barra (f)	barre (f)
— (Met.)	Barren (m), Ingot	lingote (m)	lingot (m)
— (Ming.)	Stabrost (m)	grella (f), reja	grille (f)
clawended crow —	Ziegenfuss, Brechstange (f)	pie (m) de cabra	pied (m) de biche
fire —	Roststab (m)	parilla (f)	barre (f) | de grille barreau (m) |
guide — (mech.)	Leitstange (f)	guiadera (f)	guide (f)
tamping — (Ming.)	Stampfer	atacador (m)	bourroir (m)

English	German	Spanish	French
bar (s. p. 8)			
tapping — (Met)	Sticheisen *(n)*	hierro *(m)* para hacer la colada	ringard *(m)*
bar-iron, rod-iron	Stabeisen *(n)*, Stangeneisen *(n)*	hierro *(m)* en barras	fer *(m)* en barres
bar-silver *(s)*	Barrensilber *(n)*	plata *(f)* en barras	argent *(m)* en barres
bargain *(s)*, contract	Gedinge *(n)*, Accord *(m)*	destajo *(m)*	tâche *(f)*, forfait *(m)* accord *(m)*
— man, contractor *(s)*	Gedingearbeiter *(m)*, Accordarbeiter *(m)*	destajista *(m)* destajero *(m)* } Mexico contratista }	ouvrier *(m)* à la tâche
barometer *(s)*	Barometer *(n)*	barómetro *(m)*	baromètre *(m)*
barilla *(s)*	Soda *(f)*	barilla *(f)*	soude *(f)*
barrel *(s)*	Fass *(n)*	barril *(m)*, tonel	baril *(m)*, tonneau
— (ore jigging) receptacle	Unterfass *(n)*	cajon *(m)* debajo de la criba	stalle *(f)*, caisson au-dessous du crible
— for amalgamation	Amalgamirfass *(n)*	tonel *(m)* de amalgamacion	tonneau *(m)* d'amalgamation
— of a pump	Kolbenrohr *(n)*, Kolbenstiefel *(m)*	cuerpo *(m)* de bomba	corps *(m)* de pompe
— amalgamation	Fässeramalgamation *(f)*	amalgamacion en barriles	amalgamation en tonneaux
— boiler see boiler			
barrow see wheel-Carrow			
baryta see barium ores			
barium, baryum *(s)* [Ba]	Barium *(n)*	bário *(m)*	barium *(m)*
oxyde of — [Ba O] baryta *(s)*	Bariumoxyd *(n)*, Baryterde *(f)*, Schwererde *(f)*	oxido *(m)* de bário, barita *(f)*	oxyde *(m)* de barium, baryte *(f)*, terre *(f)* pesante
peroxide of — [$Ba O_2$]	Bariumsuperoxyd *(n)*	peróxido *(m)* de bário	peroxyde *(m)* de barium
sulphide of — [Ba S]	Schwefelbarium *(n)*	súlfuro *(m)* de bário	sulfure *(m)* de barium
chloride of — [$Ba Cl_2$]	Chlorbarium *(n)*	cloruro *(m)* de bário	chlorure *(m)* de barium
sulphate of — [$Ba SO_4$]	Bariumsulfat *(n)*, Schwefelsaure Barium *(n)*	sulfato *(m)* de bário	sulfate *(m)* de barium
carbonate of — [$Ba C O_3$]	Kohlensaure Barium *(n)*	carbonato *(m)* de —	carbonate *(m)* de —
nitrate of — [$Ba N_2 O_6$]	Salpetersaure — *(n)*	nitrato *(m)* de —	nitrate *(m)* de —
Barium ores:	Barytvorkommen *(n. pl)*	minerales de —	minerais de —
barytes, heavy spar [$Ba SO_4$]	Schwerspath *(m)*, Baryt *(m)*	baritina *(f)* espato pesado *(m)*	barytine *(f)*, spath pesant *(m)*
Witherit *(s)* [$Ba CO_3$]	Witherit	witherita *(f)*	withérite *(f)*
basal *(adj.)* (chem.)	basal, basisch	básico	basique
basalt *(s)*	Basalt *(m)*	basalto *(m)*	basalte
base *(s)* (chem.)	Base *(f)*	base *(f)*	base *(f)*
—, basis	Grundfläche *(f)*,	basis *(f)*	base *(f)*
— (Geol.)	Liegende *(n)*	arrastre } yacente } de un criadero	mur *(m)* d'un gisement
— of a cristal	Endfläche *(f)* eines Krystalles	base *(f)*	base *(f)*
— metals	Unedle Metalle	metales ignobles	métaux ignobles
basic *(adj.)*	basisch	básico	basique
basin *(s)*	Becken, Bassin *(n)*	cubeta *(f)*	bassin *(m)*
basin *(s)* (Geol.), synclinal fold *(s)*	Becken *(n)*, Mulde *(f)*	cuenca *(f)*	bassin *(m)*, vallon
basin, tank (hydr.)	Bassin *(n)*, Wasserbehälter *(m)*	balsa *(f)*, estanque *(m)*	bassin, réservoir
basin for the settling of the slimes, settling-tank (Patio)	Bassin *(n)* zum Auffangen des Schlammes, Klärbassin	cocha *(f)*, balsa *(f)* de clarificacion	— pour le dépôt des mourres
basin for washing gold sands	Sichertrog *(m)*	batea *(f)* (see vanningh through)	batée *(f)*
basinlike	muldenförmig	en forma de una cuenca	en forme de bassin
basis	Basis, Grundfläche *(f)*	básis *(f)*	base *(f)*

English	German	Spanish	French
basket	Korb (m)	canasta (f), canastro (m)	panier (m)
— of sparta grass	Espartokorb (m)	espuerta (f) de esparto	panier de spart
basset, crop out (v. a), come up to grass	ausgehen, zu Tage treten (eines Ganges)	aflorar (de filones ó stratas)	affleurer
basset, outcrop (s)	Ausgehende (n) einer Schicht oder Lagerstätte	afloramiento (m), creston (m) (Mexico)	affleurement (m)
bath (s)	Bad (n)	baño (m)	bain (m)
sand-bath (chem.)	Sandbad (n)	baño de arena	bain de sable
water-bath	Wasserbad	baño de agua	bain marie
battering-ram	Rammbär, Rammklotz (m)	maza (f)	sonnette (f)
battery (s)	Batterie (f)	bateria (f)	batterie (f)
galvanic —	Galvanische —	elemento (m) galvánico, pila (f) galvánica	élément (m) galvanique, pile (f)
stamp —	Batterie von Pochstempeln	bateria (f) de bocartes	batterie (f) de bocard
bead (s) (assaying) assay bead	Perle (f)	perla (f)	perle (f)
beaker (chem.), beaker glass (s)	Becherglas (n)	vaso (m) en forma de cubilete	gobelet (m)
beam (s) see axle tree			
—	Unterzug (m)	corredera (f)	traverse (f)
bearer, bunton, spreader (Ming.)	Einstrich (m)	traviesa (f)	traverse (f)
bed (s) seam	Bank (f) von Mineralien, Flötz (n), Lager	capa (f), banco (m)	couche (f), banc (m)
bellows (s)	Blasebalg (m)	fuelle (m)	soufflet (m)
— with countrepoise	„ mit Gegengewicht	pava (f)	„ à contrepoids
belt (s), strap, leather belt	Riemen, Treibriemen (m)	correa (f), banda (f) (Mexico)	courroie (f)
bend (v. a) at angles	kröpfen	doblar	courber. couder
benzine (s) [C_6H_6]	Benzin, Benzol (n)	bencina (f)	benzine (f)
beryl (s) (Min.)	Beryll (m)	berilo (m)	béryl (m)
beryllium (s) s. glucinum			
bickern, bick-iron (s)	Zweihörnige Ambos (m)	bigórnia (f)	bigorne (f)
binding-stone (s)	Binder (m)	tizon (m), diente (m) (Mexico)	pierre (f) de parpaing
binding-course (s)	Binderschicht (f) von vermauerten Steinen	hilada (f) atizonada	assise (f) en boutisses, assise de pierres de parpaing
biotite (s) (Min.)	Biotit (m)	biotita (f)	biotite (f)
Bismuth (s) [Bi]	Wismuth (n)	bismuto (m)	bismuth (m)
sesquioxide of — [Bi_2O_3]	Wismuthoxyd (n)	óxido bismútico	oxyde (m) bismuthique
nitrate of — [BiN_3O_9]	Wismuthnitrat.Salpetersaure Wismuthoxyd	nitrato de bismuto (m)	nitrate de bismuth (m)
Bismuth-Glance, Bismuthinite [BiS_7]	Wismuthglanz (m), Bismuthin (m)	bismutina (f), bismuto brillante	bismuthine (f), bismuth sulfuré
Silicate of Bismuth, Eulytite [$Bi_4Si_3O_{12}$]	Wismuthblende (f), Eulytin (m)	bismuto-blenda (f), eulitina	eulytine (f)
bit (s) (Ming.)	Bohrer (m), Meissel (m)	cincel (m)	ciseau (m)
boring-bit	Bohrspitze (f)	broca mecha } (f) de un cincel	mèche (f) d'un ciseau
bit for soldering	Löthkolben (m)	soldador (m)	soudoir (m)
diamond-bit	Diamantkernbohrer (m)	sonda (f) de diamantes	sonde (f) aux diamonts
bitter almond-oil	Bittermandelöl (n)	aceite (m) de almendras amargas	essence (f) d'amandes amères
bittern (s)	Muttersoole (f)	água (f) madre	eau (f) mère
bitter salt (s) s. Magnesia			
Bitter-spar (s) (Min.)	Bitterspath, Dolomit (m)	dolomita (f), espato pardo amargo (m) magnesiano	spath (m) amer, dolomie (f)

English	German	Spanish	French
bitumen (s) (Min.)	Bitumen (n)	betun (m)	bitume (m)
bituminous (adj.)	bituminös	bituminoso	bitumineux
— coal (s)	Bituminöse Kohle (f), Fettkohle (f)	carbon (m) graso	charbon (m) gras
black (adj.)	schwarz	negro	noir
— damp (s)	Schwaden, Matten Wetter (n. pl)	mofeta (f), bochorno (m) (Mexico)	mofettes (f. pl)
— iron plate, — sheet iron (s)	Schwarzblech (n)	hierro (m) en hojas, palastro (m)	fer-noir (m)
— lead see graphite			
— smith (s)	Grobschmied (m), Hammerschmied	herrero (m)	forgeron, marteleur (m)
blackish (adj.)	schwärzlich	negrillo, negruzco	noirâtre
Black Jack see Blende			
blade (s) of a saw	Sägeblatt (n)	hoja (f) de la sierra	feuille (f) ⎫ de la scie lame (f) ⎭
blanket-sluice	Planenherd (m), Plachenherd	planilla (f) (Mexico), mesa (f) (cubierta de tela) para lavar minerales	table (f) à toile
blast (v. a) (Ming.)	schiessen, sprengen	hacer saltar un barreno, tirar	pétarder
blast (s) — air (met.)	Wind (m), Luft des Gebläses	aire (m) de un compressor	air (m) d'un compresseur
— of powder	Explosion des Pulvers, Sprengschuss (m)	salto (m) de un barreno	coup (m) de mine
— engine, blowing engine	Gebläse (n)	maquina (f) soplante, sopladora (f)	machine (f) soufflante
— furnace	Gebläseofen (m), Hochofen	alto-horno (m)	haut-fourneau
— hole (Ming.)	Sprengbohrloch (n)	barreno (m)), cohete (m) (Mexico)	trou (m) ⎰ de mine ⎱ du pétard
blasting, shooting, firing (s) (Ming.)	Schiessen, Sprengen (n), Sprengarbeit (f)	trabajo (m) con pólvora	travail (m) à la poudre
— powder (s) (Ming.)	Sprengpulver (n)	pólvora (f)	poudre (m)
work of blasting	Sprengarbeit, Schiessen	trabajo (m) con pólvora	travail (m) à la poudre
Blende, Spalerit [Zn S] Black Jack (Ming.)	Blende, Zinkblende, Sphalerit (m)	blenda, esfalerita (f)	blende, sphalérite (f)
fibrous Blende	Schalenblende (f)	blenda { testácea fibrosa	blende fibreuse
blendous (adj.)	blendig	blendoso	blendeux
blister (s) (met.)	Blase (f) (in Stahl etc.)	burbuja (f)	soufflure (f)
blistered steel (s)	Blasenstahl (m), Cementstahl	acero (m) cementado	acier (m) cementé
blow (s)	Schlag, Stoss (m)	golpe (m)	coup (m)
blow (v. a) (into)	einblasen (von Luft)	insuflar	souffler
— in (a furnace)	anblasen (einen Ofen)	poner en marcha	mettre ⎰ en feu ⎱ en marche
— out (a furnace)	ausblasen (einen Ofen)	apagar (un horno)	éteindre (un four)
— off (steam)	abblasen (den Dampf)	sangrar, hacer escapar el vapor	purger
blow-pipe (s) (met.)	Löthrohr (n)	soplete (m)	chalumeau (m)
— assay (s)	Löthrohruntersuchung, Löthrohrprobe (f)	ensayo (m) por soplete	essai (m) au chalumeau
gas blowpipe (s)	Knallgasgebläse (n)	soplete con gas fulminante	chalumeau à gaz fulminant
board (s) (Ming.)	Brett (n), Bord (n)	tabla (f)	planche (f)
—, stall (s)	Abbaustrecke (f)	galeria (f) de explotacion	galerie (f) d'exploitation
— (v. a)	verschalen, mit Brettern verkleiden	revestir con costeros	revêtir de palplanches
body (s) (chem.)	Körper (m)	cuerpo (m)	corps (m)
bog (s)	Torfmoor (n)	hornaguero (m), yacimiento (m) de turba	tourbière (f)
bog-ore (s)	Sumpferz (n), Raseneisenerz (n)	hierro (m) de pántanos	mine (f) de marais

English	German	Spanish	French
boil (v. a)	kochen, sieden	bullir, hervir	bouillir
boiler (s)	Dampfkessel (m)	caldera (f) de vapor	chaudière (f)
boiler (s)	Siederohrkessel (m)	caldera (f) de bullidores	chaudière (f) à bouilleurs
Cornish { boiler (s)	Kornwallkessel (m)	caldera de Cornwall	chaudière (f) de Cornwall, chaudière à foyer interieur
Cornwall {			
cylindrical — (s), barrel —	Walzenkessel (m)	caldera (f) cilíndrica	chaudière cylindrique
high pressure — (s)	Hochdruckkessel (m)	— de alta pression	— à haute pression
low pressure — (s)	Niederdruckkessel (m)	— de baja pression	— à basse pression
tubular — (s)	Röhrenkessel (m)	— tubular	— multitubulaire
boiler dome	Dom (m) des Kessels	domo (m) de la caldera	dôme (m) de la chaudière
— feeding pump	Kesselspeisepumpe (f)	bomba (f) dealimentacion de una caldera	pompe d'alimentation d'une chaudière
— maker (s)	Kesselschmied (m)	calderero (m)	chaudronnier
— making (s)	Kesselfabrikation (f)	caldereria (f)	chaudronnière (f)
— plate (s)	Kesselplatte (f)	chapa (f) de caldera	tôle (f) à chaudières
— tube (s)	Siederohr (n)	bullidor (m)	bouilleur (m)
— works (s)	Kesselfabrik (f), Kesselschmiede (f)	fábrica \ de calderas taller \	fabrique (f) de chaudières
boiling (s)	Sieden, Kochen (n)	ebulicion	ébullition (f)
— heat (s)	Siedehitze (f)	calor (m) de ebulicion	chaleur (f) d'ébullition
— point (s)	Siedepunkt (m) ·	punto (m) de ebulicion	point (m) d'ébullition
bolus (s), bole (s) (Min.)	Bolus (m)	bolo (m)	bol (m)
bolt (s) (mech.)	Bolzen (m)	pasador (m)	boulon (m)
screw-bolt	Schraubenbolzen (m)	tornillo (m)	boulon (m) taraudé
bone-ashes (s)	Knochenasche (f)	ceniza (f) de huesos	cendre (m) \ d'os poudre (m) \
bone ore see iron ores			
bonny (s) (Ming.)	Erzputzen (m)	bolsada (f) de mineral	nid (m) de minerai
boracic acid (s) [H₃ BO₃]	Borsäure (f)	ácido (m) bórico	acide (m) borique
Boracite (m) (Min.)	Boracit (m)	boracita (f)	boracite (f)
borate (s)	Borat(n),borsaureSalz(n)	borato (m)	borate
borax, borate of soda (s) [Na₂ B₄ O₇ + H₂ O]	Borax, Tinkal, borsaure Natron (n)	bórax, bóraj, atincar (m)	borax, tincal (m), soude (f) boratée
borax bead (assaying)	Boraxperle (f)	perla (f) de boraj	perle (f) de borax
border (s)	Rand (m)	borde (m)	rebord (m)
— of a claim	Marktscheide (f), Grenze	linde, lindero (m)	borne (f) d'une mine
— (v. a)	einfassen [(f)	ribetear	reborder
bore (v. a) (mech.)	bohren	taladrar	percer, foncer
bore (v. a) a blasthole, drill	bohren, stossen (ein Sprengloch)	barrenar	creuser (le trou du pétard)
— with engines	bohren (mit Maschinen)	perforar	perforer
— sound, (deep toring)	tiefbohren, abbohren	sondar, perforar	sonder, perforer
— by means of a rope	am Seil bohren	sondar por cuerda	sonder à la corde
— down	abwärtsbohren	barrenar á abajo	percer á bas
— from below	aufwärtsbohren, schlenkerbohren	barrenar de abajo á ariba	percer d'en bas
bore-core (Ming.)	Bohrkern (m), Steinkern (m) beim Kernbohren	núcleo (m) de roca	noyeau (m) de roche
bore-frame (s)	Bohrgestell (n), Bohrwagen (m)	carro (m) de perforadoras	chariot (m) de perforateurs
bore-crown (s)	Bohrkrone (f)	corona (f)	couronne (f)
bore-hole (Mech.)	Bohrloch (n)	taladro (m)	trou (m) percé
—, blasthole	Sprengloch	barreno (m), cohete (Mexico)	trou \ de mine \ du pétard
— deep-bore-hole	Tiefbohrloch	agujero (m) \ de sonda barreno (m) \ de sondeo	trou (m) de sondage
— detritus, sands from bore hole, borings (pl!)	Bohrmehl (n), Bohrsand (m)	polvo (m) del barreno	farine (f) de foret, poudre (m) de roche ou de minerai obtenue par le fonçage d'un trou de mine

English	German	Spanish	French
borer, chisel (s) (mech.)	Bohrer (m)	taladra (f), mecha (f), broca (f) de acero	perçoir, foret (m)
borer (s), drill, auger, jumper	Gesteinsbohrer (m)	barrena (f)	aiguille (f), fleuret (m)
flat-chisel, bit (s)	Meisselbohrer (m)	barrena (f) en forma de un cincel	fleuret (m) en ciseau
diamond } bit (s) drill	Diamantbohrer (m)	sónda rotatória de diamantes	sonde (f) aux diamants
gouge-bit (s) wimple scoop	Schappe (f), Schappenbohrer (m)	taladra (f)	tarière (f) à glaisse
screw auger (s)	Schnecken- } bohrer (m) Spiral-	barrena (f) espiral	vrille (f) tarière à vis ou à spirale
pointed-borer (s)	Spitzbohrer (m)	puntero (m) (barrena)	aiguille (f) pointue
machine rock-drills:	Maschinenbohrer:	perforadoras:	perforateurs:
rock drill with water pressure (s)	Bohrer mit Wasserspülung	sonda (f) con água	sonde (f) à l'eau
revolving borer (s)	Drehender Bohrer	perforador rotatório	perforateur rotatif
free fall boring machine (s)	Freifallbohrer	sonda (f) con aparato de libre caida	appareil (m) de sondage à libre chutte
drill with iron rods (s)	Gestängebohrer	sonda (f) de tirante	sonde (f) au tirant
core-borer (s)	Kernbohrer (m)	mecha (f) anular	mèche (f) annulaire
boring tools, attached to a sack for dragging quick sand (s)	Sackbohrer (m) für lose Sandmassen	barrena (f) provista de un saco	tarière (f) garnie d'un sac
rope boring tools (s)	Seilbohrer (m)	sonda (f) de cuerda	perforateur à la corde
percussion borer (s)	Stossbohrer (m)	perforador (m) de percussion	perforateur de percussion
rock-drill, perforator (s) (Ming.)	Gesteinsbohrmaschine (f)	perforadora (f) de roca	perforatrice (f), perforateur (m) de roche
boring-machine (mech.)	Bohrmaschine (f)	maquina (f) de taladro	perforatrice (f)
borings (s) mech.	Bohren (n), Bohrung (f)	perforacion (f)	perforation (f), forage (m)
— (s) (mech.)	Bohrloch (n)	horadacion	percée (f)
— (s) (Ming.)	— Gesteinsbohrloch	perforacion de roca	forage (m) en roche
—. deep-boring (s)	— Tiefbohrung (f)	sondeo (m)	sondage (m)
— — with water pressure (s)	— — mit Wasserspülung	— con água	— à l'eau
boring			
— single-handed boring (s)	Einmännische Bohren (n)	perforacion (f) que hace un solo hombre	forage (m) à un seul homme
— double-handed — (s)	Zweimännische Bohren (n)	perforacion (f) que hacen dos hombres	forage (m) à deux hommes
— by diamond drill (s)	Diamantbohren (n)	sondeo (m) con sonda de diamantes	sondage (m) au diamants
— by means of rods (s)	Gestängebohren (n)	sondeo con tirante	sondage à tige rigide
system of rods (s)	Bohrgestänge (n)	tirante (m) de sondeo	tirant (m) de sondage
boring rods (s)	Bohrstangen (f. pl)	vástagos (m.pl) de sondeo	tiges } de sondage perches { (f. pl)
— by means of a rope (s)	Seilbohren (n)	sondeo (m) por cuerda	sondage (n) } à la corde, { chinois
Bornite see teluric ores			
boron [B] (s)	Bor (m)	boro (m)	bôre (m)
boshes of a blast furnace (s)	Rast (f) eines Hochofens	parte (f) cónica del alto-horno	étalages (m. pl)
boss (s) (ore stamping)	Pochschuh (m)	cabeza (f) del bocarte	sabot (m) du hocard
bottle (s)	Flasche (f)	botella (f)	bouteille (f)
washing bottle (chem.) (s)	Spritzflasche (f)	redomita (f) para lavar	flacon (m) de lavage, pisette (f)
bottom (s)	Boden (m), Sohle (f), Tiefste (n)	piso, suelo, fondo (m)	fond (m), plancher
bottom line (Geol.) (s)	Muldentiefste (n), Muldenlinie (f)	linea del fondo (m) de la cuenca (en direccion de la cuenca)	fond (m) du bassin

English	German	Spanish	French
boulder (s)	Gerölle, Geschiebe (n)	cantos rodados (m. pl)	blocs (m. pl)
eratic boulders (Geol.)	Findlinge (m. pl), Erratische Blöcke	rocas eráticas (f. pl)	roches (f. pl) erratiques
bounder, underground surveyor (s)	Markscheide (f)	linde (m) de una concession minera	borne (f) d'une mine
boundery, limit of a mining claim (s)	Markscheider (m)	ingeniero (m) (que hace los planos de minas)	arpenteur (m)
bournonite (s) (Min.)	Schwarzspiessglanz, Bournonit (m)	burnonita (f)	bournonite (f)
bow (s) of the man hole of a boiler	Mannlochbügel (m) eines Dampfkessels	traviesa (f) de la puerta de entrada de una caldera	traverse (f) de trou d'homme d'une chaudière
box (s)	Büchse (f), Kasten (m)	caja (f)	caisse (f), boîte
pointed box (s) with rising water current, sizing-through (s) (ore dressing)	Spitzluttenapparat (m) (Aufb.)	spitzkasten (m) de corriente ascendente	caisse (f) pointue à courant ascendant
jigging-box, jig box (s)	Setzkasten (m)	cajon (m) de criba	caisse (f) du crible à secousses
distributing-box (mech.) (s)	Schieberkasten (m)	caja (f) de distribución	chapelle (f), boîte (f) de distribution
— of a screw (s)	Schraubenmutter (f)	tuerca (f)	écrou (m)
— of a water wheel	Zelle (f) des Wasserrades	paleta (f)	palette (f)
— fire-box (s) of a boiler	Feuerbüchse (f), Feuerraum	hogar (m)	foyer (m), chauffe (f)
oil-box, grease-box (s)	Oelbüchse (f), Schmierbüchse (f)	caja de aceite, caja (f) de grasa	boîte à huile, boîte (f) à graisse
stuffing-box (mech.)	Stopfbüchse (f)	caja prensa (f) } de estopa	boîte (f) à étoupe
brace (s), bolt (mech.)	Anker (m)	ancla (f)	ancre (m)
— (v. a)	verankern	anclar	mettre des ancres à
bracing (s)	Verankerung (f)	anclaje (m)	ancrage (m)
bracket (s) for fastening the rods (hydr.)	Krums (n) zur Befestigung des Gestänges einer Pumpe an das Hauptgestänge	brazo (m) que sirve para union entre el tirante de una bomba y el tirante maestro	bras (m)
brake (s), break	Bremse (f)	freno (m), garrote (m) (Mexico)	frein (m)
brake (v. a)	bremsen	echar el freno	mettre le frein à
branch (s) (Ming.) of a lode dropper (Cornwall)	Gangtrum (n)	rama (f) de filon, contracajon (m) (Mexico)	embranchement d'un filon, rameau (m)
— of a gallery, heading (s)	Flügelort (n)	galeria (f) que se desprende de la principal, empalme (m)	aile, branche (f)
— of a pipe	Zweigrohr (n)	tubo (m) de empalme	
brass (s) yellow copper	Messing (n)	laton, alaton (m)	laiton (m), cuivre jaune
— plate, sheet brass (s)	Messingblech (n)	chapa (f) de laton	lame (f) de laiton
— wire (s)	Messingdraht (n)	alambre (m) de laton	fil (n) de laiton
— workings (s)	Messingarbeit (f)	latoneria (f)	ouvrage (m) en laiton
brattice (Ming.) for splitting the air (s)	Wetterscheider (m)	tabique (m) para la division del aire de minas	cloison (m) pour le partage du courant d'air de mines
break see brake			
break (v. a) the coal	abkohlen, hereingewinnen	arancar el carbon	abattre la houille
— down — (v. n) (of a lode) to split up	sich zertrümmern	ramificarse	se ramifier
— up (v. a) of ore	zerkleinern, aufschliessen	triturar	triturer
— down (v. n)	zusammenstürzen, verbrechen, einstürzen	hundirse	s'ébouler
— off, taking down (s) (mech.)	Demontage (f) von Maschinentheilen	desarmadura (f)	démontage (m)

English	German	Spanish	French
breaker			
— stone breaker, ore crusher (s)	Steinbrecher (m)	quebrantadora (f)	concasseur (m)
breaking weight (s)	Bruchbelastung (f)	carga (f) de rotura	charge (f) de rupture
breccia (s)	Breccie (f)	brecha (f)	brèche (f)
brecciformous (adj.)	breccienartig	brechiforme	brèchiforme
brick (s)	Ziegelstein (m)	ladrillo (m)	brique (f)
air-dried —, adobe	Luftziegel (m), unge-Trockenstein (m)	brannt	ladrillo (m)	adobe (m)
air-dried —, adobe	Luftziegel (m), unge-Trockenstein (m)	brannt	adobe (m)	adobe (m)
fire-brick, refractory brick	feuerfeste Ziegel, Chamottesteine (m)	ladrillo (m) de arcilla	brique (f) crue
fire-brick, refractory brick	feuerfeste Ziegel, Chamottesteine (m)	ladrillo refractário	brique (f) réfractaire
brick-burner (s)	Ziegelbrenner (m)	ladrillero (m)	briquetier (m)
brick-course (s)	Ziegelsteinschicht (f)	hilada (f) de ladrillos	assise (f)
binding course (s)	Binderschicht (f)	hilada (f) atizonada	assise (f) en boutisses
			— de pierre de parpaing
strecker course (s)	Läuferschicht (f)	hilada (f) de ladrillos sentados de soga	assise de pierres de parement
— laid on edge	Rollschicht (f)	hilada (f) de canto	assise de briques possées de champ
coaldust-brick, briquette, patentfuel (s)	Briquette (n), Pressstein (m)	briqueta (f), aglomerado (m)	briquette (f), agglomeré de houille ou de lignite
brick-earth (s)	Ziegelerde (f)	tierra para hacer ladrillos	terre (f) à briques
brick-kiln (s)	Ziegelofen (m)	horno (m) para hacer ladrillos	four (m) à briques
tile-kiln (s)	Dachziegelofen (m)	tejar (m)	four (m) à tuiles
lay (v. a) bricks	mauern	obrar, construir de cal y canto (Mexico)	maçonner
brick-layer (s)	Maurer (m)	albanil (m)	maçon (m)
brick-making-plant(s)	Ziegelei (f), Ziegelbrennerei	ladrillar (m), ladrilleria (f)	briquetterie (f)
brick-walling (s)	Ziegelmauerwerk (n)	mamposteria (f) de ladrillos	maçonnage(m)en briques
bridge (s)	Brücke (f)	puente (f)	pont (m)
fire-bridge (met.)	Feuerbrücke (f)	puente (f) del hogar	pont (m) { du foyer { du chauffe
suspension bridge (s)	Hängebrücke (f)	puente (f) colgante	pont (m) suspendu
brightened silver (s)	Blicksilber (n)	plata (f) fulgurada	argent (m) éclairé
brightening of silver (s)	Silberblick (m)	fulguracion (f) de la plata	éclair (m) de l'argent
the silver brightens	das Silber blickt	la plata da el relampago	l'argent fait l'éclair
brine (s)	Soole (f), Salzlauge (f)	água (f) salina	eau (f) salée, brine, saumure (f)
— salt (s)	Soolsalz (n)	sal (f) de manantial	sel (m) de source
— spring(s)	Soolquelle (f)	manantial (m) de água salina	source (f) saline
—, concentrate brine (v. a)	gradiren (von der Sohle)	concentrar las águas salinas	faire la graduation de la brine
brine concentrating house (s)	Gradirwerk (n)	taller (m) para la concentracion de águas salinas	bâtiment de graduation
bring down, break down the coal (v. a)	abkohlen, Kohle hereingewinnen	arrancar el carbon	déhouiller, abattre la houille
brittle (adj.) (Min.)	spröde, brüchig	quebradizo	cassant
bromate (s)	Bromat, Bromsaure Salz (n)	bromato (m)	bromate (n)
bromic acid(s) [H Br O₃]	Bromsäure (f)	ácido (m) brómico	acide (m) bromique
bromine (s) [Br]	Brom (n)	bromo (m)	brome (m)
bromic acid [H BrO₃]	Bromsäure	ácido brómico	acide bromique
hydrobromic acid [H Br]	Bromwasserstoffsäure (f)	ácido bromhídrico	acide bromhydrique
bromic silver [Ag Br]	Bromsilber (n)	bromuro de plata	bromure (m) d'argent
bromide of potassium [K Br]	Bromkalium	bromuro (m) de potásio	bromure de potassium

English	German	Spanish	French
bromine (see p. 15)			
— of sodium [NaBr]	Bromnatrium (n)	bromuro (m) de sódio	bromure de sodium
bronze (s)	Bronze (f)	bronce (m)	bronze (f)
bronzite (s) (Min.)	Bronzit (m)	broncita (f)	bronzite (f)
brown (adj.)	braun	pardo	brun
— coal, Lignite (s)	Braunkohle (f), Lignit (m)	carbon fósil, lignito (m)	houille brune (f) lignite (f)
— iron ore, — iron stone (s) (Min.)	Brauneisenerz (n), Brauneisenstein (m)	hematita parda	fer (m) brun, hématite brune
— spar, Dolomite (s) (Min.)	Braunspath (m), Dolomit	espato magnesiano, espato pardo, dolomia	spath (m) brunissant, dolomie (f)
Brucite (s)	Brucit (m)	brucita (f)	brucite (f)
brush (v. a)	hereingewinnen von Kohle	arrancar el carbon	abattre la houille
— (s) for gold buttons	Kornbürste (f)	brocha (f) para limpiar el régulo de oro	brosse (f) de bouton
bubble of air (s) (met.)	Blase, Galle (f)	burbuja (f)	soufflure (f)
buck (v. a) (ore dressing)	scheiden	apartar	sheider
bucket (s)	Eimer (m), Kübel (m)	cubo (m), cubeta (f)	cassin (m)
— of water wheel (s)	Zelle (f), Schaufel (f)	paleta (f)	auget (m)
— chain (s)	Eimerkette (f)	noria (f)	noria (f)
— elevator (s)	Paternosterwerk (n), Elevator (m)	cadena (f) de cangilones	chapelet, patenôtre (m)
fasten (v. a) the bucket	anschlagen, anquenseln (des Förderkubels an das Seil)	enganchar	accrocher
bucking-plate (s), die (ore-stamping)	Pochsohle (f), Schabatte	chapa (f) de hierro colado en el piso de la caja de trituracion	dé (m) du bocard
—	Scheideplatte (f)	chapa (f) de hierro para el apartado de minerales	plaque (f) de fer pour le scheidage des minerais
buddle (s) for washing fine ore	Schlämmgraben (m)	cajon (m) aleman, gandingero	caisse } allemande (f) } à tombeau
buddle, (ore dressing)	Herd (m)	mesa (f) para lavar lodos de mineral	table (f) pour le lavage des schlammes
concave —	Trichterherd (m)	mesa (f) en forma de una tolva	table (f) concave
convex —	Kugelherd (m)	mesa (f) cónica	table (f) convexe
round —	Rundherd (m)	round-buddle (m), rumbo (Almeria, Spain)	round-buddle (m)
sweeping-table nicking-buddle	Kehrherd (m)	mesa (f) de lavar minerales con escobas	table (f) à balais
building above ground	Oberbau (m)	obras (f. pl) de fábrica	bâtisse (f) sur terre
bunch (of ore) (s)	Erznest (n)	bolsada (f) de mineral	nid (m) de minerai
Bunsen's gas-burner (s)	Bunsensche Brenner (m)	mechero (m) de Bunsen	bec (m) de gaz de Bunsen
burette (s) (chem.)	Bürette (f)	bureta (f)	burette (f)
burn (v. a)	brennen	quemar	cuire
— briks	Ziegel brennen	quemar ladrillos	cuire des briques
burrow see waste heap			
button see regulus			
butyric acid [C₄H₈O₂]	Buttersäure (f)	acido (m) bútirico	acide (m) butyrique
by-product (s)	Nebenproduct (s)	producto secundário	produit (m) secondaire

C.

cable (s)	Kabel, Tau, Seil (n)	cable (m)	câble (m)
— of iron wire	Drahtseil (n)	cable de alambre (m)	— en fil de fer
cadastre, record (s)	Katasterregister (n)	catastro (m)	cadastre (m)
cadmiferous (adj)	cadmiumhaltig	cadmífero (m)	cadmifère (f)
cadmium (s) [Cd]	Kadmium, Cadmium	cádmio (m)	cadmium (m)

English	German	Spanish	French
cadmium (see pag. 16) sulphate of — [Cd SO₄ + 4 H₂ O]	Schwefelsaure Kad- mium (n)	sulfato de cádmio	sulfate de cadmium
oxide of — [Cd O]	Kadmiumoxyd (n)	óxido de —	oxyde de —
sulpide of — [Cd S]	Schwefelkadmium (n)	súlfuro de —	sulfure de —
cage (s) (Ming.)	Fördergestell(n),Förder- korb (m)	jaula (f) de extraccion	cage (f) d'extraction
cainzoic see tertiary cake (s) (Met.)	Kuchen (m)	torta (f)	tourte (f)
Caking-coal (s)	Backkohle (f)	carbon { graso (m) craso	charbon (m) gras
non-caking-coal	Magerkohle (f)	carbon (m) { seco magro	houille (f) maigre
Calamine (s) { see zinzi- Smithsonite } ferous ores			
calcareous (adj)	kalkhaltig, kalkig	calcáreo, calcífero	calcareux, calcarifère
calcination (s) (chem.)	Calcination (f), Bren- nen (n)	calcinacion (f)	calcination (f)
calcine (v. a) calcining (s)	calciniren, brennen Calciniren (n), Brennen, Ausglühen	calcinar calcinado (m)	calciner calcinage (m)
— furnace (s)	Calcinirofen (m)	horno (m) de —	four (m) } de calcinage fourneau }
— rod (assaying), spatula (s)	Röstspatel (m)	espatula (f)	spadelle (f)
— test (assaying), roasting dish	Röstscherben (m)	taza (f) para calcinar	test (m) à calciner
Calcite (s) (Min.), Calcspar (s) [Ca CO₃]	Kalkspath, Calcit (m)	calcita (f), espato (m) calizo	calcite (f), spath (m) calcaire
Calcium (s) [Ca]	Calcium, Kalzium (n)	cálcio (m)	calcium (m)
oxide of — [Ca O], lime (s)	— oxyd, Kalkerde (f) Kalk	óxido (m) de cálcio cal (f)	oxyde (m) de — chaux (f)
chloride of — [Ca Cl₂]	Chlor — (n)	cloruro (m) de cálcio	chlorure (m) de calcium
fluoride of — [Ca Fl₂]	Fluor — (n)	fluoruro (m) de —	fluorure (m) de —
carbonate of calcium [Ca CO₃]	Kohlensaure Calcium (n) — Kalk (m)	cabonato (n) de { cálcio cal	carbonate (m) { calcium de chaux
sulphate of calcium [Ca SO₄]	Schwefelsaure { Calcium Kalk	sulfato (m) de { cálcio cal	sulphate (m) { calcium de chaux
phosphate of calcium [Ca₃ P₂ O₈]	Phosphor- { Calcium saure Kalk	fosfato de { cálcio cal	phosphate de { calcium chaux
chloride of lime [Ca Cl₂ O₂ + Ca Cl₂ + 2 H₂ O]	Chlorkalk (m)	cloruro (m) de cal	chlorure (m) de chaux
minerals of calcium	Calciummminerale	minerales calizos	minerais calcaires
Calcareous spar, Cal- cite [Ca C O₃]	Kalkspath, Calcit (m)	espato (m) calizo, cal- cita (f)	spath calcaire (m), cal- cite (f)
Arragonite [Ca CO₃]	Arragonit (m)	aragonita (m)	arragonite (m)
Limestone [Ca CO₃]	Kalkstein (m)	caliza (f)	calcaire (m)
Gypsum [Ca SO₄ + 2 H₂ O]	Gyps (m)	yeso (m)	gypse (m)
Anhydrite [Ca SO₄]	Anhydrit (m)	anhidrita (f)	anhydrite (f)
Apatite [Ca₃ P₂ O₈]	Apatit (m)	apatita (f)	apatite (f)
Phosphorite [Ca₃P₂O₈]	Phosphorit (m)	fosforita (f)	phosphorite (f)
calculate (v. a)	berechnen, veran- schlagen	calcular	calculer
calculation (s)	Berechnung (f), An- schlag (m)	calculacion (f)	calcul(m), calculation(f)
	Voranschlag (m)	presupuesto (m)	calcul (m) préalable
calefaction (s) (chem.)	Erhitzung (f)	calefaccion (f)	caléfaction
calk (v. a)	kalfatern, mit Theer abdichten	calafatear	calfater
calomel see Mercury ores			
caloric heat unit (s)	Wärmeeinheit,Calorie(f)	caloria (f)	calorie (f)

English	German	Spanish	French
cam (s)	Kamm (m), Hebedaumen, Däumling, Frosch (m)	cama (f) del bocarte	came (f), poucet (m)
cambrian system (s)	Cambrische Formation(f)	formacion cambriana (f)	formation cambrienne (f)
canal (s)	Kanal (m), Siel (n)	canal (m)	canal (m)
canalisation (s)	Kanalisirung (f)	canalizacion (f)	canalisation (f)
candent (adj)	glühend	candente	candescent
candle (s) (Ming.), pit-candle, miner's lamp	Grubenlampe, Grubenlicht (n), Blende (f)	candil (m), lámpara (f) del minero	lampe (f) de mineur
Cannel-coal	Kannelkohle (f)	cannel-coal (m)	cannel-coal (m)
canvass (s)	Segelleinen, Hanfleinewand (f)	tela (f) { de cañamo / de barco lona (f) (Mexico)	tissu (m) de chanvre, toile (f) à voile
Caoutchouc (s)	Kautschuk (m)	caoutchouc (m)	caoutchouc (m)
cap, cap-piece, cornice-beam (s)	Kappe (f) eines Thürstockgeviertes	puente (m) de un marco	chapeau(m),{ d'un cadre traverse su- de périeure { boisage
capacity (s)	Fassungsvermögen (n), Capacität (f)	capacidad, cabida (f)	capacité (f)
—, volume	cubische Inhalt (f)	contenido (m) cúbico	contenu (m)
capillary (adj)	haarförmig	capilar	capillaire
— attraction (s)	Capillarität (f)	capilaridad (f)	capillarité (f)
caps, keeps (s. pl)	Caps, Aufsatzstützen für das Fördergefäss	taquetes (m. pl) para la jaula	taquets (m. pl)
capsule (met.), evaporating-dish	Abdampfschale (f)	capsula (f) de evaporacion	capsule (f) d'évaporation
—, mixing capsule (s)	Mengkapsel (f)	capsula para mezclar minerales y fundentes	capsule (f) pour mélanger les minerais avec les fondants
captain (s)	Steiger (m)	capataz (m), capitan (m) (Mexico)	maître (m) ouvrier
chief —	Obersteiger (m)	— mayor, minero mayor	chef (m) mineur, maître (m) porrion
carat (s) $^{1000}/_{24}$ standard of gold	Karat (m)	quilate (m)	carat (m)
carbon [C]	Kohlenstoff (m)	carbono (m)	carbone (m)
carbonic oxyde [CO]	Kohlenoxyd (n)	óxido { carbónico / de carbono (m)	oxyde (m) { carbonique / de carbone
carbonic acid [CO₂]	Kohlensäure (f)	ácido { carbónico / de carbono	acide { carbonique / de carbone
hydrocarburet bihydrocarburet gas, [C H₄] marsh-gas, bihydroguret of carbon	Kohlenwasserstoff (m) Leichte Kohlenwasserstoffgas (n), Grubengas, Sumpfgas, Methylwasserstoffgas	hidrógeno carburado protocarburo de hidrogeno, gas de pántanos	hydrogène carburé protocarbure (m) d'hydrogène, gaz (m) de marais
firedamp	Schlagende Wetter(n. pl)	grisu (m)	grisou (m)
hydrocarburet gas [C₂ H₄] olefiant gas (s)	Schwere Kohlenwasserstoffgas(n), Aethylen, Oelbildende Gas	hidrocarburo pesado, gas olefiante	éthylène (m), gaz oléfiant
illuminating-gas	Leuchtgas (n)	gas (m) del alumbrado	gaz d'éclairage
sulphuret of carbon [C S₂]	Schwefelkohlenstoff (m)	súlfuro (m) de carbono	sulfure (m) de carbone
carbonaceous, carboniferous (adj)	kohlenhaltig, kohlig	carbonifero	carbonifère
carbonate (s)	Karbonat (n), Kohlensaure Salz (n)	carbonato (m)	carbonate (m)
carbonic (adj)	kohlenstoffhaltig	carbónico	carbonique
— acid	Kohlensäure (f)	acido carbónico	acide carbonique
— oxyde	Kohlenoxyd (n)	óxido carbónico	oxyde carbonique
carboniferous	kohlenhaltig	carbonifero	carbonifère
— { system { group (Geol.)	Steinkohlenformation (f)	tereno } hullero, sistema } formacion hullera	terrain } houiller, système } formation houillère
carbonization (s)	Verkoblung (f), Verkokung (f)	carbonisacion (f)	carbonisation (f)

English	German	Spanish	French
carbonize (v. a)	verkohlen	carbonisar	carboniser
Carnallite (s) [K Cl + Mg Cl₂ + 6 H₂ O]	Carnallit (m)	carnalita (f)	carnallite (f)
carpenter (s)	Zimmermann (m)	carpintero (m)	charpentier (m)
carpenter's shop	Zimmermanns-werkstätte (f)	carpinteria (f)	atelier (m) de charpen-terie
carriage (s)	Anfuhr, Abfuhr (f), Transport (m)	trasporte (m)	transport
— of a boring ma-chine	Bohrgestell (n), Bohr-wagen (m)	carro (m) de perfora-doras	chariot (m) de perfora-teurs
— of the self acting plane	Bremsgestell (n), Brems-wagen	carro (m) del plano automotor	chariot (m) du plan in-cliné
carting (s)	Achsentransport (m)	accareo (m) por eje	roulage (m)
cartridge (s)	Patrone (f)	cartucho (m)	cartouche (f)
priming —	Zündpatrone (f)	— de inflamacion	— d'inflammation
Cassiterite (s)	Zinnstein (m)	casiterita (f)	cassiterite (f)
cast (s), casting, foun-ding	Guss (m)	fussion (f)	fonte (f)
— (v. a), found	giessen	fundir	fondre
casting in moulds or chills	Hartguss (m), Schalenguss (m)	fundicion (f) dura, — en coquilla	fonte (f) durcie, — en coquille
cataract (m) (mech.)	Cataract (m)	catarate (m)	cataracte (f)
catch, click (s)	Sperrhaken (m)	trinquete (m)	crochet (m) d'arrêt
— crow's foot (Ming.), finger gripp (s)	Glückshaken (m), Geissfuss (m)	gancho (m)	accrocheur, reperteur (m)
safety catches, safety attachment of cages	Fangvorrichtung (f) des Fördergestells	para-caida (f) de la jaula	para chutte (m) de la cage d'extraction
cathode (s) (elect.)	Kathode (f)	catodo (m)	catode (m)
cat-rake, ratched drill	Bohrratsche (f)	carraca (f), chicharra matraca (f) (Mexico)	
Cats eye (s) (Min.)	Katzenauge (n)	ojo (m) de gata	oeil (m) de chat
caustic (adj) (chem.)	kaustisch, ätzend	caustico	caustique
— alkali	Aetzalkali (n)	álkali (m) cáustico	alcali (m) caustique
— lime	Aetzkalk (m)	cal (f) cáustica	chaux (f) caustique
— potash	Aetzkali (n)	potassa (f) cáustica	potasse (f) caustique
cavern (s)	Höhle (f)	cueva (f)	caverne (f)
cavity (s)	Hohlraum (m)	excavacion (f)	espace (m) creux
Celestine (s) (Min.), Celestite [Sr SO₄]	Cölestin (m)	celestina (f)	célestine (f)
cement (s)	Cement, Kitt (m), Binde-mittel (n)	cemento, cimiento (m), pasta (f)	cément, ciment (m)
— (v. a) (met.)	cementiren	cementar	cimenter
cementation (s)	Cementirung (f)	cementacion (f)	cémentation (f)
cenomanian formation (s)	Plänerformation (f)	formacion cenomaniana	formation cénomanienne
center (s), centre	Mittelpunkt (m), Zen-trum (n)	centro (m)	centre (m)
— of gravity	Schwerpunkt (m)	centro (m) de gravedad	centre (m) de gravité
— of { rotation { motion	Drehpunkt (m)	centro (m) de rotacion	centre (m) de rotation
center-bit (s)	Centrumsbohrer (m)	barrena salomónica (f)	barroir (m)
centigrade (adj)	hunderttheilig, hundert-gradig	centigrado	centigrade
centigramme (s)	Centigramm (n)	centigramo (m)	centigramme (m)
centimetre (s)	Centimeter (n)	centimetro (m)	centimètre (m)
centrifugal (adj)	centrifugal	centrífugo	centrifuge
— apparatus (s)	— Apparat (m)	aparato (m) centrífugo	appareil (m) centrifuge
— force (s)	— Kraft, Fliehkraft (f)	fuerza (f) centrífuga	force (f) centrifuge
— pump (s)	— Pumpe (f)	bomba (f) centrífuga	pompe (f) centrifuge
centripetal-force	Centripetalkraft (f)	fuerza centrípeta	force centripète
cerium [Ce] (s)	Cer, Cerium (n)	cério (m)	cérium (m)
ceruse (s)	Bleiweiss (n)	albayalde (f), cerusa	céruse (f), plomb (m) blanc
Cerusite [Pb CO₃]	Cerussit (m), Weissblei-erz	cerusita (f), carbonato de plomo	cérusite (f), carbonate de plomb

English	German	Spanish	French
Chabazite (s) (Min.)	Chabasit (m)	chabasia (f)	chabasie (f)
chain (s)	Kette (f)	cadena (f)	chaîne (f)
link of a —	Kettenglied (n)	eslabon (f) de —	maille (f) d'une —
chain of buckets see bucket elevator			
endless chain conveyance (s)	Kettenförderung (f)	trasporte mecánico por cadena	transport (m) mécanique par chaîne
chain-pump (s), elevator	Eimerkunst (f), Heinzenkunst, Paternosterwerk (n), Elevator (m)	noria (f), cadena (f) de cangilones	noria (f), chapelet (m), patenôtre (m)
suspension chains of the cage	Zwieselkette (f), Quenselkette, Schurzkette, Vorschlagkette (f)	cadena (f) entre jaula y cuerda de extraccion	chaîne (f) unissant la corde et la cage d'extraction
Chalcedony (s) (Min.)	Chalcedon (m)	calcedonia (f)	calcédoine (f)
Chalcocite see copper ores			
Chalcolite „ „ „			
chalcopyrites see copper ores			
chalk (s)	Kreide (f)	greda (f)	craie (f)
— { formation (Geol.) { cretacious system	Kreideformation (f)	creta (f), formacion cretácea	formation crétacée (f)
— rocks (s) (pl.)	Kreidegebirge (n)	tereno (m) cretáceo	terrain (m) crétacé
cretaceous limestone	Kreidekalk (m)	caliza (f) cretácea	calcaire (m) crétacée
chalk-marl	Kreidemergel (m)	marga (f) cretácea	marne (f) crétacée
silvery chalk	Schaumkalk (m)	caliza nacarada	écume (f) de terre
chalky (adj)	kalkig	calizo, calcáreo	calcareux
chambre (s)	Kammer (f)	cámara (f)	chambre (f)
— for condensation, smoke-chambre	Flugstaubkammer (f)	cámara (f) de cisco	— à poussière
— of lead, lead chambre	Bleikammer (f)	cámara (f) de plomo	— de plomb
— of a pump	Pumpenstiefel (m)	cuerpo (m) de bomba	corps (m) de pompe
channels see dykes			
charcoal (s)	Holzkohle (f)	carbon (m) vegetal	charbon (m) de bois
animal charcoal (s)	Knochenkohle (f)	carbon (m) animal	charbon (m) animal
charge (s)	Last (f)	carga (f)	charge (f)
— (met.)	Beschickung, Gicht (f), Post (f), Aufgabe, Eintragung (f)	carga (f) de minerales ó fundentes, alimentacion (f)	charge de minerais ou fondants, alimentacion (f)
— (Ming.) of a blast hole	Besatz (m) mit Sprengstoff	carga (f) de un barreno	charge (f) d'un trou du petard
charge, feed (v.a) (met.) ores, fluxes or minerals (ore dressing)	beschicken, aufgeben, eintragen	cargar, alimentar	charger, alimenter
chemical (adj)	chemisch	químico	chimique
— combination (s)	chemische Verbindung (f)	combinacion química	combinaison chimique
chemist (s)	Chemiker (m)	químico (m)	chimiste (m)
assayer (s)	Probirer (m)	ensayador (m)	maître essayeur
chemistry (s)	Chemie (f)	química (f)	chimie (f)
inorganic —	Anorganische —	— inorgánica	— inorganique
organic —	Organische —	— orgánica	— organique
chest see box			
chilian mill see crushing mills			
chill (s) (met.)	Schale (f), Coquille	coquilla (f)	coquille (f)
chim (v. a) gold sands	sichern, waschen (von Goldsand)	lavar (arenas auríferas)	laver (des minerais aurifères)
chimming trough (s)	Sichertrog (m)	batea (f)	batée (f)
chimney, stack (s)	Schornstein (m), Esse (f)	chimenea (f)	cheminée (f)
chisel (s)	Meissel (m)	cincel (m)	ciseau (m)
— (v. a)	meisseln	cincelar	ciseler
cold chisel (s)	Kaltmeissel (m)	corta fria (f)	ciseau (m) à froid
hot chisel (s)	Setzeisen (n)	estampa, tajadera (f)	hacheron (m)
flat chisel (s)	Flachmeissel (m)	escoplo (m)	ciseau (m) plat

English	German	Spanish	French
chisel (see pag. 20) cross-mouthed-chisel	Kreuzmeissel (m), Kronenbobrer (m)	cincel en forma de cruz	ciseau (m) en croix
Chloantite see nickel ores			
chlorate (s)	Chlorat (n), Chlorsaure Salz (n)	clorato (m)	chlorate (m)
chloric (adj)	chlorhaltig	cloroso, clórico	chlorique, chloreux
chloride (s)	Chlorid (n), Chlórür	cloruro (m)	chlorure (m)
chloridize (v. a)	chloriren	clorurar	chlorurer
chlorination (s)	Chlorirung (f)	cloruracion (f)	chloruration (f)
chlorine (s) [Cl]	Chlor (n)	cloro (m)	clore (m)
muriatic ⎫ acid hydrochloric ⎬ [H Cl]	Salzsäure, Chlorwasserstoffsäure (f)	ácido ⎰ clorhídrico ⎱ muriático	acide ⎰ chlorhydrique ⎱ muriatique
hypochlorous acid [H Cl O]	Unterchlorige Säure	ácido hipocloroso	acide hypochloreux
chlorous acid [H Cl O]	Chlorige Säure	ácido cloroso	acide chloreux
chloric acid [H Cl O₃]	Chlorsäure (f)	ácido clórico	acide chlorique
perchloric acid [H Cl O₄]	Ueberchlorsäure (f)	ácido perclórico	acide perchlorique
chloride of nitrogen [N Cl₃]	Chlorstickstoff (m)	cloruro ⎰ de azote ⎱ de nitrógeno	chlorure ⎰ d'azote ⎱ de nitrogène
chloride of sulphur [S Cl]	Chlorschwefel (m)	cloruro sulfuroso	chlorure sulfureux
muriate of ammonia, sal ammoniac [NH₄ Cl]	Chlorammonium (n), Salmiak (m)	cloruro de amónio, sal amoniacal (f)	chlorure d'ammonium, sel ammoniaque
chloride of lead (s) [Pb Cl₂]	Chlorblei (n)	cloruro de plomo	chlorure de plomb
chloride of calcium, [Ca Cl.] chloride of lime	Chlorcalcium (n), Chlorkalk (m)	cloruro ⎰ de cálcio ⎱ de cal	chlorure ⎰ de calcium ⎱ de chaux
chloride of potassium [K Cl]	Chlorkalium (n)	cloruro de potásio	chlorure de potassium
chloride of copper	Chlorkupfer (n)	cloruro de cobre	chlorure de cuivre
chloride of sodium, common salt [Na Cl]	Chlornatrium (n), Kochsalz (n)	cloruro de sódio, sal comun	chlorure de sodium, sel commun
chloroform [C HCl₃]	Chloroform (n)	cloroformo (m)	chloroforme (m)
chloride of silver (s)	Chlorsilber (n)	cloruro de plata	chlorure d'argent
chloride of zinc [Zn Cl₂]	Chlorzink (n)	cloruro de zinc	chlorure de zinc
chlorous (adj)	chlorig	cloroso	chloreux
Chlorite (s) (Min.)	Chlorit (m)	clorita (f)	chlorite (m)
chlorite slate (s)	Chloritschiefer (m)	pizarra (f) clorítica	chlorite schiste, chlorite schisteux
chromate (s)	Chromat(n), Chromsaure Salz (n)	cromato (m)	chromate (m)
chromium [Cr]	Chrom (n)	cromo (m)	chrome (m)
protoxide of — [Cr O]	Chromoxydul (n)	protóxido de cromo	protoxyde de chrome
sesquioxide of — [Cr₂ O₃]	Chromoxyd (n)	óxido de cromo	oxyde de chrome
peroxide of—[Cr₅ O₄]	Chromoxydoxydul (n)	óxido cromoso crómico	oxyde (m) cromoso-cromique
hydroxide of — [H₃ Cr O₃]	Chromoxydhydrat (n)	hidróxido (m) de cromo	hydroxyde (m) de chrome
protosulphate of — [Cr₂ 3 SO₄]	Schwefelsaure Chromoxyd (n)	protosulfato(m) de cromo	protosulfate de chrome
chromic acid [H₂ Cr O₄]	Chromsäure (f)	ácido (m) crómico	acide (m) chromique
bichromate of potash [K₂ Cr₂ O₇]	Kaliumbichromat, Saure chromsaure Kali (n)	bicromato de potasa	bichromate (m) de potasse
chromate of potash [K₂ Cr O₄]	Kaliumchromat (n), Neutrale chromsaure Kali	cromato de potasa	chromate de potasse

English	German	Spanish	French
chromium (see pag. 21)			
chromate of barium [Ba Cr O₄]	Chromsaure Barium (n)	cromato (m) de { bário / barita	chromate de baryte (m)
chromate of lead [Pb Cr O₄]	Chromsaure Bleioxyd, Chromgelb (n)	cromato (m) de plomo	chromate de plomb, jaune (m) de chrome
perchloride of chromium [Cr₂ Cl₆]	Chromchlorid (n)	percloruro (m) de cromo	perchlorure de chrome (m)
Chromite, Chromic Iron, Chromate of Iron [Fe Cr₂ O₄]	Chromeisenstein, Chromeisenerz (n), Chromit (m)	hierro cromado, cromita (f), siderocroma	fer chromé, chromite (f), sidérochrome
Chrysoberyl (s) (Min.)	Chrysoberyll, Cymophan (m)	crisoberilo, cimofana (f)	chrysobéril (m), cymofane (f)
Chrysocalla (s) (Min.), Mountain Green	Kieselkupfer, Berggrün, Chrysokoll	crisocola (f), cobre hidro silicatado	chrysocolle (f), cuivre hydrosiliceux (m)
Chrysolite (Min.)	Chrysolith (m)	crisolita (f)	chrysolithe
Chrysoprase (s) (Min.)	Chrysopras (m)	crisoprasa (f)	crysoprase (f)
cinder (s) (met.)	Schlacke (f)	escoria (f)	scorie (f)
— tip	Schlackenhalde (f)	escorial (m)	amas (m) de scories crassier (m)
cinnabar (s) [Hg S]	Zinnober (m)]	cinábrio, cinabarita	cinabre (m)
circle (s)	Kreis (m)	círculo	cercle (m)
— of compass	Stundenkreis (m)	círculo (m) { horário / de la brújula	cercle (m) de la boussole
circumference (s)	Umfang (m)	circunferencia (f)	circonférence
circumferencial velocity (s)	Umfangsgeschwindigkeit (f)	velocidad circunferencial	vitesse circonférencielle
circular (adj)	kreisförmig	circular	circulaire
— saw	Kreissäge (f)	sierra circular (f)	scie (f) circulaire
cistern (f)	Wasserbehälter (m), Cisterne (f)	bolsa (f), deposito (m), estanque (m), algibe (m) } de água	réservoir (m) à l'eau
clack of a pump (s)	Ventilklappe (f)	clapete (m) de una bomba	clapet (m) d'une pompe
—, clapper of a piston	Kolbenklappe (f)	clapete (m) del piston	clapet du piston
clack piece (s)	Ventilkasten (m)	caja (f) de válvula	chapelle (f) de la soupape
claim (s), concession	Muthung (f), Grubenfeld (n)	pertenencia (f) minera	concession (f) de mine
claim (v. a)	muthen, Muthung einlegen, Verleihung nachsuchen	solicitar una concession, poner un registro, denunciar (Mexico)	demander la concession d'une mine
give the right of a mining claim (v. a)	verleihen, Verleihung ertheilen	registrar, conceder una pertenencia	concéder
location of claims	Muthung (f)	registro (m), solicitacion de una concesion	demande (f) en concession
square-mining-claim	Geviertfeld (n)	concesion cuadrada	concession quadraté
mining-claim of Austria-Hungary [14458,₄ qm]	Mittelmaass (n)	pertenencia minera (unidad en Austria)	concession de mine (unité en Autriche)
clapper see clack			
classification (ore dressing), sizing (s)	Klassirung (f) (Trennung nach der Korngrösse)	clasificacion segun el volumen (tamaño de los granos)	classement selon le volume
— sorting of equally falling grains	Sortirung (f) (Trennung nach der Gleichfälligkeit der Körner)	clasificacion segun la equivaléncia	classement par équivalence
classifier (ore-dressing)	Stromgerinne (n)	aparato de preparar lodos de mineral por una corriente horizontal	appareil à courant horizontal
—	Stromapparat (m)	aparato de preparar lodos de mineral por una corriente ascendente de água	appareil à courant ascendant

English	German	Spanish	French
classifiing drum (s)	Klassirungstrommel (f)	tromel clasificador	trommel-classeur
classify, size (v. a)	klassiren (nach der Korn-grösse trennen)	clasificar (segun el ta-maño de los granos)	classer (selon le volume)
clay (s), argil	Thon, Letten (m)	arcilla (f), lama (f) (Mexico)	argile (f)
fire-clay	Feuerfeste Thon (m), Chamotteerde (f)	tierra } refractária arcilla }	terre } réfractaire argile }
potter's clay	Töpferthon (m)	arcilla (f) figulina, — para alfareria	argile (f) à poterie
— iron - ore, ferrugi-nous clay see iron ores			
clayish	thonig	arcilloso	argileux
clean (v. a) (ore dressing) clear	läutern, waschen, ab-schlämmen	deslodar, desfangar	débourber
— out, reopen (v. a) a broken down level	aufräumen, aufgewälti-gen	entibar ó limpiar una labor hundida	déblayer une galerie éboulée
cleanser	Krätzer (m) beim Hand-bohren	saccabarro (f), cuchara (f)	cuiller (m), curette (f)
clear see clean			
clearing (s)	Läutern (n), Läuterar-beit, Schlämmar-beit (f)	deslodadura (f)	débourbage (m)
clearing-basin, settling tank	Klärbassin, Klärsumpf, Schlammteich (m)	balsa (f) } depósito de } clarificacion	bassin } dépôt de } clarification
cleavage (s) (Min.)	Spaltbarkeit (f)	crucero (m), exfolia-cion (f)	clivage (m)
cleavable (adj)	spaltbar	hendible	clivable
cleft (s)	Kluft, Spalte (f), Erd-spalt (m)	grieta (f)	fente (f), fissure (f)
formation of { clefts { fissures	Spaltenbildung (f)	grieteo (m)	formation des fentes
click (s)	Sperrhaken (m)	trinquete (m)	crochet (m) d'arrèt
climb (v. a) up (Ming.)	klettern, ausfahren auf der Fahrt	subir (las escalas)	monter (les échelles)
cloth (s)	Gewebe, Geflecht	tela (f)	toile (f)
wire cloth (s)	Drahtgeflecht (n)	tela (f) metálica	toile (f) métallique
coal (s)	Kohle (f)	carbon (m)	charbon (m)
mineral coal (s)	Steinkohle (f)	hulla(f),carbon de piedra, carbon fosil (m)	houille (f), charbon fossil
anthracite (s)	Anthracit, Glanzkohle, Kohlenblende	anthracita (f), hulla brillante (f)	anthracite (f)
bituminous coal (s)	Flammkohle (f), Fettkohle (f)	hulla (f) de llama, carbon (m) craso	houille (f) flambante, flambart (m)
caking coal, bin-ding coal	Backkohle (f), Coaks-kohle (f)	carbon (m) } craso } de cok	charbon } (m) gras] } à coake
gas coal	Gaskohle (f)	carbon para la fabricacion del gas del alumbrado	charbon à gaz
cannel-coal, parrot	Kannelkohle	cannel-coal	cannel-coal
non caking coal, free burning coal	Magerkohle (f)	carbon } seco } magro	houille (f) maigre
brown- coal, lignite	Braunkohle (f) Lignit, Holzige Braun-kohle	lignito (m) — leñoso	lignite (m) — ligneux
jet	Dichte Braunkohle, Gagat	azabache (m)	jais (m), lignite (m) compacte
charcoal (s)	Holzkohle (f)	carbon } de leña { vegetal	charbon de bois
animal charcoal	Knochenkohle (f)	carbon animal	charbon animal
coal-formation (Geol.)	Kohlenformation, Stein-kohlenformation (f)	formacion (f) carbonifera, hullera	formation houillère
coal bearing rocks	Kohlengebirge (n)	tereno (m) carbonífero	terrain (m) houiller

English	German	Spanish	French
coal-formation (see p. 23)			
coal slate	Kohlenschiefer, Brand-schiefer (m)	pizarra carbonífera	schiste } noir houiller
coal grit, carboni-ferous sandstone	Kohlensandstein (m)	asperon carbonifero	grès houiller
carboniferous lime-stone	Kohlenkalk (m)	caliza (f) carbonífera	calcaire (m) houiller
band of coal	Kohlenschmitz	capita (f) de carbon	fissure (f) de charbon
coal-basin (Geol.)	Kohlenbecken, Kohlen-mulde (f)	cuenca (f) carbonífera	bassin (m) houiller
coal-bed, coal seam	Flötz (n), Kohlenflötz	capa (f) de carbon	couche (f) de charbon
coal dust	Kohlenstaub (m), Ge-stübbe (n), Kohlen-pulver (n)	polvos (m. pl) de carbon, cisco (m)	aspiure (f), poudre (m) de charbon
— brick, patent fuel, briquette	Kohlenpressstein (m), Briquet (n)	agglomerado, briqueta(f)	briquette (f)
large coal	Stückkohle (f)	carbon grueso	charbon grossier
smal coal, slack	Feinkohle (f), Gruss-kohle, Kohlenklein (n), Klarkohle (f)	carbon menudo	charbon menu
coal mine, colliery (s)	Kohlengrube (f), Kohlenbergwerk (n), Zeche (f)	mina (f) de carbon, car-bonera (f), hullera (f)	mine (f) de charbon, houillère, charbonière (f)
coal-pitch (s)	Steinkohlenpech (n)	brea (f)	braie (f)
through and trough coal (s)	Förderkohle (f)	carbon como sale de la mina	charbon (m) tout-venant
coal-tar (s)	Steinkohlentheer (m)	alquitran de hulla	goudro n (m) de houille
coal washing plant (s)	Kohlenwäscho (f)	lavadero de carbon	atelier (m) delavage de charbon
consumption of coal	Kohlenverbrauch (m)	consumo de carbon	consommation de charbon
coarse (adj) (ore dressing)	rösch, rasch, grob	grueso	grossier, gros, grenu
— from a sieve	Siebgröbe (f), Siebrück-stand (m)	grueso } de la criba residuo }	gros } du crible refus }
coating (blow-pipe as-saying)	Beschlag (m) (auf Kohle etc.)	costra (f)	
cob (v. a), buck (ore-dressing)	scheiden (von Hand)	apartar	scheider
cobbing (s)	Scheidung	apartado (m)	scheidage (m)
cobalt (s) [Co]	Kobalt (m)	cobalto (m)	cobalt (m)
protoxide of — [CoO]	Kobaltoxydul (n)	protóxido de cobalto	protoxyde (m) de cobalt
(sesqui)oxide of — [Co₂O₃]	Kobaltoxyd (n)	óxido de } cobalto cobáltico	oxyde de } cobalt cobaltique
chloride of — [CoCl₂]	Chlorkobalt	cloruro de cobalto	chlorure de cobalt
sulphate of — [CoSO₄ + 7H₂O]	Schwefelsaure Kobalt-oxydul (n)	sulfato de cobalto	sufate de cobalt
cobalt ores	Kobalterze	minerales de cobalto	minerais de cobalt
Earthy Cobalt, Asbo-lan	Erdkobalt, Asbolan (m)	cobalto teroso (m), asbo-lana (f)	cobalt oxydé noir, As-bolane (f)
Erythrine, Cobalt Bloom, Red cobalt	Kobaltblüthe (f), Ery-thrin (m)	flores de cobalto, eri-trina (f)	fleurs de cobalt, ery-thrine (f)
Cobaltite, Glance Co-balt	Kobaltin, Glanzkobalt, Glaskobalt (m)	cobaltina (f), cobalto } brillante gris (m)	cobaltine (f), cobalt luisant (m)
Cobalt pyrites, Gray cobalt ore, Smaltite	Kobaltkies (m), Speisskobalt, Smaltin (m)	smaltina (f), cobalto arsenical	smaltine (f), cobalt arsénical
cobaltic (adj)	kobalthaltig	cobáltico	cobaltique
cock (s) (mech.)	Hahn (m)	grifo (m)	robinet (m)
gauge —	Wasserstandshahn (m)	— del nivel	— jauge
injection —	Einspritzhahn (m)	— de inyeccion	— d'injection
waste —	Ablasshahn (m)	— } de purga de sangrar	— purgeur
water —	Wasserhahn (m)	— de água	— à l'eau
wind —	Lufthahn (m)	— de aire	— à l'air

English	German	Spanish	French
Cog (s) (mech.)	Kamm (m) (hölzerner Zahn eines Rades)	diente (m) de madera	alluchon, dent de bois (m)
— wheel (s)	Kammrad, Zahnrad (n)	rueda (f) dentada	roue (f) à dents
coin (v. a)	prägen (von Geld)	acuñar	rengrener
coke (s)	Koaks, Koks	carbon cok, cok, carbon estinto (m)	coke (m)
convert into coke (v. a)	verkoken	cokizar	cokiser
coke-oven (s)	Koksofen (m)	horno de cok	four (f) à coke
coking (s)	Verkokung (f) [(m)	cokizacion (f)	cokisation (f)
collier (s)	Steinkohlenbergmann	hullero (m)	houilleur (m)
colliery (s)	Steinkohlenbergwerk (n)	hullera (f)	houillère (f)
Colophony (s)	Colophonium (n)	colofonia (f)	colophone (f)
column (s)	Säule (f)	columna (f)	colonne (f)
water-column	Wassersäule (f)	columna (f) de água	colonne (f) d'eau
hydraulic-column	Spannsäule (f) (zum Befestigen der Bohrmaschinen)	columna (f) hidráulica (para colocar las perforadoras)	colonne (f) hydraulique pour le montage de perforateurs
combine (v. n)	sich verbinden (mit) (n)	combinarse	se combiner
combination (chem.)	Verbindung (f)	combinacion (f)	combinaison (f)
combustible (s), fuel	Brennmaterial (n), Brennstoff (m)	combustible (m)	combustible (m)
combustion (s)	Verbrennung (f)	combustion (f)	combustion (f)
complete — (chem.)	Todtbrennen (n)	— entera	— entière
combustion-chambre (s)	Verbrennungsraum (m)	cámara de combustion	chambre à combustion
come up (v. a), ascend	ausfahren, zu Tage fahren	subir	monter
— to grass see crop out			
communicator (s)	Vorgelege (n)	comunicador (m)	communicateur (m)
compact (adj)	dicht, compakt	compacto	compacte
companian (s)	Begleiter (m) von Erzen	acompañante	compagnon
company (s)	Gesellschaft (f)	sociedad (f)	société (f)
— with share capital	Aktiengesellschaft	— anónima	— anonyme
—, mining —	Gewerkschaft (f)	— minera	— minière
— of men	Belegschaft einer Grube	personal (m) de una mina	ensemble (m) des ouvriers d'une mine
compartment of a shaft	Schachtrum (n)	compartimiento (m) de un pozo	compartiment (m) d'un puits
compass (s), dial	Kompass (m)	brújula (f)	boussole (f)
miners compass (s)	Hängezeug (n)	instrumentos para levantar planos	poche (f) de mineur, appareils d'arpentage
pocket compass (s)	Taschencompass	brújula de bossillo	boussole (f) de poche
compasses (pl) (s)	Zirkel (m)	compas (m)	compass (m)
complex (s) of mines	Grubencomplex (m)	coto (m) minero, grupo de minas	ensemble (m) de plusieurs mines
composition (f)	Zusammensetzung (f)	composicion (f)	composition (f)
compress (v. a)	comprimiren, zusammenpressen	comprimir	comprimer
concave	conkav	concavo	concave
concentrate (v. a) (ore dressing)	anreichern, concentriren	concentrar	concentrer
concentrates, schlich (s)	Schlich, Schlieg (m) (Angereicherte Aufbereitungsproducte)	eslique (m), gandinga (f)	schlich (m)
— of the Patio (Mexico)	Silberhaltige Schliche	marmaja (f), polvillo (m)	— argentifère
concentrating (s)	Anreichern (n)	concentrado (m)	concentrage (m)
concentration (s), enriching	Anreicherung, Concentration (f)	concentracion (f), enriquecimiento (m)	concentration (f), enrichissement (m)
concentrator, concentrating apparatus (s)	Concentrator (m)	concentrador (m)	concentrateur (m)
dry concentrating apparatus	Trockenconcentrator (m)	concentrador (m) en seco	concentrateur à sec

English	German	Spanish	French
concession, claim (s)	Verleihung (f)	concession (f), registro	concession (f)
mining-claim	Grubenmaass, Gruben-feld (n)	pertenencia minera	concession de mine
conchoidal (adj)	muschelig	concoidal	conchoïdal
concordant (Geol.) (of lodes or stratas)	concordant, rechtsinnig	concordante	concordant
concrete (s)	Beton (m)	hormigon (m)	béton (m)
condensate (v. a), condense	verdichten, condensiren	condensar	condenser
condensation (f)	Verdichtung, Condensation (f)	condensacion (f)	condensation (f)
condensator (s), condenser	Condensator (m)	condensador (m)	condensateur (m)
condensing tower	Condensationsthurm (m)	torre (m) de condensacion	tour (m) de condensation
conductibility (s)	Leitungsvermögen (n)	conductibilidad (f)	conductibilité (f)
conduction (s)	Leitung (f)	conduccion (f)	conduction (f)
conductors, guides (pl) (Ming.)	Leitbäume, Strossbäume für den Förderkorb	guiaderas (pl. f)	guides, glissoirs (m. pl)
conduit (s)	Röhre (f)	conducto (m)	conduit (m)
— of air pipes	Luttentour (f)	tuberia, conducto de aire	conduit d'aérage
— of pipes	Röhrentour, Rohrleitung (f)	tuberia (f)	tuyauterie (f)
— of water	Wasserleitung (f)	conduccion (f) de água	conduite (f) d'eau
— pipe	Leitungsrohr	tubo (m) de un conducto	tuyau (m) d'un conduit
cone (s)	Kegel, Conus (m)	cono (m)	cône (m)
congelation (s)	Gefrieren (n), Erstarren (n)	congelacion (f)	congelation (f)
conglomerate (s)	Trümmergestein, Conglomerat (n)	conglomerado (m)	conglomérate (m)
conical (adj)	conisch	cónico	conique
consolidation (s), amalgamation of mining rights	Consolidation (f), Zusammenlegüng von Bergwerksgerechtsamen	consolidacion de pertenencias mineras	consolidation (f) des concessions minières
construct (v. a)	construiren, bauen	construir	construire
construction (s)	Construction (f), Bau (m)	construccion (f)	construction (f)
— of engines	Maschinenbau (m) — construction	maquinária (f), construccion de maquinária	machinerie (f), construction de machinerie
—, suspended constructions	Hängewerk (n)	armadura de pendelon	soupente (f)
consumption of combustible	Brennmaterialverbrauch (m)	consumo de combustible	consommation de combustible
— of water	Wasserverbrauch (m)	consumo de água	consommation d'eau
contact (s) (Geol.)	Gesteinsscheide, Contact	contacto (m)	contact (m)
content (s) (chem.)	Gehalt (m)	contenido (m)	contenu (m)
average contents	Durchschnittsgehalt	contenido médio (m) ley média (f)	loi teneur } moyenne, titre moyen
contract, pinch out (v. n) (of lodes)	sich verdrücken, sich auskeilen	estrecharse	se resserrer
contraction (s)	Zusammenziehung (f)	contraccion (f)	contraction (f)
— of a lode	Verdrückung (f)	estrechamiento de un filon	resserement d'un filon
contractor (s)	Unternehmer (m)	contratista (f)	entrepreneur (m)
—	Gedingenehmer (m), Accordarbeiter (m)	destajista (f), destajero (m) (Mexico)	ouvrier (m) à la tâche
controling assay see assay			
convert (v. n) into coal	verkohlen, sich in Kohle verwandeln	carbonizarse	se carboniser
converter (s) (met.)	Convertor (m)	convertidor (m)	convertor (m)
conveyance (s)	Förderung (f)	trasporte (n)	transport (m)
convexe (adj)	convex	convexo	convexe

English	German	Spanish	French
cool (v. a)	abkühlen	enfriar	refroidir
— (v. v)	erkalten, erstarren	enfriarse	se refroidir
copper (s) [Cu]	Kupfer (n)	cobre (m)	cuivre (m)
protoxide of — [Cu$_2$O]	— oxydul (n)	— oxidulado, protóxido de cobre	cuivre oxydulé, protoxyde de cuivre
oxyde of — [Cu O]	— oxyd (n)	oxido { cobrizo / de cobre	oxyde { cuivrique / de cuivre
subsulfide of - [Cu$_2$S]	— sulfür (n)	protosúlfuro de cobre	protosulfure de cuivre
sulfide of — [Cu S]	— sulfid (n)	deutosúlfuro de —	deutosulfure de —
subchloride of copper [Cu Cl]	Kupferchlorür (n)	protocloruro de cobre	protochlorure de —
chloride of — [Cu Cl$_2$]	Kupferchlorid (n)	deutocloruro de cobre	deutochlorure de —
sulphate of —, copper vitriol { [Cu SO$_4$ + 5 H$_2$O]	Schwefelsaure Kupferoxyd, Kupfervitriol (n), Kupfersulfat (n)	sulfato { / vitriolo { de cobre	sulfate { / vitriol { de cuivre
carbonate of — [Cu CO$_3$ + H$_2$ Cu$_2$]	Kohlensaure Kupferoxyd. Kupfercarbonat (n)	carbonato de cobre	carbonate (m) de cuivre
nitrate of — [Cu N$_2$O$_6$ + 3 H$_2$O]	Salpetersaure Kupferoxyd, Kupfernitrat (n)	nitrato (m) de cobre	nitrate (m) de cuivre
Copper ores (s) (pl)	Kupfererze (n. pl)	minerales de cobre	minerais (m) de cuivre
Native Copper [Cu]	Gediegene Kupfer (n)	cobre nativo (m)	cuivre natif (m)
Cuprite [Cu$_2$O]	Rothkupfererz, Cuprit (n)	cobre rojo (m), cuprita (f)	mine rouge de cuivre, cuprite (f)
Malachite, Green Carbonate of copper [2 Cu CO$_3$ + H$_2$O]	Malachit (m), Kupferspath	malaquita (f)	malachite (f), cuivre carbonaté vert (m)
Mountain Green (s), Mountain Blue, Chrysocolla [Cu$_3$Si O$_4$ + 6 H$_2$O]	Chrysocoll (m), Bergblau, Berggrün, Kieselmalachit, Kieselkupfer (n)	crisocola	chrysocolle (f), Vert de montagne
Azurite, Azur Copper Ore, Blue Malachite, Chessy Copper [2 Cu CO$_3$ + Cu H$_2$O$_2$]	Kupferlasur (f)	azurita (f), cobre (m) azul	cuivre azuré, azur de cuivre, bleu de montagne
Libethenite (s)	Libethenit (m)	libetenita (f)	libethénite (f)
Pseudomalachite, Phosphate of copper	Lunnit, Phosphorochalcit (m)	lunita, fosforocalcita, pseudomalaquita	lunnite (f), phosphure de cuivre
Olivenite, Olive green Copper ore,	Olivenit (n)	olivenita (f)	olivenite (f)
Atacamite [Cu Cl$_2$ + 3 Cu H$_2$O$_2$]	Atakamit (m), Salzkupfererz (n)	atacamita (f), cobre salino (m)	atacamite (f)
Copper Glance, Chalcocite [Cu$_2$S]	Kupferglanz, Kupferglaserz (n), Chalkosin (m)	cobre vitreo (m), chalcosina (f)	cuivre vitreux, Chalcosine
Chalcopyrite, Copper-Pyrites [Cu$_2$ Fe SO$_4$]	Kupferkies, Chalkopyrit (m)	chalcopirita, pirita de cobre ó ferro-cobriza	chalcopyrite (f), pyrite { de cuivre, / cuivreuse
Bornite, Purple Copper ore [5 Cu$_2$ S + Fe$_2$ S$_3$] Variegated copper ore	Buntkupferkies, Buntkupfererz, Bornit (m)	bornita, erubescita, cobre { abigarrado (m) / panaceo	cuivre pyriteux panaché, bornite (f)
Tennantite	Arsenfahlerz, Tennantit, Kupferblende	cobre gris arsenical, tennantita (f)	cuivre gris { arsénifère / arsénical
Tetrahedrite, Gray copper ore	Antimonfahlerz, Tetraedrit, dunkles Weissgültigerz	cobre gris antimonial, tetraedrita, panabasa (f)	cuivre gris antimonifère ou antimonial, tétraédrite (f)
Polytelite (s)	Polytelit (m), Silberfahlerz, Lichtes Weissgültigerz	politelita, cobre gris argentifero	cuivre gris argentifère (m), polytélite (f)

English	German	Spanish	French
copper (see pag. 27)			
copperas (s)	Vitriol (n)	vitriolo (m),	vitriol (m), coupérose (f)
		caparrosa (f)	
blue —	Kupfervitriol	vitriolo de cobre	vitriol de cuivre
green —	Eisenvitriol	— de hierro	— de fer
white —	Zinkvitriol	— de zinc	— zinc
copper ⎰ slate (Geol.) (s) ⎱ shist	Kupferschiefer (m)	pizarra ⎰ cobriza esquista ⎱	schiste cuivreux
copper-plate (s)	Kupferblech (n)	chapa de cobre	plaque de cuivre
— wire	Kupferdraht (m)	alambre de cobre	fil (m) de cuivre
cement copper (s)	Cementkupfer (n)	cobre de cementacion (m), cascara (Mexico),	cuivre ⎰ cémentatoir ⎱ de cement
refined ⎰ copper (s) rose ⎱	Feinkupfer, Garkupfer, Rosettenkupfer (n)	cobre ⎰ de roseta ⎱ fino	cuivre ⎰ de rosette ⎱ fin
black ⎰ copper (s) coarse ⎱	Schwarzkupfer, Roh-kupfer (n)	cobre ⎰ nego ⎱ bruto	cuivre ⎰ noir ⎱ brut
coral-rag (Geol.)	Corallenkalk (m)	caliza (f) coraloidea	calcaire (m) corallien
cord (s)	Bindfaden (m)	hilo (m) bramante	ficelle (f)
Cordierite	Cordierit, Dichroit (n)	cordierita, dichroita	cordiérite, dichroïte
core (s) (boring)	Bornkern (m)	núcleo (m)	noyeau (m)
— of a rope	Seele (eines Drahtseiles)	ánima (f) de la cuerda	âme (f) d'un câble
corneous silver etc.	Hornsilber (n)	plata (f) córnea	argent (m) corné
corner-stone see mark-stone			
cornish boiler see boiler			
corrosive (adj)	ätzend, fressend	corrosivo	corrosif
corrugated (adj)	gewellt, geriffelt von Blech	acanalado	cannelé
Corundum (s) [Al₂O₃]	Korund (m)	corindon (m), coruudo	corindon (m)
cost (s)	Kosten (f. pl)	gastos (m. pl)	frais (m. pl)
— of extracting	Förderkosten	— de extraccion	— d'extraction
— of ⎰ exploiting ⎱ winning	Abbaukosten, Gewinnungskosten	— de explotacion	— d'exploitation
— of supplies	Unterhaltungskosten	— de manutencion	— de maintien
— of producing	Productionskosten	— de produccion	— de production
working cost (s)	Gestehungskosten	costo (m)	prix de revient (m)
costeening (s)	Schurfarbeit (f)	labor (f) de reconoci-miento	fouille (f)
cotter (s)	Keil (m)	cuño (m)	coin (m)
counter (s) of strokes	Hubzähler (m)	contador (m) de golpes	compteur (m) de levées
— (adj) of lodes	widersinnig vom Ein-fallen eines Ganges	opuesto (de la incli-nacion de un filon)	inverse (de l'inclinaison d'un filon)
— assay see assay			
— ⎰ poise (s) ⎱ weight	Gegengewicht (n)	contrapeso (m)	contre-poids
country	Nebengestein (n) eines Ganges	roca (f) de los hastiales de un yacimiento	roche ⎰ des parois ⎱ encaissant
couple (v. a)	kuppeln, einrücken von Kuppelungen	acoplar	accoupler
coupling (s)	Kuppelung (feste)	acoplamiento (m), acc-plado	couplage, accouplement
disengaging —	— (lose)	engauche, enchufe	embrayage
— of wagons	Wagenkuppelung	enganche (m)	attelage (m)
— box	Muffe (f)	manguisto (m)	manchon (m)
course (arch.)	Schicht (f)	hilada (f)	assise (f)
— (Geol.)	Streichen (n)	direccion (f) de un filon	direction (f) d'un filon
cover (s)	Deckel (m)	tapa (f)	couvercle (m)
crab (s)	Erdwinde (f)	gato (m)	chèvre (f)
— winch, crab with communicator	Vorgelegehaspel (m)	cabrestante (m)	cabestan (m)
cradle (s) (Ming.)	Fliegende Bühne im Schachte	descanso (m) móvil en un pozo	plancher (m) volant dans un puits
crag (s) (Geol.)	Pliocän (n)	formacion pliocena	formation (f) pliocène

English	German	Spanish	French
cramp-iron (s)	Klammer (f), Fahrtenklammer	alcayata (f), alcahata (f), estipulo (m) (Mexico)	crampon (m)
crane (s)	Krahn (m)	grua (f)	grue (f)
hand —	Handkrahn	— á brazo	— à main
hydraulic —	Hydraulische Krahn	— hidráulica	— hydraulique
jig —, turning —	Drehkrahn	— giratória	— à pivot tournant
moveable travelling } —	Laufkrahn	— de corredera	— roulante
crank (s), crooked handle	Krummzapfen (m), Kurbel (f)	manivela, ciguëña (f)	manivelle (f)
— axle (s), double crank	Kurbelachse (f), Gekröpfte Welle	eje } doblado ciguöñal	axe (f) coudée
— pin (s)	Kurbelzapfen (m)	gorron (m)	tourillon (m)
cranked (adj)	gekröpft	doblado	coudé
crater (s)	Krater (m)	crater (m)	crater (m)
crenic acid	Quellsäure (f)	ácido crénico	acide crénique
cretaceous (adj)	kreidig, kreidehaltig	cretáceo	crétacé
crop, outcrop, basset	Ausbiss(m), Ausgehende	afloramiento (m)	affleurement
— (v. v), come up to grass	zu Tage treten, ausbeissen, ausblühen, ausgehen einer Lagerstätte	aflorar	affleurer
cross (adj)	quer	á traves	à travers
— (v. a) a lode	einen Gang durchqueren, überfahren	atravesar	traverser
— cut (s) (Ming.)	Querschlag	traviesa (f), cruzero (m) (Mexico)	traverse (f), galerie à travers bancs
— bar (s)	Kreuzstange des Kolbens	varilla del piston	tige du piston (f)
— head (mech.)	Kreuzkopf (m)	cruceta (f) de la varilla del piston	traverse (f) té (m) } de la tige du piston
— lever, angle bob	Kunstkreuz (n)	alzaprima (f) en forma de L ó ⌐	croix (f) d'épuisement
— working, working by cross cuts (Ming.)	Querbau (m)	explotacion transversal	ouvrage exploitation } { en travers, par rabattage
— wise (adj)	schwebend	ascendente	ascendent
crow-bar, pincher (s)	Brecheisen, Brechstange	palanca (f), bara (f) barreton(m) } (Mexico)	levier de fer
crow's foot see catch			
crucible (s) (met.), smelting pot	Tiegel(m),Schmelztiegel	crisol (m)	creuset (m)
— pot, skittle pot	Tute(f)(Tiegel mit Fuss)	crisol con pié	creuset à pied
— assay (s)	Tiegelprobe (f)	ensayo por el crisol	essai au creuset
— furnace	Tiegelofen (m)	horno de crisol	fourneau à creuset
— mould, cupel mould	Nonne (f) zum Kapellenschlagen	hembra (f) para hacer copelas	matrice (f) de coupelles
— steel	Tiegelgussstahl (m)	acero fundido al crisol	acier fondu au creuset
platinum crucible	Platintiegel	crisol de platina	creuset de platine
plumbago crucible	Graphittiegel	crisol de } grafito plompagina	creuset de } graphite plombagine
crude (adj) (met.)	roh	bruto, crudo	brut, crue
crush (v. a)	zerkleinern, brechen, quetschen, grob zerkleinern	quebrantar, triturar, machacar	triturer, concasser, dégrossir
—, break	brechend zerkleinern	quebrantar	broyer, écraser
—, buck	schlagend —	machacar	concasser
—, desintegrate	schleudernd —	desintegrar	desintégrer
—, grind, roll	walzend —	moler, triturar con cilindros	moudre, broyer aux cylindres
—, spall	spaltend —	quebrantar	dégrossir
—, stamp	stampfend —	machacar	bocarder
—, powder	pulverisiren	polverisar	pulvériser

English	German	Spanish	French
crushing (s)	Zerkleinerung (f), Pochen (n), Walzen, Quetschen	trituracion, machacamiento, quebrantamiento, moliendo (f)	trituration, borcardage, broyage, concassage, moulurage (m)
dry crushing (s)	Trockene Zerkleinerung	gráncio (m)	trituration } à sec broyage
crushing by hand	Handzerkleinerung	trituracion à mano	cassage à la main
crushing machines:	Zerkleinerungsmaschinen	trituradoras	machines à triturer
arrastra (Mexico), arrastre	Schleppmühle, Arrastra, Kollergang	arrastra (f)	arrastra (f)
ball-mill	Kugelmühle (f)	molino de bolas	moulin à boulets
chilian-mill	Kollergang (m)	molino chileno	moulin à trainard
tabona (Mexico), hydraulic Grinder	Hydraulischer Kollergang	tabona	moulin hydraulique
trapiche (Chili), dry crushing mill	Trockener Kollergang	trapiche	moulin à sec
pison (Chili)	Nasser Kollergang	pison	moulin à l'eau
crushing cylinders, rolls, Grinder	Walzwerk (n)	cilindros (m. pl)	cylindres broyeurs
rolls for fine crushing	Feinwalzwerk	— de fino	— finisseurs
rolls for coarse —	Grobwalzwerk	— de grueso	— dégrossisseurs
stamp mill	Pochwerk (n)	bocarte (m)	bocard (m)
californian —	Californier-Pochwerk	— californiano	— californien
dry —	Trockenpochwerk	— seco	— sec
wet —	Nasspochwerk	— húmedo	— humide
desintegrator	Schleudermühle (f)	desintegrador	desintégrateur (m)
rock-breaker, ore crusher	Steinbrecher (m)	quebrantadora, machacadora, quebrantador	concasseur (m)
pulverizer	Maschine für Staubproducte	pulverizadora (f)	pulvérisateur (m)
Cryolithe (s) (Min.)	Kryolith (m)	criolita (f)	cryolithe (f)
crystal (s)	Krystall (m)	cristal (m)	crystal (m)
axe of a —	— achse (f)	eje de —	axe de —
druse with crystals	— druse (f)	drusa cristalifera	druse crystallifère
solid angle of a —	— ecke (f)	ángulo sólido de un —	angle solide d'un —
plan } of a — face	— fläche (f)	cara (f) de un —	face d'un —
crystal form	— form (f)	forma cristalina	forme crystalline
edge of a —	— kante (f)	arista de un —	arête (f) d'un —
system of crystallization	— system (n)	sistema cristalino	système cristallin
isometric —	Tesserales } — Reguläres	— regular	— cubique
tetragonal —	Quadratisches —	— tetragonal	— quadratique
hexagonal —	Hexagonales —	— exagonal	— hexagonal
orthorombic } rectangular	Rhombisches —	— rómbico	— rhombique
monoclinic —	Klinorhombisches } — Monoclines	— monoclino	— clinorhombique
triclinic —	Klinorhomboidisches } — Trinklines	— triclino	— anorthique
twin-crystalls	Zwillingscrystalle	cristales gemelos, maclas	crystaux maclés
crystalline (adj)	krystallinisch	cristalino	crystallin
crystallize (v. n)	krystallisiren	cristalizar	crystalliser
crystallized (adj)	krystallisirt	cristalizado	crystallisé
cube (s)	Würfel (m)	cubo (m)	cube (m)
— root (s)	Kubikwurzel (f)	raiz cúbica (f)	racine (f) cubique
cubic (adj)	kubisch	cúbico	cubique
— contents	Kubischer Inhalt (m)	contenido (m) cúbico	contenu (m) cubique
— metre etc.	Kubikmeter (n)	metro (m) cúbico	metre (m) cubique
cupel, coupel (s) (met.)	Kapelle (f), Treibscherben (n)	copelita, copela (f)	coupelle (f)
— (v. a)	abtreiben	copelar, acendrar	coupeller
cupellation (s), cupelling	Abtreiben (n), Abtreibearbeit (f)	copelacion (f)	coupellation (f)

English	German	Spanish	French
cupolo-furnace (s)	Kupolofen (m)	horno de manga	fourneau à manche
cupreous (adj)	kupfern	cobrizo	cuivreux
cupriferous (adj)	kupferhaltig	cuprífero	cuivreux
Cuprite see Copper ores			
current (s)	Strom (m)	corriente (m)	courant (m)
water —	Wasserstrom (m)	— de agua	— d'eau
air —	Wetterstrom (m)	— de aire	— d'air
down cast \ air- up cast / current	Einfallende \ Wetter- Ausziehende / strom	c. de aire que entra en [una mina — que sale de la mina	c. d'air entrant dans une [mine — sortant de la mine
curve (s)	Curve, Krümmung (f)	curva (f)	courbe (f)
curvilineal (adj)	krummlinig	curvilíneo	curviligne
cut (v. a) across (Ming.)	durchörtern \ durchqueren } einen durchfahren / Gang	atravesar un filon	traverser un filon
— a lode	einen Gang anfahren	cortar un filon	recouper \ un filon ouvrir /
— / the coal, \ undercut	schrämen	socavar	haver, creuser
—, kerve the coal	schlitzen	entallar	entailler
— (mech.)	fraisen, versenken	fresar	fraiser
— off the steam	den Dampf absperren	retener (el vapor)	détendre (le vapeur)
cutting (s), kerving	Schram, Schlitz (m)	socava, regadura, tajea, reguera (f)	entaille, rigole (f)
— pick	Schrämhaue (f)	pico (m) de socavar	pic (m) à tête, marteau à pointe, pic à havage rivelaine (Belgium)
— across (s) (Ming.)	Durchschlag (m)	rompimiento (m)	percement (m), [percée (f)
coal cutting machine	Schrämmaschine (f)	socavadora (f)	machine à entailler, haveuse (f)
cyanate (s)	Cyanat, Cyansaure Salz (n)	cianato (m)	cyanate (m)
Cyanite (s) (Min.)	Cyanit (m)	cianita, distena (f)	cyanite, distène (f), talc bleu (m)
cyanogen (s) [CN or Cy]	Cyan (n)	ciano (m)	cyane (m)
ferrocyanodide of potassium, yellow prussiate of potassium [4 K Cy + Fe Cy₂ + 3 H₂ O]	Ferrocyankalium, Gelbe Blutlaugensalz (n)	cianoferruro \ de potásio ferrocianuro /	cyanoferrure de potassium
ferrocyanide of potassium, red prussiate of potassium [3 K Cy + Fe Cy₃]	Ferricyankalium, Rothe Blutlaugensalz (n)	cianoférrido de potásio	cyanoferride de potassium
ferrocyanite of iron, prussian blue [3 Fe Cy₂, 4 Fe Cy₃]	Eisencyanürcyanid (n), Berliner Blau (n)	cianuro ferroso-férrico, azul de Berlin	ferrocyanide de fer, Bleu de Berlin
ferrocyanic acid [4 HC, Fe Cy₃]	Ferrocyanwasserstoffsäure (f)	ácido ferrociánico	acide ferrocyanique
nitroprussiate of soda [Na₂ Fe Cy₅ NO + 2 H₂ O]	Nitroprussidnatrium	nitro-prusiato de soda	nitro-prussiate de soude
cyanic acid [H Cy O]	Cyansäure	ácido ciánico	acide cyanique
prussic acid, hydrocyanic acid [H Cy]	Cyanwasserstoffsäure, Blausäure	ácido \ prúsico / hidrociánico	acide \ prussique / cyanhydrique
cyanide of gold [Au Cy₃]	Cyangold (n)	cianuro de oro	cyanure d'or
— of platinum [Pt Cy₂]	Cyanplatin	— de platina	— de platine
— of mercury [Hg Cy₂]	— quecksilber	— de mercúrio	— de mercure
— / of potash, \ of potassium [K Cy]	— kalium	— de potásio	— de potassium

English	German	Spanish	French
cyanogen (see pag. 31)			
cyanate of potassium [K Cy O]	Cyansaure Kali (n)	cianato de potásio	cyanate de potassium
cyanuric acid [H₃ Cy₃ O₃]	Cyanürsäure (f)	ácido cianúrico	acide cyanurique
fulminic acid [C₂ H₃ N₃ O₂]	Knallsäure (f)	ácido fulmínico	acide fulminique
fulminating silver [C₂ Ag₂ N₂ O₂]	Knallsilber (n)	plata fulminante	argent fulminant
fulminating mercury [C₂ Hg N₂ O₂]	Knallquecksilber (n)	fulminato mercúrio	mercure fulminant
sulphocyanide of potassium [K Cy S]	Schwefelcyankalium, Rhodankalium (n)	sulfocianuro de potásio	sulfocyanure de potassium
cylinder (s)	Cylinder (m)	cilindro (m)	cylindre (m)
— cover	— deckel	tapa de –	couvercle du —
— jacket	— mantel	camisa de –	chemise du —
cylindrical (adj)	cylindrisch	cilíndrico	cylindrique

D.

dam (hydr.)	Damm (m)	dique (m)	barrage (m)
— door (Ming)	Dammthüre (f) z. Stauen der Grubenwasser	puerta para retener las águas en un minado	porte (f) pour le remous des eaux dans une mine
— stone (met.)	Dammstein, Wallstein	dama (f) del altohorno	dame (f) du haut fourneau
damp (s)	Dampf (m)	humo (m)	fumée (f)
black ⎫	Schwaden (m), Stick-	aire malo para la ven-	mofettes (f. pl), mou-
choke ⎬ —	wetter (n. pl), Nach-	tilacion de minas,	fettes
after ⎭	schwaden (m)	bochorno (m) (Mexico)	
fire —	Schlagende Wetter (n. pl)	grisú (m)	grisou (m)
damper see registre			
dark (adj)	dunkel	oscuro	obscure
— ret-heat	dunkle Rothgluth	calda roja oscura	chaude (f) rouge obscure
Datolite (s) (Ming.)	Datolith (m)	datolita (f)	datolithe (f)
Davy-lamp (Ming.)	Davy'sche Sicherheits-lampe (f)	lámpara de seguridad de Davy	lampe (f) de sûreté de Davy
deads (pl) (s) (Ming.) attle	Berge, Taubes Gestein	escombros (m. pl), mate-rias esteriles, tepe-tale (m) (Mexico)	décombres. matiéres sté-riles
— (met.)	Abbrand (m)	menoscabo (m)	déchet (m)
dead steam (s), waste steam	Abgangs- ⎫ Dampf (m) Auspuff- ⎭	escape (m)	vapeur (m) d'échappe-ment
decant (v. a) (chem.)	dekantiren	decantar	décanter
decantation (f)	Dekantirung (f)	decantacion (f)	décantation (f)
declination of the mag-netic needle	Abweichung, Deklina-tion (f)	declinacion (f)	déclinaison (f)
decompose (v. a) (chem.)	zerlegen (einen Körper in seine Bestandtheile)	descomponer	décomposer
— (v. n)	sich zersetzen (eines Körpers)	descomponerse	se décomposer
decomposition (s)	Zerlegung, Zersetzung	descomposicion (f)	décomposition (f)
decrepitate (v. n)	decrepitiren, verpuffen	decrepitar	décrépiter
decrepitation (s)	Verpuffen (n)	decrepitacion (f)	décrépitation (f)
deep-boring see boring			
deep-adit see adit			
degree (s)	Grad (n)	grado (m)	dégré (m)
— of hardness	Härtegrad (m)	— { de dureza (Min.) de la crudeza del água	— { de dureté (Min.) de la crudité de l'eau
— of oxidation	Oxydationsstufe (f)	— de oxidacion	— d'oxydation

English	German	Spanish	French
demarcation, marking of the limits of a claim	Grenzbestimmung (f), Abmarkung, Verlochsteinung eines Grubenfeldes	demarcacion (f)	démarcation (f)
dense (adj)	dicht	denso	dense
density (s)	dichte (f)	densidad (f)	densité (f)
deposit (s) (chem.)	Niederschlag, Absatz (m)	depósito (m)	dépôt (m)
— (v. n)	niederschlagen, sich absetzen, sich klären	depositarse	se dépositer
— of mineral	Mineralvorkommen (n), Lagerstätte (f), Ablagerung von Mineralien	criadero, yacimiento, depósito de minerales, manto (m)	gisement, gite, dépôt de minerais
depth (s) (Ming.)	Tiefe, Teufe (f)	profundidad (f)	profondeur (f)
perpendicular —	Saigerteufe (f),	— perpendicular	— perpendiculaire
unlimited —	Ewige Teufe (f)	— { illimitada / sin limite	— illimitée
— down to the water adit	Erbteufe (f)	— hasta el piso de socavon de desagüe	— jusqu' à l'horizont d'une galerie de l'écoulement des eaux
derivate (chem.)	derivat (m)	derivado (m)	dérivé (m)
derrick (s)	Bohrthurm (m)	torre (m) de sondéo	tour (m) de sondage
descent (v. a) into a mine	anfahren, einfahren in die Grube	bajar en una mina	descendre dans la mine
— (s)	Anfahrt, Einfahrt (f)	bajada (f)	descente
descenting (s) in the mines	Befahrung, Fahrung (f) einer Grube	inspeccion en las minas, circulacion de personas por los minados	descente (f)
design (s)	Zeichnung (f), Entwurf (m)	dibujo (m)	dessin (m)
— (v. a)	zeichnen	dibujar	dessiner
designer (s)	Zeichner (m)	dibujante (m)	dessinateur (m)
desilverise, desilver	entsilbern	desplatar	désargenter
desilverising (s)	Entsilberung (f)	desplatacion (f)	désargentation (f)
desintegrate see crush			
desulphuration (s)	Entschwefelung (f)	desulfuracion (f)	désoufration (f)
desulphurise (v. a), desulphurate	entschwefeln	desazufrar, desulfurar	désoufrer
desulphurising (s)	Entschwefeln (n)	desazuframiento (n)	désoufrement
detent see click			
determination (s)(chem.)	Bestimmung (f), Nachweis (m)	dosado (m), determinacion (f)	dosage (m), déterminaison
determine (v. a) (chem.)	bestimmen, nachweisen	determinar, dosar	déterminer, doser
detonate	explodiren	saltar	détonner
detonation	Explosion (f) eines [Sprengschusses	salto (m)	coup (m) de mine
detritus (s)	Gerölle (n)	escombros (m. pl)	éboulis (m. pl)
bore hole —	Nachfall im Bohrloch	roca (f) des prendida en el hueco de sóndeo	roche (f) détachée dans le trou de sondage
develop (v. a), to open up a mine	aufschliessen, vorrichten	preparar la explotacion	préparer l'exploitation
development of gas	Gasentwickelung (f)	desenvolvimiento (m) de gas	dégagement (m) de gas
devonian (adj) (Geol.)	devonisch	devoniano	dévonien
— { formation / system	devonische Formation (f)	formacion devoniana	formation dévonienne
Diabase, Aphanite (s)	Diabas (m)	diabasa (f)	diabase (m)
diagram (s) (mech.)	Diagramm (n)	diágrama (f)	diagramme (m)
dial, minors compass	Hängekompass (m)	brújula del minero	boussole (f) de mineur
Diallage (s)	Diallag (m)	dialaga (f)	diallage (f)
Diallagite see Manganese ores			
diametre (s)	Durchmesser (m)	diámetro (m)	diamètre (m)
Diamond (s)	Diamant (m)	diamante (m)	diamont (m)

3

English	German	Spanish	French
diamond-drilling see boring			
diatomaceous earth (s)	Diatomeenerde (f)	tierra (f) de diatomeas	terre (f) à diatomées
Dichroite (s)	Dychroit (m)	dichroita (f)	dichroïte (f)
Didymium [D]	Didym (m)	didímio (m)	didyme (m)
die (s) (ore stamping), bucking-plate	Schabatte (f), Pochsohle	chapa de hierro colado en el piso de la caja de trituracion	dé (m) d'un bocard
dig (v. a) turf	Torf stechen, austorfen	sacar la turba	exploiter la tourbe
diggings see alluvial washings			
dike (s), dam (hydr.)	Damm (m)	dique (m)	barrage (m)
dilatation (f)	Ausdehnung (durch Wärme)	dilatacion (f)	dilatation (f)
dilute (v. a) (chem.)	verdünnen	diluir	diluir
dilution (s)	Verdünnung (f)	dilucion (f)	dilusion (f)
diluvial (adj)	diluvial, vorsündfluthlich	diluvial	diluvial
diluvium	Diluvium (n)	dilúvio (m)	diluvium (m)
Diopside (s) (Min.)	Diopsid (m)	diopsida (f)	diopside (m)
Dioptase (s) (Min.)	Dioptas (m)	dioptasa (f)	dioptase (f)
Diorite (s)	Diorit, Grünstein (m)	diorita, roca verde (f)	diorite, roche verte (f)
dip (s), inclination of a lode or strata	Einfallen (n), Fallwinkel (m), Verflächen (n)	pendiente, vertiente, inclinacion (f) de un filon etc.	pente, inclinaison (f) d'un filon etc.
dip (v. n)	einfallen, sich verflächen	inclinarse	s'incliner
disbursement (s)	Zubusse, Samkost (f)	pagos extraordinários de una sociedad minera, exhibicion (f)	dépense dépassant la valeur du produit d'une mine
disc (s), tappet	Hebling (m)	leva (f) del bocarte	taquet (m)
—	Flache Scheibe (f)	disco (m)	disque (m)
discharge (s) (ore-dressing), discharging	Austrag (m)	descarga (f)	décharge (f)
height of the —	Austraghöhe (f)	altura de la —	hauteur de la —
— (v. a)	austragen	descargar	décharger
— (v. a) a miner	einen Arbeiter entlassen, ablegen	despedir un minero	renvoyer du travail, donner le congé à un mineur
— (v. a) a smelting furnace	abstechen	hacer la colada	faire la coulée
discharging (s) see discharge			
self-discharging-jig	continuirlich arbeitende Setzmaschine	criba de descarga continua	crible à décharge continue
self-discharging-table	Leerherd (m)	mesa de descarga continua	table à décharge continue
discontinuous (adj)	intermittirend, discontinuirlich	discontinuo	discontinu
discordant (adj) (Geol.)	discordant, widersinnig	discordante	discordant
discover (v. a) a deposit of ore	findig \ werden, fündig / eine Lagerstätte erschürfen	descubrir un criadero	découvrir un gisement
discovery (s) of a deposit	Erschürfung (f) einer Lagerstätte	descubrimiento de un criadero	découverte d'un gisement
— point of ore	Fundpunkt (m), Fundgrube (f)	punto (m) de partida	point (m) \ de découmine (f) / verte
disengage (v. a), to gear out	ausrücken	desengranar	débrayer, désembrayer
disengaging (s)	Ausrücken (n)	desengrane (m)	débrayement (m)
dish, capsule (s) (chem.)	Schale (f)	cápsula (f)	capsule (f)
—, scorifier (s) [(assaying)	Scherben (m)	tiesto (m), taza (f)	test (m)
displace (v. a) (Geol.)	verwerfen	dislocar	rejeter

English	German	Spanish	French
displacement see fault			
disseminated (adj) [through	eingesprengt in	diseminado	disséminé
dissolution (s) (chem.)	Auflösung (f)	disolucion (f)	dissolution (f)
dissolve (v. a)	auflösen	disolver	dissoudre
distill (v. a) (chem.)	destilliren	destilar	destiller
distillation (s)	Destillation (f)	destilacion (f)	destillation (f)
distilling-furnace	Destillirofen (m), Re-tortenofen	horno de destilacion	fourneau à destiller
distribution board, sprea-der (s) (ore-dressing)	Happenbrett (n), Ver-theilungsbrett für die Trübe	distribuidor (m) de las águas mineralíferas en la preparacion	distributeur (m) de la pulpe
disturbance see fault			
division of air in a mine	Wettervertheilung (f)	division del aire de mi-nas	partage (m) du courant d'air
docimasie (s)	Probirkunst (f)	docimasia (f)	docimasie (f)
Dolerite (s)	Dolerit, Mimesit (m)	dolerita (f)	dolérite (f)
Dolomite, Brown spar	Dolomit(m), Braunspath	dolomia(f), espato pardo	dolomie (f), spath } amer bruinissant
dome (s) of a boiler	Kesseldom (m)	domo (m) de la caldera	dôme (m) de prise de vapeur
door of working (s) (met.)	Arbeitsthüre (f)	puerta de trabajo	porte de travail
double acting (adj)	doppelt wirkend	de doble efecto	à double effet
down (signal for letting down the kibble)	hängt!	abajo! cachani! (Pachuca)	(faites) descendre
down stroke of a piston	Kolbenniedergang (m)	bajada (f) del piston	descente (f) du piston incliné
downcast (adj)	einfallend	inclinado	
downcast current of air in a mine	Einfallende Wetterstrom (m)	corriente de aire que entra en la mina	courant d'air entrant dans la mine
drain (v. a) (Ming.)	die Wasser einer Grube lösen	desaguar una mina	faire l'écoulement des eaux d'une mine
drainage of mines by levels	Wasserlösung, Entwäs-serung, Wasser-lösung (f)	desagüe (m) de minas por socavones	écoulement des eaux de mines
—, pumping (s)	Wasserhaltung (f), Was-serhebung (f)	desagüe por medio de bombas	épuisement(m) des eaux, exhaure (m)
draught of air (Ming.)	Wetterzug (m), Wetter-wechsel	tiro (m) del aire	tirage (m) de l'air
draw (v. a)	zeichnen	dibujar	dessiner
— the surveyed ob-jects up on the plan	zulegen der aufgenom-menen Grubenbaue	hacer planos de minas	faire des plans de mines
— up kibbles	aufziehen, eines Förder-gefässes	extraer	extraire
drawing (s)	Zeichnung (f), Riss (m)	dibujo	dessin (m)
— up of kibbles	Aufziehen (n)	extraccion (f)	extraction (f)
— board (s)	Zeichenbrett (n)	estirador, tablero (m)	planche (f) à dessiner
— engine see twisting engine			
— mill (s)	Drahtzieherei (f)	taller para tirar alambre	tréfilerie (f)
— paper(s)	Zeichenpapier (n)	papel de dibujo	papier à dessin
— pen (s)	Reissfeder (f), Zeichen-feder	tira-linea (f)	tire-ligne (f)
— pin (s)	Heftzwecke (f), Zeichen-nagel (m)	chinche (f)	punaise, broquette (f)
— rod (s)	Zugstange (f)	tirante (m)	tirant (m)
— shaft (s)	Treibschacht (m), Göpel-schacht	pozo (m) de malacate	puits (m) de la machine à molettes
dredge (v. a)	baggern	dragar, excavar	creuser avec la drague
dredging-engine (s)	Bagger (m)	draga, excavadora (f)	drague (f)
dress (v. a) ores	aufbereiten	preparar } minerales concentrar	préparer des minerais
dressing (s) of ores	Aufbereiten (n) von Mi-neralien	preparacion mecánica (f)	préparation mécanique

English	German	Spanish	French
dressing (see pag. 35)			
— flors, ore dressing plant, ore concentrating plant	Wäsche (f), Aufbereitung, Aufbereitungsanstalt (f)	lavadero (m), taller de preparacion mecánica	atelier de lavage, — de préparation mécanique
system of an ore dressing plant	Stammbaum (m) einer Aufbereitung	sistema del tratamiento de minerales de una prep. mec.	formule (f) de traitement d'une préparation mécanique
dried (adj)	getrocknet	secado	séché
air dried	lufttrocken	secado al aire	séché à l'air
— brick see brick			
drift see gallery			
drill (s), auger, rock-drill (Ming.)	Gesteinsbohrer (m)	barrena(f),perforador(m) de roca	aiguille (f), perforateur (m) de roche
ratched-drill	Ratsche, Bohrratsche(f)	carraca (f),chicharra (f), matraca (Mexico)	rochet (m), drille (f)
drill (v. a)	bohren	barrenar	creuser
drive (v. a) galleries	auffahren, treiben, erlängen von Strecken	avanzar, abrir, colar (Mexico)	allonger, avancer, percer, ouvrir, creuser
— to ram (v. a)	rammen, einrammen	pisar, clavar estacas con la masa	damer
driving of galleries	Auffahrung (f), Vortrieb (m)	apertura, avance (m), cuele (m) (Mexico) de galerias	creusement, percement, ouverture des galeries
— by fire	— durch Feuersetzen	— por el fuego	— par le feu
drop (s)	Tropfen (m)	gota (f)	goutte (f)
— (s) (ore-dressing)	Hub (m) des Stempels	golpe (m), del pilon de bocarte	coup du pilon de bocard
dross (met.)	Krätze (f)	escobilla	crasse (f)
— (ore-dressing) see sweepings			
drown see flood			
drum (s)	Trommel (f)	tambor (m)	tambour (m)
winding-drum	Seiltrommel (f)	tambor (m) de la maq. de extraccion	tambour (m) de la machine d'extraction
druse (s)	Druse (f)	drusa (f)	druse (f)
drusy	drusig	cavernoso	caverneux
dry (adj)	trocken	seco	sec
— (v. a)	trocknen	secar	sécher (m)
— assay see analisis			
— bone (of miners) see zinc ores			
— crushing see [crushing			
drying (s)	Trocknen (n)	secadura (f)	séchage (m)
dryness (s)	Trockenheit (f)	sequedad (f)	sécheresse (f)
ductile (adj)	dehnbar, geschmeidig	ductilo	ductil
ductility (s)	Dehnbarkeit (f)	ductilidad (f)	ductilité
dump see cinder-tip			
dump (v. a)	stürzen	vaciar	vider, culbuter
dust (s)	Staub (m)	polvo (m)	poudre (m), poussière (f)
— chambre s. chambre			
dusty	staubförmig	pulverulento	pulverulent
Dyasformation	Dyasformation (f)	dias (m)	dias (m),système pénéen
Dykes or channels	Gesteinsgänge (f)	filones de rocas	filons de roches
dynamite, giant-powder	Dynamit (n)	dinamita (f)	dynamite (f)
— cartridge	Dynamitpatrone (f)	cartucho(m) de dinamita	cartouche(f) de dynamite
dynamo (s) (elect.)	Dynamomaschine (f)	dinamo (m)	dynamo (m)
dynamometer (s)	Dynamometer (n), Kraftmesser (m)	dinamómetro (m)	dynamomètre (m)
dynamometrical brake	Bremsdynamometer (n), Prony'scher Zaum	freno (m) dinamométrico	frein (m) dynamo-[métrique

English	German	Spanish	French

E.

English	German	Spanish	French
earth (s)	Erde (f)	tierra (f)	terre (f)
friable earth (s)	Mulm (m)	cascarote (m)	terre pulvérulente
earthy	erdig	terroso	terreux
Earthy Cobalt see Cobalt ores			
ebony	Ebenholz (n)	madera (f) de ébano	bois (m) d'ébène
ebullition (s)	Sieden (n)	ebulicion (f)	ébullition (f)
boiling-head	Siedehitze (f)	calor de —	chaleur d'—
boiling-point	Siedepunkt (m)	punto de ebulicion	point d'ébullition
eccentric (s)	Excentrik (f)	escéntrica (f)	excentrique (f)
— (adj)	excentrisch	escéntrico	excentrique
— disc, sheave	Excenterscheibe (f)	polea de la escéntrica	poulie (f) d'excentrique
— hoop, ring	Excenterring (m)	faja (f) de le escéntrica	bague (f) d'excentrique
economical (adj)	wirthschaftlich	económico	économique
edge (of chisel)	Schneide (des Meissels)	boca (f) de cincel	taillant (m) du ciseau
— of a crystall see crystall			
effect (s) (mech.)	Leistung (f), Effekt	efecto	effet (m)
pyrometric effect	Heizwerth (m)	— pirométrico	— pyrométrique
useful effect	Nutzleistung	— util	— utile
effloresce (v. n)	ausblühen, effloresciren	eflorescerse	s'effleurir
elastical, elastic (adj)	elastisch	elástico	élastique
elasticity (s)	Elastizität (f), Spannkraft	elasticidad (f)	élasticité (f)
electric, electrical (adj)	elektrisch	eléctrico	électrique
— arc lamp	Bogenlampe (f)	lámpara (f) de arco, foco (m) (Mexico)	lampe d'arc
electricity (s)	Elektrizität(f)	electricidad (f)	électricité (f)
electro-chemistry	Elektrochemie (f)	electro química (f)	électro-chimie (f)
electrode (s)	Elektrod (m)	electrodo (m)	électrode (m)
electrolysis (s)	Elektrolyse (f)	electrólisis (f)	électrolyse (f)
electrolytic (adj)	elektrolytisch	electrolítico	électrolytique
electromagnet (s)	Elektromagnet (m)	electro iman	électro-aimant
electromagnetic (adj)	elektromagnetisch	electro magnético	électro-magnétique
electromagnetism (s)	Elektromagnetismus	electro magnetismo	électro-magnétisme
electromotor	Elektromotor	motor eléctrico	moteur-électrique
electrotechnic (adj)	elektrotechnisch	electrotécnico	électrotechnique
electrotechnics (s. pl)	Elektrotechnik (f)	electrotécnica (f)	électrotechnique (f)
element, simple body	Element (n), Grundkörper (m)	elemento (m)	élément(m), corps simple
elevation (s) (drawing)	Ansicht (f), Aufriss (m)	vista (f)	vue (f)
elevator, lift	Aufzug, Elevator (m)	ascensor, monte-carga	ascenseur (m), élévateur
—, bucket-chain	— { Becherwerk (n) Paternosterwerk, Eimerkunst	noria (f), cadena de cangilones	chapelet (m), noria (f)
ellipse (s)	Ellipse (f)	elipse (f)	éllipse (f)
elliptic (adj)	elliptisch	elíptico	elliptique
embarking-point (s)	Einschiffungspunkt (f)	punto (m) de embarque	embarcadère (m)
Emerald (s)	Smaragd (m)	esmeralda (f)	émeraude (f)
emery (s)	Schmirgel (m)	esmeril (m)	émeri (m)
— cloth	Schmirgelleinwand (f)	tela esmerilada	toile à l'émeri
— paper	— papier (u)	papel esmerilado	papier à l'émeri
rub (v. a) with —	schmirgeln	esmerilar	polier à l'émeri
employ (v. a) workmen in a mine	belegen (eine Arbeit)	hacer trabajar en un minado	mettre des ouvriers à un travail de mine
employer	Arbeitgeber (m)	patron (m)	patron (m)
employment, investment of capital	Investirung (f) von Kapital	desembolso (m)	investiture, placement (m) de capital
enclose (v. a)	einschliessen (fremde Bestandtheile)	envolver	entourer

English	German	Spanish	French
end of the working	Schicht (f), Schichtende (n)	fin del trabajo	fin du travail
endless chain	Kette (f) ohne Ende	cadena (f) sin fin	chain (f) sans fin
engage (v. a) (mech.)	einrücken	engranar	engrener, embrayer
engaging (s)	Einrücken (n)	engranage (m)	engrenage, embrayage (m)
engine (s)	Maschine (f)	máquina (f)	machine (f)
steam-engine	Dampfmaschine	— de vapor	— à vapeur
beam —	Balanciermaschine	— de balancin	— à balancier
compound —	Compoundmaschine	— Compound	— Compound
condensing —	Condensationsmaschine	— de condensacion	— à condensation
direct acting —	direct wirkende —	— de traccion directa	— à traction directe
double acting —	doppelt wirkende —	— de doble efecto	— à double effet
single acting —	einfach wirkende —	— de simple efecto	— à simple effet
expansive engine	Expansions —	— de expansion	— à expansion
high-pressure —	Hochdruck —	— de alta pression	— à haute pression
low-pressure —	Niederdruck —	— de baja pression	— à basse pression
horizontal —	Liegende —	— horizontal	— horizontale
vertical —	Stehende —	— vertical	— verticale
blowing engine	Gebläsemaschine	— soplante	— soufflante
hoisting { engine winding {	Fördermaschine	— de extraccion	— d'extraction
pumping engine, water raising engine	Wasserhaltungs- [maschine	— de desagüe	— { d'épuisement, d'exhaure
stationary engine	Stationäre Maschine	— fija	— fixe
locomobile	Lokomobile (f)	locomóvile (f)	locomobile (f)
twin steam —	Zwillingsmaschine (f)	máquina gemela	machine (f) jumelle
water-pressure —	Wassersäulenmaschine	— de columna de água	— à colonne d'eau
engine-beam (s)	Balancier (m)	balancin (m)	balancier (m)
engineer (s)	Ingenieur (m)	ingeniero (m)	ingénieur (m)
civil-engineer	Civilingenieur	— particular	— civil
consulting-engineer	Consultirender —	— consultor	— { de conseil, consultant
mining-engineer	Bergingenieur	— de minas	— de mines
engineering (s)	Ingenieurwissenschaften (f. pl), Ingenieurwesen (n)	ingenieria (f)	génie (m)
— works	Maschinenwerkstätte (f)	taller de construccion de máquinas	atelier de constructions de machines
engine-fitter	Maschinenmonteur (m)	montador (m)	monteur, ajusteur
engine-man	Maschinist (m)	maquinista (m)	machiniste (m)
enrich (v.a) (ore-dressing)	anreichern	enriquecer	enrichir
— (v. n) (of lodes)	sich veredeln	enriquecerse	s'enrichir
Enstatite (s) (Min.)	Enstatit (m)	enstatita (f)	enstatite (f)
enter (v. a) (a mine) descent	anfahren, in die Grube fahren	bajar en la mina	descendre
entrance, mouth of adit	Stollnmundloch (n)	boca mina (f)	embouchure (f)
eocene (s) (Geol.)	Eocänformation (f)	eoceno (m)	éocène (m)
— (adj)	eocän		
Epidote	Epidot (m)	epidota (f)	épidote (f)
Epsom Salt, Epsomite, Bitter Salt, Magnesia Salt [Mg SO$_4$ + 7 H$_2$O]	Bittersalz (n), Epsomit	epsomita, sal amarga	Epsomite (f), sel amer (m)
erbium (s) [Er]	Erbium (n)	érbio (m)	erbium (m)
erect, fit up (v. a)	montiren, aufstellen	montar, ajustar, armar	monter, ajuster des machines
erecting of machinary	Montage (f)	montage (m), armadura de maquinaria	montage (m) de machinerie
erratic rocks, boulders	Erratischen Blöcke (m. pl)	rocas eráticas (f. pl)	roches érratiques (f. pl)
Erubescite see copper ores			
eruptive rocks (s)	Eruptivgestein, Vulkanische Gestein (n)	rocas { eruptivas volcánicas	roches { éruptives volcaniques

English	German	Spanish	French
eruption (s) (Geol.)	Eruption (f),Vulkanische Ausbruch (m)	erupcion (f)	éruption (f)
Erythrine } see cobalt Erythrite } ores			
escape (v. n) of gas	entweichen (von Gasen)	escapar	échapper
— of steam	auspuffen	escapar	échapper
— (s)	Entweichen (n)	escape (m)	échappement (m)
etablishment (s)	Werk (n), Werksan-[lage (f)	establicimiento	établissement (m)
estimate (v. a) (chem.)	bestimmen	dosar	doser
— (v. a) valuate	veranschlagen	valuar, tasar	évaluer, calculer
estimation (s) (chem.), determination (s)	Bestimmung (f)	dosado (m)	dosage (m)
—, } valuation, } account of cost	Anschlag (m), Kosten-anschlag (m)	presupuesto (m), valua-cion (f), calculacion	évaluation (f), calcul (m)
ether (s) [$C_4H_{10}O$]	Aether (m)	éter (m)	éther (m)
ethyle (s) [C_2H_5]	Aethyl (n)	etilo (m)	éthyle (m)
Euclase (s) (Min.)	Euclas (m)	euclasa (f)	euclase (f)
Eulytite see Bismuth ores			
Eurite (s) (Geol.)	Eurit (m), Weissstein	eurita (f)	eurite (f)
evaporate (v. a)	abdampfen, eindampfen	evaporar	évaporer
— (v. n)	verdunsten, verdampfen	evaporarse	s'évaporer
evaporating (s)	Abdampfen (n), Ver-dampfen	evaporacion (f)	évaporation (f)
— { basin { dish { capsule	Abdampfschale (f)	capsula de evaporacion	capsule d'évaporation
excandescent see incan-descent			
excavation (s)	Aushöhlung (f)	excavacion (f)	excavation (f)
exchange (v. a) parts of machinary	auswechseln von Ma-schinentheilen	reemplazar (maquinaria)	remplacer, échanger
Exitelite see Antimony ores			
expand (v. n) of steam	expandiren, sich aus-dehnen	dilatarse	se dilater
expansion (s) of steam	Expansion (f)	expansion (f)	expansion, détende (f)
expense (s)	Ausgaben (f. pl)	gastos (m. pl)	frais (m. pl)
expert (s)	Sachverständige (m)	périto (m)	expert (m)
expiration of the rights of claims	Verfall (m), Verfallen (n) eines Besitzthums, insbesondere von Fel-destheilen	caducacion (f)	caducation (f), perte d'une concession
exploitation (s)	Abbau (m), Gewinnung von Mineralien	explotacion (f)	exploitation (f)
exploration (s), explo-ring, prospecting	Ausrichtung (f) eines Mineralvorkommens, Aufschluss (m)	exploracion (f) de un criadero	exploration (f) d'un gisement
explore (v. a), prospecte	ausrichten, aufschliessen	explorar	explorer
explosion, blast of pow-der	Explosion (f), Abbren-nen (n) eines Spreng-schusses	explosion (f), salto (m) de un barreno	explosion (f), coup de mine
— of fire damp	Schlagwetterexplosion(f)	explosion (f) de grísu	explosion de grisou
explosives (pl)	Sprengstoffe (m. pl)	explosivos (m. pl)	matières explosives
explosive cotton, gun-cotton	Schiessbaumwolle (f)	algodon (m) explosible	coton-poudre (m)
extract (v. a) (Ming.), draw up	fördern	extraer	extraire
— (v. a) (met.)	extrahiren, durch nasse Bearbeitung gewin-nen	extraer metales por via húmeda	extraire des métaux par voie humide
extraction (s), drawing up	Förderung (f)	extraccion (f), manteo (m) (Mexico)	extraction (f)
— by means of a rope	Seilförderung (f)	— por cuerda	— à la corde

English	German	Spanish	French
exctraction (see pag. 39)			
extraction (s) (met.)	Extraction (f), Gewinnung von Metallen auf nassem Wege	extraccion de metales por via húmeda	extraction des métaux par voie humide
eye (of hammer)	Auge (n) beim Gezähe	ojo (m) de martillo	oeil (m) du marteau

F.

English	German	Spanish	French
fabric, factory, works	Fabrik (f)	fábrica (f)	fabrique (f)
fabricate (v. a)	fabriziren, herstellen	fabricar	fabriquer
fabrication (s)	Fabrikation (f), Herstellung	fabricacion (f)	fabrication (f)
face (s)	Fläche (f)	superficie (f), plano (m)	surface (f), face (f)
— of crystal see crystal			
—, pane of hammer	Hammerbahn (f)	cara (f) de martillo	panne (f) du marteau
— of a bed or lode	Stoss (m) einer Lagerstätte (d. h. die Contactfläche mit dem Nebengestein)	salbandas (f. pl) de un filon, contacto (m) del filon con el tereno	contact (m) du filon avec le terrain
— of cleavage (Min.)	Spaltungsfläche (f) eines Minerals	cara (f) de crucero de un cristal	face (f) de clivage d'un crystal
—, wall of a shaft	Schachtstoss (m), seitliche Begrenzung des Schachtes	pared (f) del pozo	paroi (m) d'un puits
— of working	Arbeitsstoss (m), die Arbeitsfläche des Abbaues	frente (m) de trabajo de la explotacion	front (m) de travail d'exploitation
face (v. a) (arch.)	verblenden, verputzen	revestir	revêtir, cacher
facing (s) (Ming.)	Verziehen, Verschalen(n) mit Schwarten	entibacion (f) con estacas ó tablas	boissage (m) à palplanches
— (arch.)	Verblendung (f), Verputz	revestimiento (m)	revêtement (m)
— with gypsum	— mit Gyps	enyesadura (f)	— au gypse
facing-board (Ming.)	Verzugspfahl (m)	estaca (f), tabla (f) costilla (f) (Mexico)	palplanche (f)
fagotted-iron, scrap-iron	Eisenschrot (m), Alte Eisen (n)	granalla (f) de hierro, hierro viejo	feraille (f), grenailles de fer (f. pl)
fahlore see copper ores			
fall (s)	Fall (m)	caida (f)	chute (f)
height of fall (s)	Fallhöhe (f), Hubhöhe beim Pochwerk	altura (f) de la caida	hauteur de la chute
velocity of fall	Fallgeschwindigkeit (f)	velocidad de caida	vitesse de chute
— in borcholes	Nachfall (m) beim Tiefbohren	roca (f) desprendida en el hueco del sondeo	roche (f) étachée dans le trou de sondage
— of stones (Ming.)	Steinfall (m)	caida de piedras	chute des pierres
— (v. n)	fallen	caer	tomber
— down, break down, fall in (v. n)	fallen, einstürzen, zusammenbrechen, zu Bruche gehen	hundirse	s'ébouler
fall of the roof (s), falling in (s), breaking down	Einsturz (m), Zusammenbruch	hundimiento (m)	éboulement (m)
equally falling (s)	Gleichfälligkeit (f) (Aufb.)	equivaléncia (f)	équivalence (f)
equally falling (adj) (ore-dressing)	gleichfällig	equivalente	équivalent
fasten (v. a)	befestigen	fijar	fixer
— the bucket	anschlagen des Förderkübels	enganchar	accrocher
fathom (s)	Lachter (n)	toesa (f)	toise (f)
—	Klafter (f)	estado (m), tarea (Mexico)	stère

English	German	Spanish	French
fault (s) (of lodes, seams or stratas)	Verwerfung (f), Verwurf (m)	falla (f)	faille (f)
—, throw (s)	Sprung (m)	salto (m)	rejet (m), paraclase (f)
folded fault, folding (s)	Wechsel (m)	falla (f)	pli-faille, faille de plissement
overthrust, overlap (s)	Ueberschiebung (f)	falla (f)	chevanchement, faille inverse (f)
overlap fault	Ueberkippung (f)	resbalamiento (m)	renversement m)
disturbance, displacement of the country	Gebirgsstörung (im Allgemeinen)	dislocacion (f) del tereno	dislocation, dérangement du terrain
line of fault (s)	Verwerfungslinie (f)	linea de la falla	ligne (f) de faille
fault (v. n)	verwerfen	dislocar	déranger
Feather ore see Antimony ores			
feed (v. a) a boiler	speisen (des Kessels)	alimentar (una caldera)	alimenter (une chaudière)
—, charge (v.a) (oredressing)	eintragen (Aufb.), aufgeben, beschicken	cargar, alimentar	charger, alimenter
— charge (v. n) a furnace	beschicken	—	—
— engine, feeding [pump	Speisepumpe (f)	bomba para la alimentacion de una caldera	pompe d'alimentation d'une chaudière
— water	Speisewasser (n)	água para la alimentacion de una caldera	eaux pour l'alimentation d'une chaudière
feeding (s) of a boiler	Speisen (n), Kesselspeisung (f)	alimentacion (f)	alimentation (f)
—, charging of a furnace	Beschickung (f), Eintragung, Aufgabe	carga (f) de un horno	charge (f) d'un fourneau
— of a stamp-mill	Beschickung	carga, alimentacion de un bocarte	charge, alimentation du bocard
feeder of a stamp-mill	Aufgabevorrichtung (f) (automatische) eines Pochwerkes	aparato para alimentar automáticamente un bocarte	appareil pour l'alimentation automatique d'un bocard
feeling (s) (Min.)	Gefühl (n)	tacto (m)	tact (m)
Feldspar (s) (Min.)	Feldspath (m)	feldespato (m)	feldspath (m)
female screw (s)	Schraubenmutter (f)	tuerca (f)	écrou m)
fermentation (s)	Gährung (f)	fermentacion (f)	fermentation (f)
ferric acid [Fe O₃]	Eisensäure (f)	ácido férrico	acide (m) ferrique
ferriferous, ferruginous	eisenhaltig, eisenschüssig	ferrífero, ferruginoso, marcial	ferrifère, ferrugineux, martial
ferrocyanide s. cyanogen			
ferrocyanodide see cyanogen			
ferrous oxide see iron			
Fibroferrite (s) (Min.)	Fibroferrit (n)	fibroferrita (f)	fibroferrite (f)
fibrous (adj)	faserig	fibroso	fibreux
file (s)	Feile (f)	lima (f)	lime (f)
— (v. a)	feilen	limar	limer
filing (s)	Feilen (m)	limadura (f)	limure (f)
filings	Feilspähne (m. pl), Feilicht (m)	limaduras (p. f)	limaille (f)
filing machine	Feilmaschine (f)	limadora (f)	limeuse (f), mach. à limer
fill in (v. a) or stow deads (Ming.)	mit Bergen verfüllen, versetzen	rellenar con escombros	remblayer
filling (s) (with deads)	Versatz (m), Bergeversatz	relleno (m)	remblais (m)
filter (s)	Filter (n)	filtro (m)	filtre (m)
—, (v. a), filtrate	filtriren	filtrar	filtrer
— paper, filtering- [paper	Filtrirpapier (n)	papel de filtrar	papier à filtrer
— press	Filtrirpresse (f)	prensa de filtrar	filtre-presse (f)
filtering (s)	Filtriren (n)	filtrado (m)	filtrage
filtrate (s)	Filtrat (n)	filtrato (m)	filtrate (m)
filtration (s)	Filtrirung (f)	filtracion (f)	filtration (f)

English	German	Spanish	French
fine *(adj)* (ore-dressing)	fein, matt, flau	fino	fin
— grained (ore - dressing)	feinkörnig	menudo	menu
— grained (Geol.)	—	micro granulito	granitèle
— *(v. a)* the iron	frischen	afinar	affiner
— gold	Feingold *(n)*	oro *(m)* fino	or { fin, de coupelle *(m)*
— silver	Feinsilber *(n)*	plata *(f)* fina	argent fin *(m)*
fineness of gold, standard *(s)*	Feingehalt *(m)* des Goldes	contenido ley *(f)* de oro, } fino tenor	loi, teneur titre *(m)*, } d'or finesse *(f)*
— of silver *(s)*	Löthigkeit *(f)*, Feingehalt des Silbers	ley de plata	— de l'argent
— (ore-dressing)	Feinheit (d. Schlammes)	finura *(f)* de lodos	finesse *(f)* des schlammes
finery *(s)* (met.)	Frischen *(n)*	afinacion *(f)*	affination *(f)*
finger-gripp see catch			
fining *(s)* (met.)	Frischen *(n)*	afinado *(m)*	affinage *(m)*
fir *(s)*	Tanne *(f)*	abeto *(m)*	sapin *(m)*
— board	Tannenbrett *(n)*	tabla de —	planche de —
— wood	Tannenholz *(n)*	madera de —	bois de —
— — beam	Tannenbalken *(m)*	viga *(f)* de —	billon de —
fire *(s)*	Feuer *(m)*	fuego *(m)*	feu *(m)*
— { *(v. a)* a boiler, heat *(v. a)*	heizen } (des Kessels) feuern	caldear	chauffer .
— a furnace	anfeuern (eines Ofens)	calentar	chauffer
— -bar of a boiler	Roststab *(m)*	parilla *(f)*	barre *(f)* barreau *(m)* } de grille
— -box —	Feuerraum *(m)*, Heizraum, Feuerbüchse *(f)*	hogar *(m)* de una caldera	chauffe *(f)*, foyer *(m)* de la chaudière
— brick	Chamottestein *(m)*	ladrillo refractário	brique réfractaire
— bridge	Feuerbrücke *(f)*	puente *(f)* del hogar	pont { de chauffe du foyer
— door	Feuerthüre *(f)*	puerta *(f)* del hogar	porte à feu *(f)*
— engine	Feuerspritze *(f)*	bomba de incéndio	pompe *(f)* à feu
— man, stocker	Heizer *(m)*, Kesselheizer	fogonero *(m)*	chauffeur *(m)*
— tube	Heizrohr *(n)*	bullidor *(m)*	bouilleur
— wood (fuel)	Brennholz *(n)*	leña *(f)*, madera de caldeo	bois *(m)* de chauffage
firing *(s)*, heating	Heizung *(f)*, Feuern *(n)*	caldeo *(m)*	chauffage *(m)*
— (Ming.) see blasting			
fish-plate *(s)*	Lasche *(f)*	escarpa *(f)*	coupe *(f)*
fissure	Spalte *(f)*, Kluft *(f)*	grieta *(f)*	fissure *(f)*
cross fissure	Kreuzkluft (offene)	— transversal	— de traverse
water filled —	Wasserkluft *(f)*	— acuífera	— aquifère
fit *(v. a)* up	montiren	ayustar	monter, ajuster
fitter see engine fitter			
fitting *(s)* of engines	Montage *(f)*	ayuste *(m)*, montage	montage *(m)*
flagstone *(s)*	Schiefer *(m)*	esquista *(f)*	shiste *(f)*
flame *(s)*	Flamme *(f)*	llama *(f)*	flamme *(f)*
blow-pipe-flame	Löthrohrflamme *(f)*	— del soplete	— du chalumeau
oxydizing —	Oxydationsflamme *(f)*	— de oxidacion	— d'oxydation
reducing —	Reductionsflamme	— de reduccion	— de réduction
— furnace see reverbatory furnace			
flange *(s)*	Flantsche *(f)*	cuello *(m)*	bourrelet, rebord *(m)*
flank, side, slope of a saddle or a basin	Sattel- bezw. } flügel Mulden-		aile d'un bassin ou aile d'une selle
flask *(s)*	Flasche *(f)*	botella *(f)*	bouteille *(f)*
flat *(adj)*	flach	plano	plat
flexible *(adj)*	biegsam	flexible	flexible
flint *(s)* (Geol.)	Feuerstein *(m)*	pedernal *(m)*, piedra de chispa	caillou *(m)* pierre *(f)* } à feu
float *(v. n)*	schwimmen	flotar	flotter

English	German	Spanish	French
float (see pag. 42)			
— board (hydr.)	Schaufel (f) des Wasserrades	paleta (f)	palette (f)
— gauge (s)	Schwimmer (m)	flotador (m)	flotteur (m)
— gold, floating gold	Schwimmgold (n)	oro (m) flotando	or (m) flottant
flood, drown (v. n)(Ming.)	ersaufen (einer Grube)	inundarse, aguarse, anegarse (m)	se submerger, s'innonder
flookan (s), course —	Besteg (m), Lettensalband (n)	salbanda (f) de arcilla	salbande d'argile
cross —	Kreuzkluft (m) (mit Letten ausgefüllt)	veta (de arcilla) transversal	fissure transversale (rempli d'argile)
floors (pl.) (Ming.)	Stockwerk (Lagerstätte)	stockwerk (m) (criadero de mineral)	stockwerk (m) (dépôt de minerais)
dressing floors	Aufbereitungsanstalt (f)	taller (m) de preparacion mecánica	atelier (m) de lavage
flue (m) of a boiler	Fuchs, Zug, Feuerkanal	canal de humo (m), tragante (m)	canal (m) de fumée
fluid (adj)	flüssig	fluido, liquido	liquide
— (s)	Flüssigkeit (f)	liquido (m)	liquide (m)
fluidity (s)	Flüssigkeitsstadium (n)	liquidez, fluidez (f)	fluidité, liquidité(f)
flume (s) (ore-dressing)	Canal (m), Fluthgraben (n), Gefluder (n)	canal (m)	canal (m)
— for washing ores	Läuterrinne (f)	— para deslodar minerales	— à debourber
— — gold ores	Goldlutte (f)	— para lavar lodos auríferos	— à laver des schlammes aurifères
— for water wheels (hydr.)	Obergraben (m) (für Wasserräder etc.)	canal para alimentar los motores hidráulicos	auge (f) pour alimenter les moteurs hydrauliques
fluor, fluorine [Fl]	Fluor (n)	fluor (m)	fluor (m)
hydrofluoric acid [H.Fl]	Flusssäure (f), Fluorwasserstoffsäure	ácido (m) hidrofluórico	acide } hydrofluorique fluor hydrique
Fluorite, Fluorspar, Fluate of lime	Flussspath (m), Liparit	espato fluor, fluorina, fluorita, liparita (f)	spath fluor, fluorine, liparite, chaux fluatée
flux (s) (met.)	Flussmittel (n), Zuschlag (m)	flujo (m), fundente, disolvente (m)	flux, fondant (m)
fly wheel (s)	Schwungrad (n)	volante (m)	volant (m)
foil (s), sheet	Blech (n)	lamina (f)	lame (f)
platinum — s. platinum			
fold (s) (Geol.), slip	Falte (f) (des Gesteins)	pliegue (m)	pli (m)
folding (s), plíation (f)	Faltung (f)	plegadura (f)	plissement (m)
foot (s)	Fuss (m)	pie (m)	pied (m)
— wall (s) (Ming.)	Liegende (n) einer Lagerstätte	arrastre, yacente (m) de un criadero	mur (m) d'un gisement
— way (Ming.)	Laufbrett (n)		
force (s)	Kraft (f)	fuerza (f)	force (f)
— of gravity	Schwerkraft (f)	— de gravedad	— de gravité
— (v. a) water	drücken, aufwärts drücken von Wasser	impulsar, impeler água	fouler
— pump see forcing pump			
forceps (s) (assaying)	Kluft, Probirzange (f)	pinzas (f. pl)	pince (f)
forcing-pump	Druckpumpe (f)	bomba impelente (f)	pompe foulante (f)
forehead, way-end [(Ming.)	Ortsstoss (m) (d. h. das Streckenende)	frente (f) de una labor minera	front } de galerie de taille
forge (s), smithy	Schmiede (f), Hammerwerk (n)	forja (f), frágua (f)	forge (f)
— (v. a)	schmieden, hämmern	forjar, fraguar	forger
forgeman (s)	Hammerschmied (m)	herrero (m)	forgeron (m)
forgescales (pl) (s)	Hammerschlag (m)	hojas (f. pl) de hierro	paillettes (f. pl) de fer
forging (s)	Hämmern, Schmieden (n)	herraje (m)	ouvrage (m) de forger
fork (s)	Gabel (f)	horca (f)	fourche (f)
* — (v. a) water (Ming.), unwater	sümpfen	desaguar	démerger

English	German	Spanish	French
formation (s) (Geol.)	Formation (f)	formacion (f)	formation (f)
fresh water —	Süsswasserformation	— lacustre	— lacustre
— of lodes	Gangbildung (f)	— de filones	— des filons
formic acid [C H₂ O₂]	Ameisensäure (f)	ácido (m) fórmico	acide (m) formique
fossil (s)	Versteinerung (f), Fossil (n)	petrificacion (f), fósil (m)	fossile (m)
— meal see infusorial earth			
fossiliferous (adj)	Versteinerungsführend	fosilífero	fossilifère
found (v. a)	giessen	fundir	fondre
foundation (s) (arch.)	Fundament (n)	fundamento (m)	fondement (m)
founder (s)	Giesser (m)	fundidor (m)	fondeur (f)
iron-founder	Eisengiesser (m)	— de hierro	— de fer
founding (s)	Giessen (n)	fundicion (f)	fonte (f)
foundry (s)	Giesserei (f)	funderia, fundicion (f)	fonderie
fracture (s) (Min.)	Bruch (m)	fractura (f)	fracture (f)
conchoidal —	muscheliger Bruch	— concoidea	— conchoïde
even —	ebener —	— plana .	— plane
hackly —	hakiger —	— ganchuda	— crochue
splintry —	splittriger —	— astillosa	— esquilleuse
uneven —	unebener —	— desigual	— inégale
frame (s) (Ming.)	Rahmen (m), Geviert (n)	marco, quadrado (m)	cadre (m) de boisage
bore frame	Bohrgestell (n)	carro (m) de perforadoras	chariot (m) de perforateurs
gallery frame	Thürstockgeviert (n)	marco de entibacion de una galeria	cadre (m) de boisage
percussion { frame table	Stossherd (m)	mesa { movida de vaiven	table à secousses
shaft frame	Schachtgeviert (n)	marco { de un pozo cuadrado {	cadre de boisage d'un puits
free fall cutter (s)	Freifallapparat (m)	aparato de sondeo por libre caida	outil (m) de sondage à libre chute
free gold	Freigold (n)	oro (m) libre, oro nativo	or (m) vierge
free share	Freikux (m)	barra (f) aviada	part (f) gratuite d'une société de mine
freeze (v. n)	gefrieren	congelar	congeler
freezing (s)	Gefrieren	congelacion (f)	congélation (f)
— point	Gefrierpunkt (m)	punto de congelacion	point (m) de —
friable (adj)	zerreiblich	friable	friable
—	bröckelig	quebradizo	ébouleux
—, earthy	mulmig	flojo	pourri
friction (s)	Reibung (f)	friccion (f)	friction (f)
rubbing (s)	—	frotacion (f), rozamiento (m)	frottement (m)
fuel, combustible (s)	Brennstoff (m), Brennmaterial (n), Feuerungsmaterial (n)	combustible (m)	combustible (m)
fuller's earth (s)	Walkererde (f)	cimolita (f)	terre (f) à foulon
fulminate (v. n)	verpuffen	fulminar	fulminer
fulminating silver etc. see cyanogen			
fulminic acid	Knallsäure (f)	ácido fulmínico	acide (m) fulminique
fume (s) (Min.)	Dampf (m)	vapor (m)	vapeur (m)
fund (miner's)	Knappschaftskasse (f)	caja (f) del cuerpo de mineros	caisse (f) du corps des mineurs
funnel (s)	Trichter (m)	embudo (m), tolva (f)	entonnoir (m), trémie (f)
furnace (s)	Ofen (m)	horno (m)	four, fourneau (m)
assay —	Probirofen (m)	— de ensayar	— d'essai
blast —	Hochofen (m)	alto-horno	haut-fourneau (m)
— —	Windofen, Gebläseofen (m)	horno de viento	four à courrant d'air forcé
low-blast —	Krummofen (m)	— de manga	fourneau à manche
calcining furnace	Calcinirofen (m)	— de calcinar	— à calciner
crucible furnace	Tiegelofen (m)	horno de crisol	— à creuset

English	German	Spanish	French
furnace (see pag. 44)			
cupola —	Kupolofen (m)	cubilote (m)	cubilot (m)
heating —	Glühofen (m)	horno de caldear	four à rechauffer
muffel —	Muffelofen (m)	— de mufla	— à moufle
puddling —	Puddelofen (m)	— de pudelaje	— à puddler
refining —	Feinofen (m), Raffinirofen (m)	— de rafinar	— à raffiner
reheating —	Schweissofen (m)	— de resudo	— à ressuage
reverbatory —	Flammofen (m)	— de reverbero	— à reverbère
roasting —	Röstofen (m)	— de calcinar	— à grillage
with several beds	Etagenröstofen (m)	— de calcinar de varios pisos	— de grillage à tablettes
			———à soles étagées
shaft-furnace	Schachtofen (m)	— de bóvedad	— à cuve
— for ventilating a mine	Wetterofen (m)	— para la ventilacion de una mina	— d'appel, foyer [d'aérage
furnace }-top }-mouth	Gichtöffnung (f)	cargadero (m) de un horno alto	gueulard (m)
fuse (s)	Zündschnur (f)	mecha (f)	mèche (f)
— (v. a)	schmelzen	fundir	fondre
— (v. n)	schmelzen, zerfliessen	liquidarse, fundirse	se fondre
— (v. a), smelt	ausschmelzen	fundir, sacar por la fundicion	fondre
fusibility (s)	Schmelzbarkeit (f)	fusibilidad (f)	fusibilité (f)
fusible (adj)	schmelzbar	fusible	fusible
fusion (s)	Schmelzen (n)	fusion (f)	fusion, fonte (f)
fuze (s), straw, spire (s)	Zündhalm (m)	canutillo de trigo llenado de polvorin	canette, fusée (f)

G.

Gabbro (s) (Geogr.)	Gabbro (m)	gabbro (m)	gabbro (m)
gad, picker (s)	Bergeisen (n), Eisen	punterola (f), puntero, alipas, cuño (Mexico)	pointe, pointe rolle (f)
Galena (s)	Bleiglanz (m)	galena (f), acohol (m)	galène (f)
gallery	Strecke (f), Ort (n)	galeria (f)	gallerie (f)
main-gangway	{ Feldort (n), Hauptstrecke (f), Feldstrecke (f)	— { principal, sobre el filon .	— { d'allongement, principale, chasse (f)
level	Sohlstrecke, söhlige [Strecke	— horizontal	— horizontale
heading	Abbaustrecke (f) (kann sowohl streichend, wie schwebend sein)	— de explotacion	— d'exploitation
drift	Verbindungsstrecke (f), Lauf, Ort, Schlag (m)	— de communicacion, empalme (m)	— de communication
around a shoft	Umbruchsort (m)	galeria en contorno de un pozo	gallerie contournant un puits
gallery face	Streckenstoss (d. h. die seitliche Begrenzung der Strecke)	costado (m) de una galeria	face latérale d'une [gallerie
— end	Streckenort, Ort (n), Ortsstoss (m)	frente (f) de la galeria	front d'une gallerie
— level	Streckensohle (f)	piso (m) —	sole (f) —
— roof, roof of a —, — back	Streckenfirste (f)	techo (m) —	toit (m) —
Galmey see zinc ores			
galvanic (adj)	galvanisch	galvánico	galvanique
galvanize (v. a)	galvanisiren	galvanizar	galvaniser
gang (s)	Gang (m)	filon (m)	filon (m)
— way see gallery			

English	German	Spanish	French
gangue (s)	Gangart (f), Gangmasse	ganga (f)	gangue (f)
gap (between to concessions)	Ueberschar (f), Oberschar (freies Feld zwischen zwei Concessionen, welches zu klein zur selbständigen Verleihung)	demasia (f)	espace libre entre deux concessions de mine
garland-curb	Dammjoch (n)	marco (m) de desagüe de una entibacion de pozo	cadre (m) d'écoulement des eaux d'un puits
Garnet (s) (Min.)	Granat (m)	granate (m)	grenat (m)
— bearing (adj)	granatführend	granatífero	grenatifère
gas (s)	Gas (n)	gas (m)	gaz (m)
combustible gases	Brennbare Gase (n. pl)	gases combustibles(m.pl)	gaz combustibles (m.pl)
illuminating-gas	Leuchtgas (n)	gas del alumbrado	gaz d'éclairage
marsh gas } see olefiant gas } carbon			
waste gas from blast furnace	Gichtgase (n. pl)	gas (m) del horno alto	gaz du haut fourneau
water gas (s)	Wassergas (n)	gas (m) de água	gaz d'eau
disengaging of gas (s)	Gasentwickelung (f)	desenvolvimiento de gas	dégagement de gaz
gas lighting (s)	Gasbeleuchtung (f)	alumbrado de gas	éclairage au gaz
gas motor (s)	Gasmotor (m)	motor de gas	monteur à gaz
gasometer (s)	Gasometer (m)	gasómetro (m)	gazomètre (m)
gas supply (s)	Gasversorgung (f)	suministro (m) de gas	fourniture (f) de gaz
gas works (s)	Gasfabrik (f)	fábrica de gas	fabrique de } gaz usine à }
gaseous (adj)	gasig	gaseoso	gaseux
gasify (v. a)	in Gas verwandeln	gasificar	gazifier
gasiform	gasförmig	gasiforme	gasiforme
gate (s) (Ming.)	Strecke (f)	galeria (f)	gallerie (f)
Gault (s) (Geol.)	Gault (m)	formacion (f) del gault	formation (f) du gault
gauze (s)	Gaze (f)	tela metálica	toile métallique (f)
gear (v. n)	eingreifen v. Zahnrädern	engranar	embrayer
— in (v. a)	einrücken ,, ,,	engranar	embrayer
— out (v. a)	ausrücken ,, ,,	desengranar	desembrayer, débrayer
generator (s)	Generator (m)	generador (m)	générateur (m)
geode (s) (Min.)	Geode (f), Krystalldruse	geoda (f)	géode (f)
geodesy (s)	Geodesie (f), Feldmesserkunst	geodesia (f)	géodésie (f)
geognost (s)	Geognost (m)	geognosta (m)	géognoste (m)
geognostic (adj)	geognostisch	geognóstico	géognostique
geognosy (s)	Geognosie (f), Gesteinskunde	geognosia (f)	géognosie (f)
geological (adj)	geologisch	geológico	géologique
— map	Geologische Karte (f)	mapa (f) geológica	carte géologique (f)
geologist (s)	Geologe (m)	geologista (m)	géologiste (m), géologue
geology (s)	Geologie (f)	geologia (f)	géologie (f)
geometry (s)	Geometrie (f)	geometria (f)	géometrie (f)
germanium (s)	Germanium (n)	germánio (m)	germanium (m)
Gersdorffite see nickel ores			
get out a wagon from the cage	abziehen eines Förderwagens von der Schale	tirar un vagon de la jaula	tirer un vagonet de la cage d'extraction
Geyserite (s)	Geyserit (m)	geiserita (f)	geysérite (f)
giant-powder	Dynamit (n)	dinamita (f)	dynamite (f)
gib and cotter	Keil und Lösekeil	cuña y contracuña	clavette et contreclavette
gild (v. a)	vergolden	dorar	dorer
gilding (s)	Vergolden (n)	dorado (f)	dorage
	Vergoldung (f)	doradura (f)	dorure (f)
gin: whim gin	Pferdegöpel (m)	malacate (m)	machine (f) à molettes
Glance coal see Anthracit			
glass (s)	Glas (n)	vidrio (m)	verre (m)
beaker glass (s)	Becherglas (n)	vaso (m) en forma de cubilete	gobelet (m)

English	German	Spanish	French
glass (see pag. 46)			
— blower	Glasbläser (m)	soplador (m) de vidrio	souffleur de verre, féla-tier (m)
— gauge of a boiler	Wasserstandsglas (n)	tubo (m) del nivel	niveau (m) à tube de verre
— paper	Glaspapier (n)		
soluble glass [K₄SiO₄]	Wasserglas (n)	vídrio soluble	verre (f) soluble
— stirrer	Glasstab (m)	varilla de vídrio	baguette (f) en verre
— stopple	Glasstöpsel (m)	tapon (m) de vídrio	tampon (m) en verre
— tap	Glashahn (m)	grifo (m) de vidrio	robinet (m) en verre
— tube	Glasröhre (f)	tubo (m) de vídrio	tube (f) en verre
— works	Glashütte (f)	fábrica (f) de vídrio	usine à verre, verrerie
Glauberite (s) (Min.)	Glauberit (m)	glauberita (f)	glauberite
Glauber's salt see sodium			
Glauconite (s)	Glaukonit (m)	glaukonita (f)	glaukonite (f)
Glimmer, mica (s)	Glimmer (m)	mica (f)	mica (m)
globular (adj)	kugelig	globular	globulaire
globule (of metals) [(assaying)	Kugel (f), Metallkugel	globulo (m) metálico	globule (m) métallique
glow (v. a), heat	glühen, ausglühen	caldear	chauffer
— a cupel	abäthmen (die Kapelle)	hacer incandente la copela	faire incandescent la coupelle
glowing (adj)	glühend	candente	candescent
glowing (s)	Gluth, Hitze (f)	calda (f)	chauffe (f)
— lamp	Glühlampe (f)	lampara incandescente	lampe (f) incandescente
glucinum	Berryllium (n)	glucínio, berílio (m)	glucynium, béryllium
glue (s)	Leim (m)	cola (f)	colle (f)
— (v. a)	leimen	encolar	coller
— pot	Leimtopf (m)	colero (m), cazo (m) para cola	pot à colle
glycerine (s) [C₃H₃O₈]	Glycerin (n)	glicerina (f)	glycérine (f)
Gneiss (m)	Gneiss (m)	gneis (m)	gneiss (m)
Goethite (s) (Min.)	Göthit (m)	goetita (f)	goethite (f)
gold (s) [Au]	Gold (n)	oro (m)	or (m)
suboxide of — [Au₂O]	Goldoxydul (n)	protóxido (m) de —	protoxyde d'or
trichloride of — [AuCl₃]	Goldtrichlorid (n)	sesquicloruro de —	sesquichlorure —
sulphide of — [Au₂S₃]	Schwefelgold (n)	súlfuro de —	sulfure d'or
cyanide of —	Cyangold (n)	cianuro de —	cyanure d'or
Auriferous Ores	Golderze (n. pl)	minerales auríferos	minerais aurifères
Native Gold	Gediegen Gold (n)	oro nativo	or natif
Free Gold	Freigold (n)	oro libre	or libre
Gold-amalgam (s)	Goldamalgam (n)	amalgama de oro	amalgame d'or
Rebellious } Gold Refractory } ores	Widerspenstige Gold-erze, Vererztes Gold	oro en minerales [refractários	or rouillé, or dans des minerais réfractaires
Nagyagite, Fo-liated Tellurium Sylvanite Graphic Tellu-rium } s.Tellurie Ores			
alluvial-gold } driftal — } gulch — }	Seifengold (n)	oro (m) de aluviones	or (m) { de rivière d'alluvions
— washings } — diggings } see alluvial gold } dig- deposits } gings			
chips of gold (s)	Goldkrätze (f), Abfälle	escobilla (f) de oro	crasse (f) d'or
fine gold	Feingold (n)	oro fino (m)	or fin (m)
grain of gold	Goldkorn (n)	grano (m) de oro	grain (m) d'or
gold { button { regulus	König, Regulus (m)	régulo de oro (m)	bouton } régule } d'or

English	German	Spanish	French
gold (see pag. 47)			
gold-mine	Goldgrube (f)	mina (f) de oro	mine (f) d'or
placer	Goldseife (f)	aluvion de oro (m)	alluvion (m) d'or
gold-nugget	Freigoldklumpen (m)	pepita (f) de oro	pépite (f) d'or
gold-sand, auriferous sand	Goldsand (m)	arena aurífera (f)	sable aurifère (f)
gold-washer, prospecter, chimmer	Goldwäscher (m)	lavador de oro (m)	laveur d'or (m)
gold-washing-plant	Goldwäscherei, Goldaufbereitungsanstalt (f)	lavadero de oro (m)	atelier de lavage d'or
Gompholite (Geogn.)	Nagelflue (f), Gompholit (m)	gonfolita (f)	gompholite, nagelflue
gossan, ferruginous outcrop of a lode	„Eiserne Hut"	sombrero (m) de hierro de un filon	chapeau (m) de fer d'un filon
gouge (s)	Hohlmeissel (m)	gubia (f)	gouche (f)
governor (mech.)	Regulator (m)	regulador (m)	régulateur (m)
graduate (v. a) brine	gradiren	graduar	graduer
graduated (adj)	graduirt, in Grade eingetheilt	graduado	gradué
graduation (s)	Graduirung (f)	graduacion (f)	graduation (f)
— of brine	Gradirung (f) der Soole	— del água salina	— de la brine
grain (s)	Korn (n)	grano (m)	grain (m)
grains (ore-dressing)	Graupen (f. pl), Erzgraupen	granza (f) (Mexico), mineral en granos, garbillos, granadillos, granados (m. pl)	grains de minerais, grenus (m.pl), grenailles (f. pl)
smal nuts of coal	Kohlengraupen (f. pl)	galletas (f. pl)	gailletes (f. pl)
Granite (s)	Granit (m)	granito (m)	granit (m)
Graphic Granit (s), Pegmatatite	Schriftgranit (m)	granito gráfico	granit (m) graphique
granitic (adj)	graintisch	granítico	granitique
grant (s) for searching minerals (Austria-Hungary)	Freischurf (m)	permiso para hacer labores de investigacion	permission de faire des fouilles
granular (adj)	körnig	granoso, granado, granular	granuleux, graineux
granulate (v. a)	granuliren	granular	granuler, grenailler
granulated (adj)	granulirt, gekrönt	granulado	granulé
granulated metal	Granalien (f. pl)	granallas (f. pl)	grenailles (f. pl)
granulation (s)	Granulirung (f)	granulacion (f)	granulation (f), grenaillage, granulage (m)
Granulite (s)	Granulit, Weissstein (m)	granulita (f)	granulite (f)
graphic (adj)	graphisch	gráfico	graphique
Graphite, Plumbago, Black Lead	Graphit, Reissblei, Wasserblei, Pottloth	grafito (m), plombagina, lapiz plomo	graphite (f), plombagine
graphitic (adj)	graphitisch	grafitico	graphitique
Grapholite (s)	Tafelschiefer (m)	grafolita (f)	grapholite (m)
grates (pl. s)	Stabrost (m)	grella (f)	grille (f)
grate, fire grate (s)	Rost, Feuerrost (m)	parillas (f. pl)	grille de foyer
grate bar	Roststab (m)	parilla (f)	barreau de grille
— surface	Rostfläche (f)	superficie de las parillas	surface de grille
grates (ore-dressing) (grating of iron bars)	Waschgitter (n), Waschrost (m)	grella para deslodar minerales	grille à débourber
gravel (s)	Kies (m)	grava (f)	gravier (m)
— pit	Kiesgrube (f)	mina (f) de grava	minière (f) de gravier
gravity (s)	Schwere (f), Schwerkraft	gravedad (f)	gravité (f)
centre of —	Schwerpunkt (m)	centro de gravedad	centre de gravité
Gray-wack (s) (Geogn.)	Grauwacke (f)	grauwacka (f)	grauwacke (f)
grease (s)	Schmiere (f), Schmiermaterial (n)	grasa (f), untura (f) [(Mexico)	graisse (f)
— (v. a), lubricate	schmieren	engrassar	engraisser
—, oil (v. a)	ölen, einölen	aceitar	huiler
— box (s)	Schmierbüchse (f)	caja (f) de grasa, engrasador (m)	boîte (f) à graisse

English	German	Spanish	French
grease (see pag. 48)			
— cok, — tap (s)	Schmierhahn (m)	grifo de engrasar	robinet de graissage
Greensand (s) (Geol.)	Grünsand (m)	arena (f) verde	sable (m) vert
Greenstone see Diorite			
Griddle (s) (Ming.)	Rätter (m), Rost	grella (f)	grille (f)
grind (v. a) (of tools)	schleifen	afilar, amolar	affiler
— (v. a) (of ores)	mahlen	moler	moudre
— (v. a) wit emery	schmirgeln	esmerilar	polir à l'emeri
grinder, grinding-mill	Erzmühle (f)	molino (m) de mineral	moulin (m) à minerai
grinding-stone (s)	Schleifstein (m)	piedra de { amolar / afilar	meule (f)
grit, coal-grit, grit-stone, millstone grit	Kohlensandstein (m), Flötzleere Sandstein (m)	asperon (m) carbonífero	grès (m) houiller
Grossular (s) (Min.)	Grossular	grosulária (f)	grossulaire (f)
groove (s)	Nuth (f), Spur (f)	ranura (f)	rainure (f)
key-groove	Keilnuth	— para la cuña	— pour la clavette
— (v. a)	nuthen	fresar ranuras	fraiser des rainures
grooving-plane	Nuthhobel	embarrotador (m)	rabot (m) à rainure
group (s) (Geol.)	Gruppe (f), Formation	formacion (f)	formation (f)
guage (s)	Spurweite (f) eines [Gleises	anchura (f) de la via	écartement (m), largeur (f) de voie
guano (s)	Guano (m)	guano (m)	guano (m)
gudgeon (s)	Bolzen, Zapfen (m)	nabo (m), pasador	pivot (m), boulon
guide (s)	Leitung, Führung (f)	guionage (m)	guidonage (m)
guides in a shaft, con- ductors	Leitbäume, Stossbäume	guiaderas (pl. f)	glissoirs (m. pl)
guide (v. a)	leiten, führen	guidar	guider
— pulley	Leitrolle (f)	cilindro polea } guiador (m)	cylindre (m) { de guido- poulie (f) { nage
gulch, gorge (s)	Bergschlucht (f)	barranco (m)	gorge (f) de montagne
gun-cotton (s)	Schiessbaumwolle (f)	algodon (m) explosible	coton-poudre (m)
gusset (s) (Ming.)	Bolzen (m), Stempel	puntal (m)	étai (f)
gutter (s)	Wasserrinne (f)	canal (m)	canal (m)
Gypsum (s)	Gyps (m)	yeso (m)	gypse (m)

H.

hack	Hacke (f), Breithaue (f)	zapapico (m)	houe (f)
hade (s), inclination, un- derlie, slant (s)	Einfallen (n), Donlage (f), Einfallwinkel (m)	inclination, pendiente	inclinaison, pente
dip, inclination	Einfallrichtung (f)	tendido, buzamiento, echado (m) (Mexico)	inclinaison
hade (v. n)	einfallen	inclinarse	s'incliner
hading shaft (s)	donnlägiger Schacht, ein- fallender Schacht (m)	pozo inclinado (m)	puits incliné (m)
Haematite see iron ores			
hair sieve (s)	Haarsieb (n)	cedazo (m)	tamis (m) de crin
halogen (s) (adj)	Halogen (n)	halógeno (m)	halogène (m)
halogens (s. pl)	Salzbildner (m. pl)	cuerpos (m.pl) halógenos	corps (m. pl) halogènes
haloid salt (s)	Haloidsalz (n)	sal (f) haloidea	sel (m) haloïde
hammer (s)	Hammer (m)	martillo (m)	marteau (m)
— and chisel (Ming.)	Schlägel und Eisen	martillo y punterola	massette (f) et pointerolle
miner's hammer	Fäustel, Fausthammer	martillo minero (n)	marteau (m) de mineur
sledge	Treibfäustel (n)	mazo (m), macho (Mexico)	maillet (m), massette (f)
rivetting hammer	Niethammer (m)	martillo (m) de remachar	marteau (m) à river
set-hammer	Setzhammer (m)	sentador (m)	chasse (f)
signal-hammer	Signalhammer (m)	templador, aviso (m)	marteau à signaux
spalling-hammer	Scheidehammer (m)	martillo para apartar minerales	marteau de scheidage
steam-hammer	Dampfhammer (m)	martillo (m) de vapor	marteau à vapeur

4

English	German	Spanish	French
hammer (see pag. 49)			
hammer-eye	Helmloch (n)	ojo (m) del martillo	oeil (m) d'un marteau
— face	Hammerbahn (f)	cara (f) del martillo	panne (f) du marteau
hammerslag, scales	Hammerschlag (m)	hojas (f. pl) de hierro	paillettes de fer
hammersmith	Hammerschmied (m)	herrero (m)	marteleur (m)
hammer (v. a)	hämmern	martillar	marteler
hammered (adj)	gehämmert	martillado	martelé
handle (s)	Griff, Handgriff (m)	mango (m)	poignée (f)
— of a winch, — of a windlass	Haspelhorn (n)	ciguēña (f), manivela (f), ciguenilla (f)	manivelle (f)
handpicking (s)	Handscheidung von [Erzen	apartado (m) a mano	scheidage (m) à la main
hanger-on (Ming.)	Anschläger (m)	enganchador (m)	accrocheur (m)
hanging-wall, roof of a lode	Hangende (n) einer Lagerstätte, Dach (n)	pendiente (m), techo (m)	toit (m)
harden (v. a)	härten	templar	tremper
hardening (s)	Härten (n), Härtung (f)	temple (m)	trempe (f), trempage (m)
hardness (s) (Min.)	Härte (f)	dureza (f)	dureté (f)
degree of hardness of minerals	Härtegrad (m)	grado de dureza	dégré de la dureté
— of water	„	„ de la crudeza	„ de la crudité (f)
scale of hardness	Härtescala (f)	escala de dureza	échelle de dureté
hards, packing (s)	Werg (n)	tasco (m), estopa (f)	étoupe (f)
Harmotome (s) (Min.), Cross-stone	Harmotom (m), Kreuzstein (m)	harmotomo (m), piedra de cruz	harmotome (f)
hatchet (s)	Beil (n), Axt (f)	hacha (f)	hache (f)
haul (v. a) (minerals)	schleppen, fördern	arrastrar	rouler
haulage, conveyance (s)	Streckenförderung (f)	arrastre (m) en minas	roulage (m) intérieur
Hausmannite see Manganese ores			
Hauynite (s) (Min.)	Hauyn (m)	hauyna (f)	hayne (f)
head (s)	Kopf (m)	cabeza (f)	tête (f)
— of a bolt	Bolzenkopf (m)	— { de un pasador de un tornillo	— d'un boulon
— of a galery	Ort (n)	frente (f) de una galeria	front (m) d'une gallerie
— of a hammer	Hammerkopf (m)	cara (f) de martillo	panne (f) du marteau
— of a pick	Blatt (n) der Keilhaue	cara (f) de pico	panne (f) du pic
— of water	Druckhöhe des Wassers, Gefälle (n)	altura (f) de presion del água	hauteur (f) de presion de l'eau
— way see gallery			
— wheel	Seilscheibe (f)	polea (f) del pozo de extraccion	poulie (f) du puits d'extraction
cross head see cross head			
heading see gallery			
heap (s)	Haufen (m)	monton (m)	tas, amas (m)
— (chem.)	Ambos (m)	tas (m)	tas (m)
— of charcoals	Meiler (m)	horno (m) de carbon vegetal	charbonnière, meule (f)
— of ores	Erzhaufen (m)	monton de mineral	lot (m) de minerai
waste heap	Halde (f)	vaciadero (m)	halde (f) de déblais
hearth (s) (met.)	Herd (m), Heizraum eines Schmelzofens	hogar (m) de un horno de fundicion	foyer (m) d'un four de fusion
— of a blast furnace	Gestell (n)	obra (f) del alto horno	ouvrage (m) du hautfourneau
— ashes (s) (pl)	Herd, Sohle (f) des Treibofens	suelo (m) de cenizas de un horno	sole (f) du fourneau
heat (s)	Hitze (f), Wärme	calor (m)	chaleur (f)
—, fire (v.a) a boiler	heizen, stochen	caldear	chauffer
—	erhitzen, erwärmen	calentar	chauffer
boiling heat	Siedehitze (f)	calor (m) d'ebulicion	chaleur (f) d'ébulition
glowing heat	Glühhitze (f)	calda (f)	— rouge
red heat	Rothglühhitze (f)	calda (f) roja	—, chaude (f)
white heat	Weissglühhitze (f)	incandescencia (f)	incandescence (f)

English	German	Spanish	French
heat (see pag. 50)			
degree of heat	Hitzegrad (m)	grado (m) de la calda	dégré (m) de { chaude chaleur
heating, firing	Heizung (f), Heizen (n)	caldeo (m)	chauffage (m)
— from below	Unterfeuerung (f)	— inferior	— inférieure
inside heating	Innenfeuerung	— interior	— intérieure
outside —	Aussenfeuerung	— exterior	— extérieure
— with hot water	Wasserheizung	calefaccion con água caliente	chauffage à l'eau chaude
heating-power, calorific power of combustible	Brennwerth (m), Heizwerth eines Brennstoffes	fuerza (f) calorífica de un combustible	puissance (f) calorifique d'un combustible
heating surface of a boiler	Heizfläche (f)	superficie de caldeo	surface (f) de chauffe
heavy carburretted hydrogen s. hydrogen			
heavy spar see barytes			
hectar (s) [10,000 qm]	Hektar (m)	hectáreo (m)	hectare (m)
heigt (s)	Höhe (f)	altura (f)	hauteur (f)
difference of —	Höhenunterschied (m)	desnivel (m)	différence (f) de niveaux
— of discharge of water	Gefälle (m), Fallhöhe von Wasser	altura (f) de caida del água	hauteur (f) de chutte d'eau
— of back water, of swell	Stauhöhe (f)	altura (f) del água detenida	hauteur (f) du remous
— of water	Wasserstand (m)	nivel del água	niveau (m) de l'eau
perpendicular height	Saigerhöhe (f)	altura vertical	hauteur verticale
Heliotrope (s) (Min.)	Heliotrop (m)	heliotropo (m)	héliotrope (m)
helix, helical line	Schraubenlinie (f), Spirale (f)	hélice (f)	hélice (f)
helve (s), handle, shaft	Holm, Stiel (m)	astil (m), mango (m) (Mexico)	manche (f)
Hematite see iron ores			
hemp (s)	Hanf (m)	cáñamo (m), pita (f) (Mexico)	chanvre (m)
abaca (s)	Manillahanf (m)	abaca (f)	abaca (f)
hampen-core of a rope	Hanfseele (f) eines [Drahtseiles	anima (f) de cáñamo de un cable metálico	âme (f) de chanvre
hemp-packing	Hanfliderung (f)	empaquetadura de [cáñamo	garniture de chanvre
hemp-rope	Hanfseil (n)	cable de cáñamo	câble (m) de chanvre
hermetical (adj)	luftdicht	hermético	hermétique
hew (v. a) (Ming.)	hauen, schrämen	picar, socavar	haver, piquer
hewer (s), cutter	Hauer (m), Schrämhauer	picador	piqueur (m)
hinge joint (s)	Charnier (n), Gelenk	charnela (f)	charnière (f)
hoe (s)	Hacke (f), Keilhaue	pico (m)	pic (m)
hoisting (s)	Schachtförderung (f)	extracción (f)	extraction (f)
— engine	Fördermaschine (f)	maquina (f) de —, de manteo (Mexico)	machine (f) d'—
hole (s)	Loch (n)	agujero (m)	trou (m)
bore-hole, blast hole	Bohrloch (n), Sprengbohrloch	barreno (m)	trou (m) { de mine de pétard
deep-bore-hole	Tiefbohrloch	— de sondeo	— de sondage
hole (v. a)	durchörtern	atravesar, colar (Mexico)	creuser
auger hole (mech.)	Bohrloch (masch.)	taladro (m)	trou (m) percé
man-hole (of a boiler)	Mannloch (n)	puerta (f) de entrada de la caldera	trou (m) d'homme d'une chaudière
holing for the end of a piece of timbering	Bühnloch (n)	machinal (m), carcel, cholcon (m) (Mexico)	trou (m) dans la roche pour le boisage
homogenous (adj)	homogen, gleichartig	homogeno	homogène
hook (s)	Haken (m)	gancho (m)	crochet (m)
— (v. a) in	einhaken	enganchar	accrocher
— of the cable	Seilhaken	gancho de la cuerda	molette (f)
— handle	Haspelhorn (n)	cigüeña (f)	manivela (f)

4*

English	German	Spanish	French
hooked (adj)	hakenförmig	ganchoso	crochu
hoop (s)	Ring, Reif (m)	anillo (m), aro, ceño	cercle (m)
— iron, hoops	Bandeisen (n)	pletina (f) de hierro	fer-feuillard (m)
hopper (s)	Fülltrichter (m)	embudo (m)	trémie (f)
horizontal, level (adj)	horizontal, söhlig	horizontal	horizontal
Hornblende see Amphibole			
Horn Mercury see Mercury ores			
Hornslate (s) (Geogn.)	Hornblendeschiefer (m)	esquista córnea	shiste cornée
Hornstone (s) (Geogn.)	Hornstein (m)	piedra córnea	pierre cornée
horse power [HP = 75 mkg]	Pferdestärke (f)	fuerza (f) de caballo	cheval (m) vapeur, puissance (f) de cheval
hose (s)	Schlauch (m)	odre (m)	tuyau (m)
suction hose	Schläucher, Degenrohr	tubos (m. pl) de enchufe	tuyau (m) aspirateur
hot (adj)	heiss	caliente	chaud
red-hot (adj)	rothglühend	de calda áscua	de chaleur rouge
white-hot (adj)	weissglühend	incandescente	incandescent
hour (division of the compass)	Stunde (f), hora	hora (f)	hora (f)
house (s)	Haus, Gebäude (n)	edificio (m), casa (f)	édifice (m), maison (f)
hovel, pit hovel	Kaue, Schachtbude (f)	barraca encima de un pozo, galera, bartolina (f) (Mexico)	hangar (m)
humus, vegetal soil	Humus (m), Dammerde, Ackerkrume (f)	tierra vegetal (f)	humus (m), terre végetale (f)
Hyacinth (s) (Min.)	Hyacinth (m)	jacinto (m)	hyacinthe, jacinthe (m)
Hyalite (s) (Min.)	Hyalit (m)	hialita (f)	hyalite (f)
Hydrargillite see silver ores			
hydrate (s)	Hydrat (n)	hidrato (m)	hydrate (m)
— of lime, slaked lime	Kalkhydrat (n), Aetzkalk (m), Gelöschte Kalk	cal { apagada cáustica	chaux (f) { éteinte caustique
— of soda	Natriumhydrat (n), Aetznatron	sosa (f) cáustica	soude (f) caustique
hydrated oxide (s)	Hydroxyd, Oxyhydrat (n)	hidróxido (m)	hydroxyde (m)
hydraulics (pl)	Hydraulik (f)	hidráulica (f)	hydraulique (f)
hydraulic ram (s)	Stossheber (m), Hydraulische Widder	ariete (m) hidráulico	bélier (m) hydraulique
hydrocarburet see carbon			
hydrochlorate hydrochloric acid } see chlorine			
hydrocyanate hydrocyanic acid } see cyanogen			
hydrofluoric acid see fluorine			
hydrogen [H]	Wasserstoff (m)	hidrógeno (m)	hydrogène (m)
heavy carbureted — light carbureted — } see carbon			
oxyhydrogen-gas	Knallgas (n)	gas (m) fulminanto	gaz (m) fulminant
phosphureted — see phosphorus			
seleniureted — see selenium			
sulphureted — see sulphur			
hydrography (s)	Hydrographie (f)	hidrografia (f)	hydrographie (f)
hydrology (s)	Hydrologie (f)	hidrologia (f)	hydrologie (f)
hydrometer (s)	Wassermesser (m)	hidrómetro (m)	hydromètre (m)

English	German	Spanish	French
hydrostatic (adj)	hydrostatisch	hidrostático	hydrostatique
hydrosulphate	Hydrosulfat (n)	hidrosulfato (n)	hydrosulphate (m)
hyperbel (s)	Hyperbel (f)	hipérbole (m)	hyperbole (f)
Hyperstene (s) (Min.)	Hypersten (m)	hipersteno (m)	hyperstène (m)
hyposulphate (s)	Unterschwefelsaure Salz (n)	hiposulfato (m)	hyposulfate (m)
hyposulphite	Unterschwefligsaure [Salz (n)	hiposulfito (m)	hyposulfite (m)

I.

Idocrase, Vesuvian (s) (Min.)	Idokras, Vesuvian (n)	idocrasa, vesubiana (f)	idocrase, vésuviane (f)
igneous (adj)	feurig	ígneo	igné
— (Geol.)	vulkanisch, plutonisch, eruptiv	volcánico, plutoniano	volcanique, plutonien
— rocks (Geol.)	Vulkanische Gesteine	rocas volcánicas	roches volcaniques
ignition (s) (of metals)	Glühen (n) von Metallen	ignicion (f)	ignition
imbedded in (adj) (Min.)	eingebettet in	empanado, incluso	inclus
imbibe (v. a)	eintränken (in Blei)	embeber	imbiber
imbibition (s) (assaying)	Eintränkarbeit (f)	imbibicion (f)	imbibition (f)
immersion (s) (met.)	Eintränken (n)	immersion (f)	immersion (f)
impermeable (adj)	wasserdicht, undurchlässig	impermeable	imperméable
impregnate (v. a)	imprägniren, tränken	impregnar	impregner
impregnation (s)	Imprägnirung (f)	impregnacion (f)	impregnation (f)
impulsion (s)	Antrieb (m)	impulso (m)	impulsion (f)
incandescence (s)	Weissglühen (n)	incandescencia (f)	incandescence (f)
incandescent (adj)	weissglühend	incandescente	incandescent
inch (s)	Zoll (m)	pulgada (f)	pouce (f)
inclination (s), bade, underlie	Einfallwinkel (m), Neigung (f), Einfallen einer Lagerstätte	pendiente (m), inclinacion (f)	pente, inclinaison (f)
— dip, trend	Einfallrichtung (f), Einfallen	buzamiento (m), tendido	direction (f) de l'inclinaison
incline (v. n)	einfallen (Winkel)	inclinarse	s'incliner
—, dip	einfallen (Richtung)	buzar	s'incliner (vers)
inclined (adj), hading	einfallend, donlägig	inclinado	incliné
— plan	Bremsberg (m)	plano inclinado (m)	plan incliné (m)
self-acting —	Bremsberg(m) mit selbstthätiger Bremse	plano automotor	plan automoteur
incombustible (adj)	unverbrennbar	incombustible	incombustible
incrustacion, sediments (in a boiler)	Kesselstein (m)	incrustacion (f)	incrustations (f.pl), sédiments (m. pl)
indecomposable (adj)	unzerlegbar	indescomponible	indécomposable
indian ink (s)	Tusche (f)	tinta (f) de la China	encre (f) de Chine
india-rubber (s)	Gummi (m)	goma (f), hule (m) [(Mexico)	gomme (m)
— joint	Gummidichtungsring, Gummiliderungaring (m)	junta } de goma, (f) } de hule (Mexico)	joint (m) de gomme
tube of —	Gummischlauch (m)	manga (f) de goma	tuyau (m) de gomme
indicate (v. a)	indiziren	indicar	indiquer
indication (s) (survey.)	Stufe (f), Zeichen	marca (f)	marque (f)
indicator (s)	Indikator (m)	indicador (m)	indicateur (m)
Indium [In]	Indium (n)	índio (m)	indium (m)
inertia (s) (mech.)	Trägheit (f)	inércia (f)	inertie (f)
inexplotable (adj)	unbauwürdig	inexplotable	inexploitable
inexplosive (adj)	nicht explodirend	inexplosible	inexplosible
inflammable (adj)	entzündlich	inflamable	inflamable
infiltrate (v. n)	einsickern	infiltrarse	s'infiltrer

English	German	Spanish	French
infiltration (s)	Infiltrirung (f), Ein-[sickern	infiltracion (f)	infiltration (f)
infusible (adj)	unschmelzbar	infusible	infusible
infusorial earth, fossil meal	Infusorienerde, Kiesel-guhr (f)	harina { fossil { silícea	farine fossile (f), Kiesel-guhr (m)
ingot (s) (met.)	Ingot (m)	lingote (m)	lingot (m)
inject (v. a) water	einspritzen	inyectar	injecter
inner casing, inner lining, ring-wall	Kernschaft eines Hoch-ofens (Schachtfutter)	paredes (f. pl) refractá-rias del alto horno	parois (f.pl) réfractaires du haut fourneau
inorganic (adj)	anorganisch	inorgánico	anorganique
inspect (v. a) the wor-kings of a mine	die Grube befahren	visitar las labores de una mina	visiter les travaux d'une mine
instrument (s)	Instrument (n)	instrumento (m)	instrument (m)
levelling —	Nivellirinstrument (n)	— de nivelar	— à niveller
surveying —	Messinstrument (n)	— para levantar planos	— d'arpentage
intersect (v. n) of lodes	durchfallen { v. Gängen sich kreuzen { unter-{ einander	cruzarse (de filones)	se croiser (de filons)
intersection (s) (Ming.)	Durchschlag (m) eines Grubenbaues in den anderen	rompimiento (m)	percement (m)
— of lodes	Kreuz (n) von Gängen, Schaarkreuz (n)	cruz (f) de filones	intersection, croix (f) de filons
point of —	Kreuzpunkt (m), Ram-melpunkt, Schaarung (f)	punto de cruzamiento de filones	point (m) d'intersection
junction { of lodes meeting {	Schaarung (f), Vereini-gung von Gängen	reunion de filones	réunion (f) des filons
joint (v.n), meet of lodes	sich schaaren	reunirse	se réunir
fork (v. n) of a lode in two or more	sich gabeln	bifurcarse	s'embrancher
intrusion (s) of water	Wasserzufluss (m)	avenida (f) de água	affluence (f) des eaux
inverted (adj) of stratas	überkippt, verkehrt ge-lagert von Gesteins-schichten	inverso de stratas resba-ladas	inverse (de la stratifica-tion)
investment see employ-ment			
iodate (s)	Jodat, Jodsaure Salz (n)	iodato (m)	iodate (f)
iodic (adj)	jodhaltig	iódico	iodique
iodine (s) [J]	Jod (n)	iodo, iodino (m)	iode (m), iodine (f)
iodide of nitrogen [N J₃]	Jodstickstoff (m)	ioduro (m) { nitratado { azotado	iodure { nitraté { d'azote { azoté
hydroiodic acid [H J]	Jodwasserstoffsäure (f)	ácido (m) iodídrico	acide { iodhydrique { hydroiodique
iodic acid [H JO₃]	Jodsäure (f)	ácido iódico	acide iodique
iodate of lead	Jodblei (n)	ioduro (m) de plomo	iodure (m) de plomb
. iodate of potassium [K J]	Jodkalium (n)	— (m) de potásio	— de potassium
iodate of silver, iodic silver [Ag J]	Jodsilber (n)	— de plata	— d'argent
iodate of mercury	Jodquecksilber (n)	— de mercúrio	— de mercure
Iridium	Iridium	irídio (m)	iridium (m)
iron (s) [Fe]	Eisen (n)	hierro (m), fierro [(america)	fer (m)
protoxide of iron [Fe O]	Eisenoxydul (n)	protóxido de hierro	protoxyde de fer, oxyde ferreux
sesquioxide of — [Fe₂ O₃]	Eisenoxyd (n)	óxido ferrico, sesquióxido de hierro	oxyde ferrique, sesqui-oxyde de fer
ferric acid [Fe O₃]	Eisensäure (f)	ácido ferrico (m)	acide ferrique
oxydulated iron [Fe₃ O₄]	Eisenoxydoxydul (n)	óxido ferroso férrico	fer oxydulé, oxyde fer-roso-ferrique
hydrated peroxide of iron [Fe₂ O₃ + 3 H₂ O]	Eisenoxydhydrat (n)	hidróxido de hierro, óxido de hierro hidra-tado	hydroxyde (m) de fer, fer oxydé hydraté

English	German	Spanish	French
iron (see pag. 54)			
protochloride of — [Fe Cl₂]	Eisenchlorür (n)	protocloruro de hierro, cloruro ferroso	protochlorure de fer, chlorure ferreux
sesquichloride of — [Fe₂ Cl₆]	Eisenchlorid (n)	clorido de hierro, sesquicloruro de —	chloride de fer, sesquichlorure de fer
protocarbonate of — [Fe CO₃]	Kohlensaure Eisenoxydul, Ferrocarbonat (n)	carbonato de hierro	carbonate de fer
sulphate of iron, vitriol of iron [Fe SO₄ + 7 H₂ O]	Schwefelsaure Eisenoxydul, Eisensulfat, Vitriol. Ferrosulfat	protosulfato de hierro, vitriolo { verde { de marte	protosulfate de fer, vitriol martial
persulphate of — [Fe₂ 3 SO₄]	Schwefelsaure Eisenoxyd, Ferrisulfat	persulfato de hierro	persulfate de fer
sulphide of — [Fe S]	Eisensulfür, Einfache Schwefeleisen (n)	súlfuro { de hierro { ferroso	sulfure { ferreux, { de fer
bisulphide of — [Fe S₂]	Doppelte Schwefeleisen	bisúlfuro { de hierro { ferroso	bisulfure { de fer, { ferreux
iron salt	Eisensalz (n)	sal (f) férrica	sel (m) { martial, { ferrique
Iron ores	Eisenerze	minerales { de hierro menas	minerais { de fer mines
Native Iron [Fe]	Gediegene Eisen (n)	hierro nativo	fer nativ
Meteoric Iron	Meteoreisen (n)	— meteórico	— météorique
Pyrites, Iron Pyrites [Fe S₂]	Schwefelkies (m), Pyrit (Tesseraler Eisenkies)	pirita { de hierro { marcial	pyrite { de fer, { martial
Marcassite, Prismatic Iron Pyrites	Markassit, Speerkies (m) (Rhombischer Eisenkies)	marcasita, esperkisa	marcassite (f)
Chalcopyrites, Copper-Pyrites [Cu Fe S₂]	Kupferkies (m), Chalkopyrit (m)	pirita { de cobre { ferro-cobriza	pyrite de cuivre, Chalcopyrite (f)
Pyrrhotite, Magnetic Pyrites [Fe₇ S₈]	Magnetkies (m), Pyrrhotin (m)	pirita magnética, pirotina (f)	pyrite magnétique, Magnetopyrite (f)
Arsenopyrites, Mispickel [Fe S As]	Arsenkies, Misspickel	arsenopirita, mispickel	arsénopyrite (f), mispickle (m)
Löllingite [Fe As₂]	Arsenicalkies (m), Löllingit (m)	pirita arsenical	pyrite arsénicale
Green vitriol, Green Copperas, Vitriol of iron, Melanterite [FeSO₄ + 7 H₂ O]	Eisenvitriol (n), Melantrit (n)	vitriolo { verde { de marte, caparosa, melanterita (f)	vitriol { vert, { martial, coupérose verte (f) mélanterite (f)
Sparry Iron Ore, Spathic Iron Ore, Siderite [Fe CO₃]	Spatheisenstein, Eisenstein (m), Siderit	espato de hierro, hierro espático, Siderosa (f), Siderita (f)	spath de fer (m), fer spatique, Sidérite (f)
Spherosiderite	ThonigerSpatheisenstein	esferosiderita (f)	sphérosidérite (f)
Hidroxydes of iron:	Eisenoxydhydrate	hidróxidos de hierro	hydroxydes de fer
Brown Iron Ore, Brown Hematite	Brauneisenerz, Brauneisenstein	hierro pardo, hematita parda	fer brun (m), hématite brune (f)
Limonit, Bog Ore, Meadow Ore, Marsh Ore	Sumpferz, Raseneisenerz, Wiesenerz	hierro limoso, limonita, hierro de los estanques, hierro de pantanos, hierro de praderas	fer limoneux (m), limonite (f), mine de marais (f)
Goethite	Nadeleisenerz (n), Göthit, Lepidokrokit (m)	hierro acicular (m), Goetita (f)	fer en aiguilles (m), goetite (f)
Iron Ochre	Eisenocker (m)	ocre amarillo (m)	ochre (m)
Pisolitic Iron Ore	Bohnerz (n)	hierro pisolítico	fer (m) pisolitique
Oolitic Iron Ore	Minette (f)	hierro oolítico	fer oolithique (m), minette (m)
Oxides of Iron	Eisenoxyde	óxidos férricos	oxydes ferriques
Red Hematite, Red Iron Ore [Fe₂O₃]	Rotheisenstein (m), Rotheisenerz (n)	hierro { rojo { oligista	fer oxyde { hématite { rouge fer (m) oligiste
Red Ochre	Röthel (m), Rothe Ocker	almagro (m)	terre rubrique
Micaceous Iron Ore	Eisenglimmer (m)	oligisto { micáceo hierro {	fer oligiste micacé, mica (f) ferrugineuse

English	German	Spanish	French
Iron (see pag. 55)			
Iron Glance, Specular Iron	Eisenglanz (m)	hierro { brillante / especular	fer spéculaire
Magnetic Iron Ore, Magnetite [Fe₃O₄]	Magneteisenstein, Magnetit (m)	hierro magnético (m), magnetita (f)	fer magnétique (m), magnétite (f)
Vivianite [Fe₃ 2 PO₄ + 8 H₂ O]	Vivianit, Blaueisenerz (n)	vivianita (f)	vivianite (f)
Chromite, Chrom iron [Fe Cr₂ O₄]	Chromeisenstein (m), Chromit (m)	cromita, sideracroma (f), hierro cromado (m)	chromate de fer (m), sidérochrome (f)
Ferruginous Quartz	Eisenkiesel (m)	cuarzo ferruginoso	quartz (m) ferrugineux
Manufactures of iron:	Eisenfabrikate:	artículos de comércio:	articles de fabrique:
angular \ iron / angle	Winkeleisen (n)	hierro { angular / de escuadra	fer en équerre
band iron see hoop iron			
bar iron	Stabeisen (n)	hierro en barras	fer (m) en barres
iron bar	Eisenstab (m)	barra (f) de hierro	barre (f) de fer
black-sheet-iron see sheet iron			
cast iron (s)	Gusseisen (n)	hierro (m) { colado / fundido	fer (m) de fonte
case hardened casting	Hartgusseisen (n)	hierro endurecido	fonte durcie (f)
fagotted-iron, scrap iron	Schroteisen, Alte Eisen, Packeteisen (n)	hierro viejo (m)	feraille (f)
figured-iron	Façoneisen (n), Profileisen	hierro perfilado (m)	fer profilé
T iron	T Eisen, T Träger	hierro T	fer à T
⊔ iron	⊔ Eisen	hierro ⊔	fer en ⊔
fine \ iron (n) / fined	Gefeinte Eisen (n)	hierro afinado	fer affiné
flat-iron	Flacheisen (n)	hierro (m) plano	fer (m) plat
forged \ iron / wrought	Schmiedeeisen (n)	hierro forjado	fer forgé
hammered iron	Hammereisen (n)	hierro batido	— martelé
hoop-iron, hoops	Bandeisen (n)	hierro en platinas	fer (m) feuillard
pig iron, crude iron	Rohgusseisen (n)	hierro { bruto / crudo	fer (m) { brut / cru
plate, iron plate see sheet iron			
puddled iron	Puddeleisen	hierro pudelado	fer puddlé
iron rail	Eisenschiene (f)	rail (m), carril (m)	rail (m)
rod-iron	Stangeneisen (n)	hierro en barras	fer en barres
rolled-iron	Walzeisen (n)	hierro laminado	fer laminé
round-iron	Rundeisen (n)	hierro redondo	fer rond (m)
scrap-iron	Eisenschrot (m), Alte Eisen	hierro viejo, granalla de hierro	grenailles de fer
sheet iron. plate —, — in sheets	Eisenblech (n)	hierro en hojas	fer en plaques
black-iron	Schwarzblech	hierro negro	fer noir
black sheet iron	Sturzblech, dünnes [Schwarzblech	palastro (m)	palâtre (m)
white-iron, tinned sheet iron	Weissblech	hoja (f) de lata	fer (m) blanc
specular iron s. also Iron Glance	Spiegeleisen (n)	hierro especular	fer spéculaire
square iron	Quadrateisen (n)	hierro cuadrado	fer carré
white see sheet iron			
wrought see forged iron			
iron casting	Eisenguss (m)	fundicion (f) del hierro	fonte (f) du fer
— cinder, — dross	Eisenschlacke (f) des Hochofens	escoria (f) del alto horno	scorie (f) du haut fourneau
— clay	Eisenthon	arcilla (f) ferruginosa	argile (f) ferrugineuse

English	German	Spanish	French
iron (see pag. 55/56)			
— filings	Eisenfeilspähne (m. pl)	limaduras (f. pl) de hierro	limaille (f) de fer
— founder	Eisengiesser (m)	fundidor (m) de hierro	fondeur (m) de fer
— foundry	Eisengiesserei (f)	fundicion (f) } de hierro funderia	fonderie (f) de fer
— mill, forge, hammer-work	Eisenhütte (f), Hammerwerk (n)	forja (f) de hierro	forge (f) de fer
— puddling-works	Puddelwerk (n)	taller de pudelar	atelier (m) de puddlage
— rolling-mill	Walzwerk (n)	laminador (m)	laminoir (m)
— mine	Eisengrube (f), Eisenbergwerk (n)	mina (f) de hierro	mine (f) de fer
open-workings	Tagebau (m)	explotacion de hierro, al cielo abierto	minière (f) de fer
— ore	Eisenerz (n)	mena (f) de hierro	mine (f) de fer
— pig (met.)	Eisengans (f)	masa (f) de hierro	masse (f) de fer
— rust (s)	Eisenrost (m)	moho (m)	rouille (f)
— scales	Hammerschlag (m)	hojas de hierro	pailletes de fer
— shavings	Eisenhobelspähne (f)	acepilladuras de hierro	copeaux de fer
— slag	Eisenschlacke (f)	escoria (f) de hierro	scorie (f) de fer
— turnings	Eisendrehspähne (f)	raeduras de hierro	tournures de fer
— wire	Eisendraht (m)	alambre } de hierro (m) hilo	fil (m) de fer
— works	Eisenwerk (n), Eisenhütte (f)	fabrica (f) de hierro	usine (f) à fer
irrigation (s)	Bewässerung (f)	riego (m)	arrosage (m)
isolate (v. a)	isoliren	aislar	isoler
isolator (s)	Isolator (m)	aislador (m)	isolateur (m)
isomorphous (adj)	isomorph	isomorfo	isomorphe
Itacolumite (s)	Gelenkquarz, Itacolumit (m)	itacolumita (f)	itacolumite (f)

J.

Jack (s)	Winde, Katze (f), Erdwinde	gato (m)	chèvre (f)
Black-Jack see Blende			
jacket (s)	Mantel, Umhüllung	camisa (f)	chemise (f)
cylinder —	Cylinder —	— del cilindro	— du cylindre
jam-nut (s)	Gegenmutter (f)	contra-tuerca (f)	contre-écrou (m)
jar (s)	Glascylinder (m), Glocke (f)	vaso (m) cilíndrico	gobelet (m)
Jamesonite see Antimony ores			
Jasper (s), Jaspis	Jaspis (m)	jaspe (m)	jaspe (m)
Banded-Jasper	Bandjaspis	— bandeado	— rubanné
Globular —	Kugeljaspis	— globular	— globulaire
jaws (pl. s) of the stone breaker	Brechbacken des Steinbrechers	mandíbulas (f. pl) de la quebrantadora	mâchoirs (m.pl) du concasseur
jerk (s)	Stoss (m), Ruck (m), Schlag (m)	golpe (m)	coup (m)
jet (s)	Strahl (m)	chorro (m) de água que salte	jet (m) d'eau
— (Min.)	Gagat, Pechkohle, dichte Braunkohle	azabache (m), hulla piciforme (f)	houille piciforme
— (met.)	Guss (m), Gussstrahl (m)	colada (f)	coulée (f)
Jew's Pitch s. Asphaltum			
jig, jigger, jigging machine	Setzmaschine (f)	maquina (f) para cribar minerales	machine (f) à cribler des minerais
with a bed of pebbles gravel	— mit Graupenbett	— con capa de granos	crible { filtrant à grenailles

English	German	Spanish	French
jig (see pag. 57)			
percussion jigger	Schwungsieb (n), Stauch- sieb	criba movida (f)	crible { à secousses / à bascule
plunger-jigger, piston- jigger	Kolbensetzmaschine (f)	— con piston	bac } à piston / crible {
jig (v. a) minerals	setzen	cribar minerales	cribler
— coarse stuff	grobsetzen	— granos gruesos	— les grenus
— fine stuff	feinsetzen	— los menudos	— les menus
— slimes	schlammsetzen	— lodos	— des schlammes
jig-box	Setzkasten (m)	cajon (m) de la criba	caisse (f) du crible
jigging (s)	Setzen (n), Setzarbeit (f)	cribado (m), separacion por cribas	criblage (m), séparation par crible
hand-jigging	Handsetzen (n)	— á mano	— à main
— sieve	Setzsieb (n)	criba (f)	crible (m)
join, assemble (v. a)	abbinden (Zimmerg.)	ensamblar, acoplar	assembler
— of mortar (v. n)	binden (von Mörtel), ab- binden	trabar (de mortero)	prendre (du mortier)
— (v. n) (of lodes), unite	sich schaaren, sich ver- einigen	reunirse (de filones)	se joindre, se confondre (des filons)
joining (s) (arch.) as- semblage	Verband (m), Mauer- verband	trabazon (m)	appareil (m)
joiner (s)	Schreiner (m)	carpintero (m)	menuisier (m)
joiner's bench	Hobelbank (f) des Schreiners	banco (m) de carpintero	établi (m)
joint (s)	Verbindung, Fuge (f), Stoss (m)	junta (f)	joint (m)
joints (s) (Geol.)	Schichtflächen (f. pl) der Gesteine	juntura (f) de estratifi- cacion	joints (m. pl) de strati- fication
joint of rails	Stoss (m), Schienenstoss	junta (f) de los railes	joint (m) des rails
joint-ring	Dichtungsring (f)	junta (f)	joint (m)
jolt (v. a), jump	stauchen (von Metall)	empujar	refouler
jumper (s)	Stossbohrer (m) (zum Ab- bohren eines Spreng- loches ohne Hand- fäustel)	barrena (f) de percusion	aiguille à percussion
junction (Ming.) of two galleries	Durchschlag (zweier Gru- benbaue ineinander)	ropimiento (m) de mi- nados	perçement (m), percée (f) de travaux de mines
— of lodes	Schaarung (f)	juntura (f) / reunion } de filones	réunion (f) des filons
Jura, Juraformation, ju- rassic system, oolitic period	Juraformation (f), Jura (m)	formacion (f) jurásica	formation jurassique
— limestone, jurassic limestone	Jurakalk (m)	caliza (f) jurásica	calcaire (m) jurassique
jurassic (adj)	die Juraformation be- treffend	jurásico	jurassique

K.

Kainite (s) (Min.)	Kainit (m)	cainita (f)	caïnite (f)
Kakoxene (s) (Min.)	Kakoxen (m)	cacoxeno (m)	cacoxène (m)
Kaoline (s)	Kaolin (m)	caolin (m)	caolin (m)
keeps (s) (Min.)	Caps (m. pl), Aufsatz- vorrichtung für die Förderschale	taquetes (m. pl)	taquets (m. pl)
keeve (s)	Bottich (m), Fass (n)	cuba (f)	cuve (f)
Kerarpyrit see Silver ores			
Kermesite see Antimony ores			
kerve (v. a) (Ming.)	kerben, schlitzen	socavar	entailler

English	German	Spanish	French
kerving (s) (Ming.)	Kerben, Schlitzen (n)	socavadura	entaillement
—	Kerbe (f), Schlitz (m)	socava (f)	entaille (f)
kettle (s)	Kessel (m), Pfanne (f)	caldero (m)	chaudron (m)
Keuper (s) (Geol.), Variegated } marls	Keuper (m), Keuper-formation	keuper (m)	formation } keuprique, saliférienne, marnes irisées
Saliferous }			
key (s) (mech.)	Keil (m)	cuña (f)	coin (m), clavette (f)
— groove	Keilnuth (f)	rainura (f) para la cuña	rainure (f) à coin
—, nipping fork (boring)	Stangenschlüssel	llave (f) de los vástagos de sondeo	clavette (f) des tiges de sondage
kibble (s), bucket	Kübel (m)	cuba (f), tina	tine (f), seau (m)
—, skip for drawing	Förderkübel (m)	cuba (f) } d'extrac-caldero (m) } cion	tonne, beine (f) } d'ex-cuveau (m) } traction
kiln (s)	Brennofen (m), Calcinir-ofen	horno (m) de calcinar	fourneau à calcinage
annular —	Ringofen (m)	horno (m) anular	— annulaire
brick —	Ziegelofen (m)	horno (m) de ladrillos	four (m) à briques
lime —	Kalkofen (m)	horno (m) de cal	four à chaux, chaufour (m)
Kieserite	Kieserit (m)	kieserita (f)	kieserite (f)
kilogram (s)	Kilogramm (n)	kilógramo (m)	kilogramme (m)
kilogrammeter (s) [mkg]	Kilogrammeter (n)	kilográmmetro (m), metro-kilógramo	kilogrammètre (m), mètre-kilogramme
knob, screw-knob	Schraubenkopf (m)	cabeza (f) de tornillo	tête (f) de vis
knockings (s. pl)	Grubenwände (f. pl), Stückerz (n)	mineral } récio } grueso	mine } en roche (f) } massive

L.

laboratory (s)	Laboratorium (n)	laboratório (m)	laboratoire (m)
labour (s)	Arbeit (f)	trabajo (m)	travail (m)
inside —, underground working	Unterirdische Arbeit	— { interior { en la mina	— { intérieur { dans la mine
outside } — surface }	Tagearbeit, Arbeit über Tage	— al sol, al cielo	— au jour
manual —	Handarbeit (f)	maniobra (f),obra manual	travail (m) manuel
labourer (s)	Arbeiter (m)	trabajador (m)	ouvrier (m)
day —	Tagelöhner (m)	jornalero (m)	journalier (m)
— in the mine	Grubenarbeiter (m)	trabajador en minas	ouvrier de mines
Labradorstone (s) (Min.), Labradorite	Labrador (m), Labrado-rit (m)	labradorita (f)	labradorite (f)
labyrinth (s), launders (ore dressing)	Mehlführung (f), Laby-rinth (n), (Aufb.)	labirinto (m), canales para el deposito de los lodos	labyrinthe (m), canaux de dépôt
ladder (s) (Ming.), miner's ladder	Fahrt (f)	escala (f), escalera (f) [(Mexico)	échelles
— hook	Fahrtenhaken (m)	laña (f)	crampon (m)
— staves	Fahrtensprossen (f. pl)	peldaños,escalones(m.pl)	échelons (m. pl)
— way	Fahrschacht (m)	pozo de escala (m), — de escaleras [(Mexico)	puits (m) { aux échelles, { de descente, { d'entrée
laminate (v. a), roll	walzen (des Eisens)	laminar	laminer
laminating rollers	Walzwerk (n), Eisen-walzwerk	laminador (m)	laminoir (m)
lamp (s)	Lampe (f)	lámpara (f)	lampe (f)
blow-pipe lamp	Löthrohrlampe (f)	— para el soplete	— de chalumeau
miner's lamp, pit [candle	Grubenlampe (f), Gru-benlicht(n), Blende(f)	candil (m)	— de mineur
safety-lamp	Sicherheitslampe (f)	lámpera (f) de seguridad	— de sûreté
Davy-lamp	Davy'sche —	— de Davy	— de Davy
Wolf-lamp	Wolf'sche Lampe(f)	— de Wolf	— de Wolf

English	German	Spanish	French
landing of a pit	Hängebank (f) eines Schachtes	boca (f) del pozo	palier (m) de décharge-ment d'un puits
lantern (s)	Laterne (f)	linterna (f), farol (m)	lanterne (f)
Lanthanium (s) [La]	Lanthan (n)	lántano (m)	lantan (m)
large (adj)	grob	grueso	grossier
— coal	Stückkohle	carbon grueso	charbon grossier (m)
Lapis-Lazuli	Lasurstein, Lapis La-zuli (m)	lazurita(f)	lazurite (f), Lapis-Lazuli
Nativ Ultramarine	Natürliche Ultramarin	ultramar (m) nativo	pierre d'azur, outremer (m) natif
lath (s. pl) (Ming.)	Pfahl, Getriebepfahl (m)	estaca (f)	palplanche (f)
lathe, turning lathe	Drehbank (f)	torno (m)	tour (m)
laughing gas	Lachgas (n)	gas alegrante (m)	gaz (m) hilarant
launders see labyrinth			
lava (s) (Geol.)	Lava (f)	lava (f)	lave (f)
laws of the mines, mi-ning laws	Berggesetz (n)	ley (f) } de minas código (f)	loi (f) minière
layer (s) (Geol.)	Schicht (f), Bank (f)	capa (f), manto (m), ban-co (m), lecho (m)	couche (f), banc (m)
in layers (adj)	lagenweise, schichtweise	por capas	par couches
leach, lixiviate (v. a)	laugen, auslaugen	lejivar	lessiver
leaching	Laugen (n)	lejivacion (f)	lessivage (m)
Lead [Pb]	Blei (n)	plomo (m)	plomb (m)
sulphide of — [Pb S]	Schwefelblei (n)	súlfuro (m) de plomo	sulfure (m) de plomb
chloride of — [Pb Cl₂]	Chlorblei (n)	cloruro de plomo	chlorure (m) de plomb
iodide of — [Pb J₂]	Jodblei (n)	ioduro de plomo	iodure de plomb
oxide of — [Pb O]	Bleioxyd (n)	óxido de plomo	oxyde de plomb
minium [Pb₃O₄]	Mennige (f)	mínio (m)	minium (m)
peroxide of lead [Pb O₂]	Bleisuperoxyd (n)	peróxido de plomo	peroxyde de plomb
acetate of } [Pb C₄ lead } H₆O₄] sugar of —	Essigsaure Bleioxyd (n), Bleizucker (m)	acetato de plomo. azucar de plomo	acétate de plomb, sucre de Saturne
carbonate of lead [Pb CO₃]	Kohlensaure Bleioxyd (n), Bleicarbonat (n)	carbonato de plomo	carbonate de plomb
chromate of — [Pb Cr O₄]	Chromsaure Bleioxyd (n), Bleichromat (n)	cromato de plomo	chromate de plomb
nitrate of — [Pb N₂O₆]	Salpetersaure Bleioxyd, Bleinitrat (n)	nitrato de plomo	nitrate de plomb
sulphate of — [Pb SO₄]	Schwefelsaure Bleioxyd, Bleisulphat (n)	sulfato de plomo	sulfate de plomb
Lead Ores:	Bleierze:	Minerales de plomo:	Minerais de plomb:
Anglesite [Pb SO₄]	Anglesit (m), Bleivitriol	anglesita (f), vitriolo de plomo	anglésite (f), vitriol de plomb
Needle Ore, Aikinite	Nadelerz (n), Belonit (m)	aciculita (f), nadelerz (m)	aciculite (f), nadelerz (m)
Galena, Galenite [Pb S]	Bleiglanz (m)	galena (f), alcohol de alfareros	galène (f)
Bournonite	Bournonit (m), Schwarz-spiessglanzerz (n)	bournonita (f)	bournonite (f)
Brown Lead Ore [Pb₂ Cl (PO₄)₃]	Braunbleierz (n)	plomo pardo (m)	plomb brun
Green Lead Ore	Grünbleierz (n)	— verde	— vert
Pyromorphite (Brown and Green Lead Ore)	Pyromorphit	piromorfita (f)	pyromorphite (f)
Cotunnite [Pb Cl₂]	Cotunnit (m)	cotunita (f)	cotunnite (f)
Mimetite [Pb₃ Cl (As O₄)₃]	Mimetesit (m)	mimetesa, mimetesita (f)	mimetèse (f)
Yellow Lead Ore, Wulfenite [Pb Mo O₄]	Gelbbleierz (n), Wulfe-nit (m)	plomo amarillo (m), wulfenita (f)	wulfénite (f)
Crocoite [Pb Cr O₄]	Rothbleierz (n), Chrocoit	plomo rojo, crocoita (f)	plomb (m) rouge, cro-coïse (f)
Stolzite, Tungstate of lead	Scheelbleierz (n), Stolzit (m)	stolzita (f)	stolzite (f)

English	German	Spanish	French
Lead ores (see pag. 60)			
White Lead ore, [Pb CO₂] Cerussaite	Weissbleierz (n), Cerussit (m)	plomo blanco, cerusita(f), carbonato de plomo	Cérusite (f), carbonate (m) de plomb
assaying lead, grain lead, proof lead	Probirblei, Kornblei (n)	plomo { de ensayo de grano	plomb (m) d'essai, — granulé
argentiferous lead	silberhaltige Blei, Werkblei	— argeotifero, — de obra	— argentifère, — d'oeuvre
black lead see Graphite			
hard lead	Hartblei, Antimonblei	plomo (m) duro	plomb aigre (m)
liquation lead	Saigerblei	plomo licuado (m)	plomb (m) liquaté
refined lead	Frischblei	plomo refinado	plomb { raffiné frais
working lead	Werkblei	plomo (m) de obra	plomb (m) d'oeuvre
lead ashes	Bleiasche, Bleikrätze (f)	escoria (f) de plomo	scorie (f) de plomb
— chambre	Bleikammer (f)	cámara (f) de plomo	chambre (f) de plomb
— fume	Bleirauch (m), Blei- [dämpfe (m. pl)	vapor (m) de plomo	vapeur (m) de plomb
— matt	Bleistein (m)	mata (f) de plomo	matte (f) de plomb
— ore	Bleierz (m)	mineral de plomo	minerai de plomb
lead regulus	Bleikönig (m)	régulo de plomo	régule (m) de plomb
— slags	Bleischlacken (f. pl)	escorias (f.pl) del plomo	scories (f. pl) du plomb
— smelting-works	Bleihütte (f)	fabrica (f) de plomo	usine à plomb (f), plomberie (f)
leader in a lode	Gangführung (f)	guia (f) de filon	guide (m) de filon veinule (f),
— of a lode	Gangtrum, Ausläufer	ramita de filon	rameau (m) ⎱ de branch (f) ⎰ filon
leaf-gold	Blattgold (n)	oro (m) en hojas	or en paillettes
leak (v. n)	lecken, rinnen	colar, salirse (de algun licor)	s'écouler, couler
lease, hereditary	Erbpacht (f)	censo (m) enfiteútico, avio (m) (Mexico)	bail (f) héréditaire
leather (s)	Leder (n)	cuero (m)	cuir (m)
— belt, strap	Lederriemen (m), Treibriemen	correa (f) de cuero	courroie (f) de cuir
leave off (v. a) work in a pit	abkehren, aus dem [Dienste scheiden	despedirse	quitter un établissement
leavings, after —	Abgänge in die wilde Fluth, After (m. pl)	salidas (f. pl) de la preparacion de minerales	matières (pl. f) eutrainés par les eaux d'une préparation mécanique
length (s)	Länge (f)	longitud (f)	longueur (f)
— of strokes	Hublänge (f)	corrida (f) de un piston	course (f) d'un piston
lenticular (adj)	linsenförmig	lenticular	lenticulaire
Lapidokrokite see Iron ores			
Lepidolite (s)	Lepidolit, Lithionglimmer (m)	lepidolita (f), mica litínica	lépidolite (f), mica litinifère
lessee	Grubenpächter (m)	partidário (de una mina)	fermier (m) d'une mine
Leucite (s) (Min.)	Leucit (m)	leucita (f)	leucite (f)
Leukostite (s) (Geol.)	Leukostit (m)	leucostita (f)	leucostite (f)
level (adj)	söhlig, horizontal	en nivel, horizontal	horizontale
— (s) (Ming.)	Sohle (f), Strecke (f)	galeria (f) horizontal	galerie (f) horizontale
—	Sohle, Streckensohle (f)	piso (m) de la galeria	sole (f) d'une galerie
(v. a) take the level	abwägen, nivelliren	nivelar, anivelar	niveler
air-level (s)	Wasserwage (f)	nivel de água	
draining level	Wasserstrecke (f)	galeria de desagtie	galerie pour l'écoulement des eaux
miner's level	Gradbogen (m)	medio circulo graduado, nivel (m)	demi-cercle gradué (m)
square level	Setzwage (f)	nivel (m)	niveau à équerre
water level	Wasserwage (f)	balanza (f) hidrostatica	niveau (m) d'eau
— — (Ming.)	Sohlstrecke (f)	galeria la mas baja de una mina	galerie la plus basse d'une mine
levelling (s)	Nivelliren (n)	nivelacion (f)	nivellement (m)
— instrument	Nivellirinstrument (n)	instrumento(m)de nivelar	instrument à niveler

English	German	Spanish	French
levelling (see pag. 61)			
— staff	Nivellirlatte *(f)*	mira *(f)*	mire *(f)*, règle *(m)* de nivellement
lever *(s)*	Hebel, Schwengel *(m)*	palanca *(f)*	levier *(m)*
angle lever	Winkelhebel *(m)*	palanca { acodada angular	— angulaire
Lias (Geol.)	Lias*(m)*,Liasformation*(f)*	lias*(m)*, formacion liásica	lias *(m)*, formation liassique
Libethenite see copper ores			
licence *(s)* (Ming.)	Concession, Erlaubniss zum Bergbautreiben	concession *(f)*	concession *(f)*
lid *(s)*, cover	Deckel *(m)*	tapa *(f)*	couvercle *(m)*
lie see lye			
lift *(s)*	Hub *(m)*, Hubhöhe *(f)*	corrida *(f)*, altura de la carrera	levée *(f)* (d'un piston)
—	Aufzug *(m)*	ascensor*(m)*, monta carga	ascenseur *(m)*, montecharge *(f)*
—	Aufzug, Spiel *(n)* der Fördermaschine	juego *(m)* de la maquina d'extraccion	jeu *(m)* de la machine d'extraction
— *(v. a)* water	Wasser heben	elevar água	élever les eaux
— *(v. a)*	anheben, heben	levantar	lever
lifter *(s)* (ore-stamping), lifting cog	Däumling *(m)*, Frosch, Hebedaumen	cama *(f)* del bocarte	came *(f)* du bocart
lifting *(s)*	Heben *(n)*	levantamiento *(m)*	levée *(f)*
— cog see lifter			
— jack see jack			
— pump (hydr.)	Hubpumpe *(f)*	bomba *(f)* elevatória	pompe *(f)* } élévatoire soulevante
— set *(s)*	Hubsatz *(m)*	juego *(m)* de bombas elevatórias	jeu *(m)* de pompes [soulevantes
light *(s)*	Licht *(n)*	luz *(f)*	lumière *(f)*
— *(v. n)*	leuchten	lucir	luire
— *(v. a)*	anfeuern, entzünden	encender	mettre le feu à
lighting *(s)*	Beleuchtung *(f)*	alumbrado *(m)*	éclairage *(m)*
lightning-rod	Blitzableiter *(n)*	pararayos *(m)*	paratonnère *(m)*
lightning } of silver brightening	Blicken *(n)* des Silbers	fulguracion *(f)* de la plata	éclair *(m)* de l'argent
the silver brightens	das Silber blickt	la plata da el relampago	l'argent fait l'éclair
lignite see Brown-coal			
limb *(s)*	Gradbogen *(m)*	semi-circulo graduado	demi-cercle gradué
lime *(s)*	Kalk *(m)*	cal *(f)*	chaux *(f)*
caustic } lime quick	Aetzkalk *(m)*, Gebrannte Kalk	cal cáustica	chaux caustique
slacked lime	Gelöschte Kalk *(m)*	cal apagada	chaux éteinte
lime-kiln	Kalkofen *(m)*	calera *(f)*	four à chaux
lime-milk	Kalkmilch *(f)*	leche *(f)* de cal	lait *(f)* de chaux
lime-pit	Kalkgrube *(f)*	cantera *(f)* de caliza	carrière *(f)* à calcaire
limestone *(s)*	Kalkstein *(m)*	caliza *(f)*	calcaire *(m)*
carboniferous } — mountain	Kohlenkalk *(m)*	— carbonífera	— houiller
coralline limestone see coral rag			
fresh water } limelacrustrine } stone	Süsswasserkalk *(m)*	— lacustre	— } d'eau douce lacustre
jura limestone	Jurakalk *(m)*	caliza *(f)* jurásica	— jurassique
primitive limestone	Urkalk *(m)*	— primária	— primitive
shelly limestone	Muschelkalk *(m)*	muschelkalk	— } coquiller conchylien
tufaceous limestone	Kalktuff *(m)*	toba *(f)* calcárea	tuf *(m)* calcaire
limit *(s)* boundary of a claim	Grenze, Markscheide *(f)*	linde *(m)* de una concession minèra	borne *(f)* d'une mine
Limonite see Iron Ores			
limp *(s)* (ore-dressing)	Kiste, Krücke *(f)*	batidor *(m)*	râble *(m)*

English	German	Spanish	French
Linarite see Lead Ores			
line (s)	Linie (f)	línea (f)	ligne (f)
— of the bottom of a basin	Muldenlinie (f)	direccion de una cuenca	— du bassin
— of dip	Falllinie (f)	tendido. buzamiento (m)	— de l'inclinaison
— { of direction	Streichungslinie (f)	rumbo (m), direccion (f)	— de direction
— { of strike			
— of direction of a saddle	Sattellinie (f)	direccion de la silla de una capa	— de la selle d'une couche
— (v. a) (met.)	ausfüttern	revestir	revêtir
— a borehole with tubes	verröhren (eines Bohrloches)	entubar un barreno de sondeo	munir un trou de sondage de tubes
— with cement	mit Cement verkleiden	cementar	cimenter
— with lead	verbleien	ferrar en plomo	garnir de plomb
lining (s)	Futter (n)	revestimiento	revêtement (m)
— wall of a furnace	Kernschacht (m)	— del alto horno	— du haut fourneau
link of a chain	Kettenglied (n)	eslabon (m) de cadena	maille (f) d'une chaîne
link-motion	Coulissensteuerung (f)	distribucion por colisas	distribution par coulisses
liquate (v. a) (met.)	saigern	licuar	liquater
liquation (s)	Saigern (n)	licuacion (f)	liquation (f)
— hearth	Saigerherd (m)	horno de licuacion	fourneau de liquation
— lead	Saigerblei (m)	plomo de —	plomb de —
— litharge	Saigerglätte (f)	litarga de —	litharges de —
liquid (adj)	flüssig	líquido	liquide
litharge (s)	Bleiglätte, Glätte (f)	litarga (f), secante (m), litargirio (m)	litharge (f)
lithium (s) [L]	Lithium (n)	litio (m)	lithium (m)
litmus	Lackmus (m)	tornasol, girasol (m)	tournesol
litmus paper	Lackmuspapier (n)	papel de { tornasol girasol	papier de tournesol
litre (s)	Liter (n)	litro (m)	litre (m)
lixiviate (v. a), leach	laugen, auslaugen	lejivar	lessiver
lixiviation (s), extraction, leaching	Laugung (f), Auslaugen (n). Extraction (f)	lejivacion (f), extraccion (f)	lessivage (m), extraction (f)
ores for leaching	Lauggut (n)	material por la lejivacion	matières à lessiver
lixiviating-plant, extraction-works	Lauganstalt (f), Laugerei (f), Laughütte (f), Extractionsanstalt (f)	fábrica de lejivacion	atelier (m) de lessivage
lixiviating-vat	Laugbottich (m)	tina (f) de lejivacion	cuve (f) } de lessivage bac (m)
load (s)	Ladung (f), Last	carga (f)	charge (f)
loader (s) (Ming.) on the pit bottom	Füller (m), Anschläger beim Abteufen	minero cargadero, enganchador (m)	acrocheur (m)
loading (s) (Ming.)	Einfüllen (n), Laden (n)	cargamiento (m)	chargement (m)
—, plat	Füllort (n)	punto de enganche (m), anchuron (m)	place (f) de chargement
loam (s)	Lehm (m), Ziegelerde (f)	arcilla (f) margosa	limon (m)
— pit	Lehmgrube (f)	mina (f) de arcilla	minière (f) de limon
locate (v. a) claims	muthen, Muthung einlegen	poner un registro, solicitar una concession, denunciar (Mexico)	demander en concession
lock see sluice			
locksmith (s)	Schlosser (m)	cerajero (m)	serrurier (m)
locksmith's shop	Schlosserei, Schlosserwerkstätte (f)	taller de cerajeria	atelier (m) de serrurerie
locksmith's work	Schlosserarbeit (f)	cerajeria	serrurerie (f)
locomobile (s)	Lokomobile (f)	locomóvil (m)	locomobile (f)
locomotive (s)	Lokomotive (f)	locomótora (f)	locomotive (f)
lode (s)	Erzgang (m)	filon (m)	filon (m)
body of a lode	Gangkörper (m)	cuerpo (m) de filon	corps (m) de filon
character { of a lode	Gangverhalten (n)	carácter (m) de un filon	nature (f) d'un filon
nature {			
group of lodes	Gangzug (m), Gang[gruppe (f)	agrupacion { de filones sistema {	système (m) d'un filon

English	German	Spanish	French
lode (see pag. 63)			
intersection of lodes	Gangkreuz (n)	cruzamiento(m)de filones	croisement de filons
junction of lodes	Gangschaarung (f), Schaarkreuz (n)	reunion de filones	réunion de filons
splitting into branches of a lode	Gangzertrümmerung (f)	ramificacion(f)de un filon	embranchement (m), ramification d'un filon
lode stuff	Gangmasse (f)	relleno (m) de un filon	remplissage(m)d'un filon
Loes (s) (Geol.) (loam)	Löss(m), Lehm	arcilla (f) margosa	loess, limon (m)
Loellingit s. arsenic ores			
loop (s) (met.)	Luppe, Eisenluppe (f)	masa (f) de hierro bruto	loupe (f) de fer
lose (v. n) (rights)	verfallen	caducar	se perdre
loss (s)	Verlust (m), Abgang	perdida (f)	perte (f)
lubricate (v. a)	schmieren	engrasar	engraisser
lubrication (s)	Schmierung (f)	engrasadura (f)	graissage (m)
lubricator	Schmiervorrichtung (f)	engrasador (m)	appareil (m) de graissage
lump see loop			
lustre (s) (Min.)	Glanz (m)	brillo (m), lustre (m)	éclat (m)
admantine —	Diamantglanz (m)	brillo diamantino	— de diamant
greasy —	Fettglanz (m)	brillo (m) craso	éclat (m) gras
metalic —	Metallglanz (m)	— metálico	— métallique
pearly —	Perlmutterglanz (m)	— anacarado	— de nacre
resinous —	Harzglanz (m)	— resinoso	— résineux
silky —	Seidenglanz (m)	— sedoso	— soyeux
vitreous —	Glasglanz (m)	— vítreo	— vitreux
wax —	Wachsglanz (m)	— céreo	— de cire
lye (s)	Lauge (f)	lejia (f)	lessive (f)
mother lye	Mutterlauge (f)	lejia (f) \ madre água /	lessive (f) \ mère eau /

M.

English	German	Spanish	French
machine (s)	Maschine (f)	máquina (f)	machine (f)
see also engine			
blowing- } machine engine	Gebläsemaschine (f)	— sopladora (f)	— soufflante
boring-machine	Bohrmaschine (f)	— de taladro, perforadora (f)	perforatorice (f)
brick-making —	Ziegelmaschine (f)	— para hacer ladrillos	— à briques
coal-cutting —	Schrämmaschine (f)	socavadora (f)	— à entailler, haveuse [(f)
jigging — see jigger			
tool-machine, machine-tool	Werkzeugmaschine (f)	— herramienta	— à outils
machine engineer (s)	Maschineningenieur (m)	engeniero de maquinaria	ingénieur mécanicien
machinery (s)	Maschinerie (f), Mechanismus (m)	maquinaria (f)	machinerie (f)
magistral (Patio)	Magistral (m)	magistral (m)	magistral (m)
magnesia see magnesium			
- light	Magnesiumlicht (n)	luz (f) magnésica	lumière (f) magnésique
Magnesian limestone formation (s)	Permformation (f)	formacion (f) permiana	formation (f) permienne
Magnesium (s) [Mg]	Magnesium (n)	magnésio (m)	magnésium (m)
oxide of — [Mg O] magnesia	Magnesiumoxyd (n), Magnesia, Bittererde, Talkerde (f)	óxido (m) de magnésio, magnésia (f)	oxyde (m) de magnésium, magnésie (f)
sulphate of — [Mg SO₄ + 7 H₂O] bittersalt	Schwefelsaure Magnesia (f) Bittersalz (n)	sulfato (m) de magnésia, sal amarga (f)	sulfate de magnésie, sel (m) amer
carbonate of magnesia [Mg CO₃]	Kohlensaure Magnesia (f)	carbonato (m) de magnésia	carbonate (m) de magnésie
phosphate of magnesia [Mg H PO₄]	Phosphorsaure Magnesia (f)	foafato (m) de magnésia	phosphate de magnésium

English	German	Spanish	French
Magnesium (see p. 64) chloride of magnesium [Mg Cl₂]	Chlormagnesium (n)	cloruro de magnésio	chlorure de magnésium
bromide of magnesium [Mg Br₂]	Brommagnesium (n)	bromuro de magnésio	bromure de magnésium
Magnesite (s) (Min.) [Mg CO₃]	Magnesit (m)	magnesita (f)	magnésite₁ (f)
Magnet (s)	Magnet (m)	iman (m)	aimant (m)
electro-magnet	Elektromagnet (m)	electro-iman	électro-aimant
magnetic (adj)	magnetisch	magnético	magnétique
— iron stone, Magnetite [Fe₃ O₄]	Magneteisenstein, Magnetit (m)	hierro magnético, magnetita (f)	fer (m) magnétique, magnétite (f)
— needle (s)	Magnetnadel (f)	aguja (f) { magnética imanada	aiguille (f) de boussole
— { pyrites, Magneto-pyrites, Pyrrho-tite [Fe₇ S₈]	Magnetkies, Leberkies (m)	pirotina, pirita magné-tica, mena hepática	pyrite magnétique, mine (f) hépatique
Magnetism (s)	Magnetismus (m)	magnetismo (m)	magnétisme (m)
magnifier (s)	Lupe (f), Vergrösserungs-glas (n)	cristal (m) de aumento	loupe (f)
main (s)	Leitung (f)	conducto (m)	conduit (m)
— rods of pump	Kunstgestänge (n)	tirante maéstro (m)	maitresse-tige (f)
steam-main	Dampfleitung (f)	conducto de vapor	conduit (m) de vapeur
water-main	Wasserleitung (f)	conducto de água	conduit (m) d'eau
maintenance (s)	Instandhaltung	manutencion (f)	maintien (m)
make (v. a)	machen	hacer	faire
— flowing the litharge	die Glätte abziehen	hacer la colada de la litarga	faire la coulée de la litharge
— tight with wooden wedges	pikotiren	hacer impermeable la entibacion por cuñitas de matera, picotar	picoter
making, widening of a lode	Bauch (m) in einem Gange	ensanchamiento (m) de un filon	ventre (m) d'un filon
Malachite see Copper ores			
malleability (s)	Hämmerbarkeit (f), Schmiedbarkeit	maleabilidad (f), docilidad (Mexico)	malléabilité (f)
malleable (adj)	hämmerbar, schmiedbar	maleable, dócil (Mexico)	malléable
mallet (s)	Holzhammer (m) [(hölzerner)]	mazo (m) de madera	marteau (m) en bois
man (s)	Mann (m)	hombre (m)	home (m)
barrow —	Schubkarrenläufer (m)	trabajador que trasporte con carrillos de mano	ouvrier à la brouette
fire —, stoker	Heizer (m)	fogonero (m)	chauffeur (m)
mill-man	Pochwerksarbeiter (m)	trabajador de un bocarte	ouvrier d'un atelier de bocardage
windlass-man	Haspelzieher (m)	trabajador al torno	ouvrier au treuil
man-engine	Fahrkunst (f)	escalas (f) móbiles	échelles (f. pl) mobiles
— hole (of a boiler)	Mannloch (n)	puerta (f) de entrada de una caldera	trou (m) d'homme d'une chaudière
management (s)	Handhabung (f) Leitung (f)	manejo (m) administracion (f)	manette (f) administration (f)
manager (s)	Leiter, Director (m)	director (m)	directeur (m)
Manganese (s) [Mn]	Mangan (m)	manganeso (m)	manganèse (m)
protoxide of — [Mn O]	— oxydul (n)	protóxido de —	protoxyde de —
sesquioxide of — [Mn₂ O₃]	— oxyd (n)	deutóxido } de — sesquióxido {	deutoxyde } de — sesquioxyde {
peroxide } of — binoxide { [Mn O₂]	— superoxyd (n)	peróxido de —	peróxyde de —
manganic acid [Mn O₃]	— säure (f)	ácido mangánico	acide (m) manganésique
permanganic acid [Mn₂ O₇]	Uebermangansäure (f)	ácido { oximangánico hypermangánico	acide { oximanganique hypermanga-nésique
sulphide of — [Mn S]	Schwefelmangan	súlfuro de manganeso	sulfure (m) de manganèse

5

English	German	Spanish	French
Manganese (see pag. 66) sulphate of — [Mn $SO_4 + 7H_2O$]	Mangansulfat, Schwefelsaure Manganoxydul (n)	sulfato (m) de manganeso	sulfate de manganèse
carbonate of—[Mn CO_3] chloride of — [Mn Cl_2]	Mangancarbonat Kohlensaure Manganoxydul, Manganchlorür (n)	carbonato (m) de — protocloruro de —	carbonate (m) de — protoclorure de —
Manganese Ores Wad, Bog Manganese, Earthy Ochre of Manganese [$Mn_2O_3 + H_2O$]	Manganerze Manganschaum,Braunit, Manganit (m), Wad	minerales de manganeso acerdesa (f), wad (m), manganita, braunita (f)	minerais de manganèse acerdèse (f), wad (m), manganite, braunite (f)
Pyrolusite, Black Wad [Mn O_2]	Braunstein, Pyrolusit (n)	manganesa negra, pirolusite (f)	pyrolusite (f)
Hausmannite [Mn_3O_4]	Hausmannit (m)	hausmannita (f)	hausmannite (f)
Alabandite } [Mn S] Alabandine }	Manganglanz (m), Manganblende (f), Alabandin (m)	blenda de manganeso, alabandina (f)	alabandine (f)
Hauerite [Mn S_2]	Mangankies (m), Hauerit	pirita (f) de manganeso, hauerita (f)	pyrite (f) de manganèse, hauérite (f)
Dialogite [Mn] Rhodochrosite [CO_3] (m)	Dialogit, Manganspath	espato de manganeso (m), dialogita (f)	dialogite (f)l
Psilomelane } KO Black Iron } Mn O Ore } Ba O + [2 Mn O + H_2O]	Psilomelan (m)	psilomelana (f)	psilomélane (f)
Rhodonite [Mn Si O_3]	Rhodonit (m)	rodonita (f)	rodonite (f)
manganesian (adj)	manganhaltig	manganésico	manganésique
manganesiferous (adj)	manganhaltig	manganesifero	manganésifère
manometer (s)	Manometer (n)	manómetro (m)	manomètre (m)
manufactory (s)	Fabrik (f)	fábrica (f)	fabrique (f)
manufacture (s) —	Fabrikat (n) Fabrikant (m)	articulo de fábrica fabricante	article de fabrique fabricant (m)
map (s) geological —	Karte (f) Geologische Karte (f)	mapa (m) — geológico (m)	carte (f) — geologique
marble (s)	Marmor (m)	mármol (m)	marbre (m)
— cutter	Marmorschneider (m)	cortador de —	coupeur de —
— cutting-works	— schneiderei (f)	fábrica de asserar el —	scierie (f) de —
— polisher	— schleifer (m)	pulimentador de —	polisseur de —
— polishing	— schleifen (n)	pulimentacion de —	polissage de —
— works	— schleiferei (f)	taller de pulimentar el —	atelier de polissage de —
— quarry	— bruch (m)	cantera (f) de mármol	carrière de —, marbrière (f)
— workman	— arbeiter (m)	marmolista	marbré
marbled (adj)	marmorirt	marmorado	marbrière (m)
Markasite see Iron Ores			
mark (s)	Marke (f)	marca (f)	marque (f)
trade-mark	Fabriksmarke	— de fábrica	— de fabrique
mark (s)	Stufe (f), Zeichen (n)	marca, señal (f), machote (Mexico)	— d'arpenteur
water-mark	Wasserstandszeichen (n)	indicador del nivel de água	indicateur (m) de niveau
mark of gold — (v. a) the limits of a claim	Mark (f) (Gold) verlochsteinen, die Markscheiden eines Feldes versteinen	marco (m) de oro amojonar	marc (m) d'or mettre les bornes d'une concession minière
market (s) — lead	Markt (m), Metall — Handelsblei	mercado (m) plomo del —	marché (m) plomb du —
— price	Marktwerth	précio { segun el mercado, corriente	valeur (f) marchande
— produce	Marktwaare	producto mercantil	produit (m) marchand
marking the limits of a claim	Verlochsteinung (f)	amojonamiento (m)	mise (f) des bornes d'une mine

English	German	Spanish	French
markstone, cornerstone	Lochstein, Grenzstein, Schnurstein (m)	mojon (m), mojonera (Mexico)	borne (f)
marl (s)	Mergel (m)	marga (f)	marne (f)
argillaceous —	Thonmergel (m)	— arcillosa	— argilleuse
bituminous —	Stinkmergel (m)	— bituminosa	— bitumineuse
calcareous —	Kalkmergel (m)	— calcárea	— calcaire
saliferous marls, keuper, variegated —	Keuperformation (f)	keuper (m)	formation (f) keuprique
slaty marl, marlslate	Mergelschiefer (m)	— pizarrosa	— schisteuse
marly (adj)	mergelig	margoso	marneux
Marsh ore see Iron Ores			
mason (s), bricklayer	Maurer (m)	albañil (m)	maçon (m)
masonry	Mauerwerk (n)	mamposteria (f), cal y canto(m)(Mexico)	maçonnerie (f)
mass (s)	Masse (f)	masa (f)	masse (f)
isolated — of ore in a lode	Erzmittel (m)	— aislada de mineral en un filon	amas de minerai isolé dans une partie stérile
lenticular —	Erzlinse (f)	lenteja (f) de mineral	lentille (f) de minerai
Massicot	Bleiglätte (f), Massicot	litargirio (m)	litharge(f), massicot (m)
master (s)	Meister (m)	maestro (m)	maître (m)
— of (v. a) water	wältigen (von Wasser)	dominar (las águas)	dominer (les eaux)
material (s), matter	Material (n), Stoff (m)	material (m)	matérial
combustible —	Brennmaterial (n)	combustible (m)	combustible
raw —	Rohstoff (m)	materia (f) cruda	matière (f) crue
matrass (s) (chem.)	Kolben (m)	matras (m)	matrass (m)
matrice, matrix	Matrize (f)	matriz (m)	matrice (f)
matrix (of lodes)	Muttergestein (n)	roca madre, matrix (f)	roche mère, matrix (f)
matte (s) (met.)	Stein (m)	mata (f)	matte (f)
— of lead	Bleistein (m)	— de plomo	— de plomb
— of copper	Kupferstein	— de cobre	— de cuivre
raw matt	Rohstein, Lech (m)	— cruda (f)	— crue
matter (s) see material			
Meadow Ore see Iron Ores			
meagre (adj)	mager, trocken	seco, magro	maigre
measure (s)	Maass (n)	mensura (f)	mesure (f)
— (v. a)	messen, ausmessen	medir	mesurer
measuring (s)	Messen (n), Messung (f)	medicion (f)	mesure (f)
— chain	Messkette (f)	cadena (f) para medir	chaîne (f) d'arpentage
— tape	Messband, Bandmaass(n)	cinta (f) para medir	mesure (f) en ruban
mechanic (adj), mechanical	mechanisch	mecánico	mécanique
mechanics (pl. s)	Mechanik (f)	mecánica (f)	mécanique (f)
mechanician (s)	Mechaniker (m)	mecánico (m)	mécanicien (m)
mechanisme (s)	Mechanismus (m)	mecanismo (m)	mécanisme (m)
Meerschaum s. Sea-fram			
meeting (s) (Ming.)	Wechsel (m), Weiche (f)	cambio (m) de viva	évitement (m)
Melanterite see Iron Ores			
Melaphyre (s) (Geogn.)	Melaphyr (m)	melafiro (m)	mélaphyre (m)
melt (v. a)	schmelzen	fundir	fondre
melting (s)	Schmelzen (n)	fundicion (f)	fonte (f)
Mercury (s) quicksilver } [Hg]	Quecksilber (n)	mercúrio, azogue (m)	mercure, vif-argent (m)
protoxide of —, mercurous oxide [Hg₂O]	— oxydul (n)	protóxido de —	protoxyde de —
peroxide of —, mercuricoxide } [HgO]	— oxyd (n)	óxido de —	oxyde de —
chloride of — [HgCl]	— chlorür (n)	subcloruro de —	souschlorure de —
bichloride of — [HgCl₂]	— chlorid (n), Aetzsublimat (n)	deutocloruro de —, sublimado corosivo	deutochlorure de —, sublimé corrosif
protosulphide of — [Hg₂S]	— sulfür (n)	protosúlfuro (m) de —	protosulfure de —
sulphide of — [HgS]	— sulfid (n)	súlfuro de —	sulfure de —

5*

English	German	Spanish	French
Mercury (see pag. 67) mercurous nitrate [Hg₂ N₂ O₆]	Salpetersaure Queck-silberoxydul	protonitrato de mercúrio	protonitrate de mercure
sulfate of — [HgSO₄]	Schwefelsaure — oxyd (n)	sulfato de —	sulfate de —
Mercury Ores	Quecksilbererze	minerales de mercúrio	minerais de mercure
Native Mercury [Hg]	Gediegene Quecksilber, Merkur (n)	mercúrio (m) nativo	mercure (m) natif
Calomel, Horn Mercury, Horn Quicksilver [Hg Cl]	Quecksilberhornerz (n), Calomel (m)	calomelanos (m), mercúrio { córneo dulce	calomel
Cinnabar (s) [Hg S]	Zinnober (m)	cinábrio(m), cinabarita(f)	cinabre
addition of mercury (in the Patioprocess)	Quecksilberzusatz (m)	incórporo	ouvrage (m) d'ajouter le mercure à la tourte
mercury flask	Flasche mit Quecksilber (f)	frasco [34,507 kg Hg]	bouteille contenant du mercure
mesh (s)	Masche (f) (eines Siebes)	malla (f) de una criba	maille (f) d'un crible
Mesolite (Min.)	Mesolith (m)	mesolita (f)	mésolithe (f)
mesozoic (adj) (Geol.)	mezozoisch	mesozóico	mésozoïque
metal (s)	Metall (n)	metal (m)	métal (m)
noble —	Edelmetall (n)	— noble	métal noble
metal worker (s)	Metallarbeiter (m)	metalário (m)	ouvrier (m) en métaux
metallic, metallical (adj)	metallisch	metálico	métallique
— colour	Metallfarbe	color (m) de { bronce metal	couleur (f) de métal
— lustre see lustre			
metalliferous (adj)	metallhaltig, erzführend	metalífero, metalizado	métallifère, metallisé
— mine	Erzgrube (f)	mina (f) (metalífera), minera	mine (f), minière (f)
— lodes, veines	Erzgänge (m. pl)	vetas metalizadas, filones metalíferos	filons metallisés
metalliform (adj)	metallartig	metaliforme	métalliforme
metalline (adj)	metallisch	metalino, metálico	métallique
metallist (s), metall-worker (s)	Metallarbeiter (m)	metalista (f), metalário (m)	ouvrier (m) en métaux
metalloid (s)	Metalloid (n)	metaloid (m)	métalloïde (m)
metallurgic (adj), [metallurgical	metallurgisch	metalúrgico	métallurgique
metallurgist (s)	Hüttenmann, Metallurg	metalurgista (m)	métallurgiste (m)
— of iron, siderurgist iron maker	Eisenhüttenmann (m)	siderurgista (m)	sidérurgiste (m)
metallurgy (s)	Hüttenkunde (f), Metallurgie	metalurgia (f)	métallurgie (m)
— of iron	Eisenhüttenkunde (f)	siderurgia (f)	sidérurgie (f)
metamorphic (adj)	metamorphisch	metamórfico	métamorphique
metamorphose (v. n)	sich verwandeln	metamorfosearse	se metamorfoser
meteoric (adj)	meteorisch	meteórico	météorique
— agencies	Atmosphärilien (n. pl)	agentes (m. pl) atmosféricos	agents (m. pl) atmosphériques
— iron	Meteoreisen (n)	hierro meteórico	fer météorique
— stone, meteorolite	Meteorstein (m), Meteorolith (m)	piedra meteórica, meteorolita (f)	pierre (f) météorique, météorolithe (f)
method	Methode	método (m)	méthode (f)
metre (s)	Meter (n)	metro (m)	mètre (m)
cubic —	Kubikmeter (n), Raummeter (n)	— cúbico	— cubique
mruning —	Laufende Meter (n)	— lineal	— courant
square —	Quadratmeter (n)	— cuadrado	— carré
etric (adj)	metrisch	métrico	métrique
— quintal	Meterzentner (m)	quintal métrico	quintal métrique
Miargyrite (s) (Min.) see Silver Ores			
mica (s) (Min.)	Glimmer (m), Katzengold, Katzensilber (n)	mica (f)	mica (m)

English	German	Spanish	French
mica (see pag. 68)			
— slate (Geol.), — schist, micaceous schist	Glimmerschiefer *(m)*	micasita *(f)*, pizarra [micácea	micashiste *(m)*, schiste micacó
microcosmic salt *(s)*	Phosphorsalz *(n)*	sal *(f)* de fosforo	sel *(m)* de phosphore
micrometre *(s)*	Mikrometer *(n)*	micrómetro *(m)*	micromètre *(m)*
microscope *(s)*	Mikroskop *(n)*	microscópio *(m)*	microscope *(m)*
mile *(s)*	Meile *(f)*	milla, légua *(f)*	mille *(f)*
milk *(s)*	Milch *(f)*	leche *(f)*	lait *(m)*
lime-milk, slacked-lime	Kalkmilch	leche de cal	lait de chaux
mill *(s)*	Mühle *(f)*, Walzwerk *(n)*	molino *(m)*, moledora *(f)*	moulin *(m)*
amalgamating —, amalgamator *(s)*	Quickmuhle *(f)*, Amalgamator *(m)*	amalgamador *(m)*	amalgamateur *(m)*, moulin *(m)* d'or
crushing-mill, grinder	Walzwerk, Quetschwerk *(n)*	cilindros *(m. pl)* de [machacar	cylindres broyeurs
chilian —	Kollergang *(m)*	molino chileno, pison, trapiche	moulin *(m)* à trainard
mexican —	Mexikanischer Kollergang *(m)*	molino *(m)* de arrastra, arrastra *(f)*, tahona *(f)*	moulin mexicain *(m)*, arrastra *(f)*
grinding-mill see [crushing mill			
oil-mill *(s)*	Oelmühle *(f)*	molino *(m)* de aceite	moulin *(m)* à huile
ore-mill *(s)*	Erzmühle *(f)*	— de mineral	— à minerais
rolling-mill (met.)	Walzwerk *(n)*, Streckwerk	laminador *(m)*	laminoir *(m)*
saw-mill	Sägemühle *(f)*	molino *(m)* de asserar	scierie *(f)*
stamp-mill *(s)*	Stampfwerk *(n)*, Pochwerk	bocarte *(m)*	bocard *(m)*
steam-mill	Dampfmühle *(f)*	molino de vapor	moulin à vapeur
water-mill *(s)*	Wassermühle *(f)*	molino *(m)* de água, aceña *(f)*	moulin *(m)* mu d'eau
wind-mill	Windmühle *(f)*	molino *(m)* de viento	moulin *(m)* à vent
mill-man (Ming.)	Pochknecht *(m)*	maestro del bocarte	chef *(m)* de batterie
mill-stone, uper mill stone	Mahlstein *(m)*, Läufer, Mühlstein	muela, voladora *(f)*	meule *(f)* courante. [trainard *(m)*
millstone grit (Geol.)	Mühlstein *(m)*, Mühlensandstein	piedra *(f)* } de molino de moleña	quarz meulière
Millerite see Nickel Ores			
milligramme *(s)*	Milligramm *(n)*	milígramo *(m)*	milligramme *(m)*
millimetre *(s)*	Millimeter *(n)*	milimetro *(m)*	millimètre *(m)*
Mine *(s)*	Erz *(n)*	mena *(f)*	mine *(f)*
—, pit, mining-[etablishment	Grube *(f)*, Bergwerk *(n)*, Zeche *(f)*	mina *(f)*	mine *(f)*
iron-mine	Eisenerzbergwerk *(n)*	mina *(f)* de hierro, minera *(f)* de hierro	minière *(f)* de fer, [mine *(f)* de fer
iron-mine, iron-ore	Eisenerz *(n)*	mena *(f)* de hierro, mineral de hierro	mine de fer, minerai de fer
— *(v. a)* out the ore	das Erz verhauen, abbauen	explotar el mineral	exploiter le minerai
— owner	Bergwerksbesitzer *(m)*	proprietário de minas	propriétaire de mine
coal-mine, colliery	Kohlengrube, Kohlenzeche *(f)*	carbonera *(f)*, hullera *(f)*	charbonnière *(f)*, houillère *(f)*
metaliferous-mine	Erzgrube *(f)*	mina *(f)* (metalifera)	mine *(f)* (metallifère)
mine draining	Wasserlösung *(f)*	desagüe	écoulement *(m)* } des épuisement } eaux
miner *(s)*	Bergmann *(m)*, Berg-[knappe	minero *(m)*	mineur *(m)*
coal-miner, collier	Steinkohlenbergmann	hullero *(m)*	houilleur *(m)*
placer-miner	Goldwäscher *(m)* in Goldseifen	lavador de aluviones [auriferos	laveur *(m)* des alluvions: aurifères
miner's compass	Grubenkompass, Hängekompass *(m)*	brújula *(f)* del minero — colgante	boussole *(f)* de mineur
miner's hammer	Handfäustel *(n)*	martillo *(m)* minero	marteau *(m)* de mineur

English	German	Spanish	French
miner's impletements	Gezähe (n)	herramientas (f. pl) del minero	outils (m. pl) de mineur
miner's lamp	Grubenlampe (f)	lámpara (f) de minas, candil (m)	lampe (f) de mineur
miner's level	Gradbogen (m)	semi-círculo graduado del minero	demi-cercle (m) gradué
miner's leathers apron	Leder (n), Arschleder	delantal del minero, para (f) (Mexico)	tablier (m) { des mineurs / de bure
miner's songs	Bergreigen (m. pl)	canciones (f. pl) mineras	chansons (m. pl) de [mineurs
mineral (adj)	mineralisch	mineral	minéral
— (s)	Mineral (m)	mineral (m)	minéral (m)
mineralised (adj)	erzhaltig, erzführend	mineralisado	mineralisé
mineralogist (s)	Mineraloge (m)	mineralogista (m)	minéralogiste (m)
mineralogy (s)	Mineralogie (f)	mineralogia (f)	minéralogie (f)
mining (s), mining-industry	Bergwesen (n), Bergbau (m)	mineria (f)	exploitation minière (f)
— academy, — college	Bergakademie (f)	escuela (f) de minas	école supérieure des [mines
— company	Gewerkschaft (f)	sociedad especial minera	société de mine
— { concession / claim	Verleibung (f), Grubenfeld (n),Grubenmaass	pertenencia } minera / concesion }	concession (f) de mine
— district	Grubendistrict (m), Grubenrevier (n)	districto (m) minero, comarca (f) minera	district (m) de mines
— engineer (s)	Bergingenieur (m)	ingeniero (m) de minas	ingénieur (m) de mines
— industry	Montanindustrie, Bergwerksindustrie (f)	mineria (f)	industrie (f) minière
— property	Bergwerksbesitz (m)	propriedad minera (f)	propriété (f) minière
— rights	Bergrecht (n)	derecho (m) de minas	droit (m) des mines
— tools, implements	Gezähe (n), Gezeug (n)	herramientas (f. pl) de los mineros	outils (m.pl) } des / outillage (m) } mineurs
minium [Pb$_3$O$_4$]	Mennige (f)	minio, miñon (m)	minium (m)
miocene period (Geol.)	Miocänformation (f)	formacion (f) miocena	formation (f) miocène
Mispickle s. arsenic ores			
miss (r. a) a lode	sich verfahren, den Gang verlieren	avanzar } una labor en colar } direction falsa	creuser un travail en direction fausse
mix (v. a) the ores	gattiren	mezclar los minerales	mêler les minerais pour la fusion
— (v. a) ores and fluxes	möllern	— minerales y fundentes	mêler les minerais avec les fondants
mixing (s) (met) of ores	Gattirung (f)	mezcla (f) de los minerales	mélange (f) de minerais
— of ores and fluxes	Möllerung (f)	— de los minerales y fundentes	— des minerais et fondants
— with the shovel [(Patio)	Umschaufeln (m) der Torta	traspaleo de la torta	ramassement à la pelle de la tourte
mixture (s)	Mischung (f), Gemenge [(n)	mixtura (f)	mélange (f), mixture (f)
moisten see wat			
moisture (s)	Nässegehalt (m) (der Kohlen etc.)	contenido (m) de água	teneur (f) d'eau
molasses (s) (Geol.)	Molasse (f)	molasa (f)	molasse (f)
molecularic weight	Molekulargewicht (n)	peso molecular (m)	poids (m) moléculaire
molecule (s)	Molekül (n)	molecula (f)	molécule (f)
molybdate (s)	molybdänsaure Salz (n)	molibdato (m)	molybdate (m)
Molybdenum (s) [Mo]	Molybdän (m)	molibdeno (m)	molybdène (m)
molybdenic acid [MoO$_3$]	Molybdänsäure (f)	ácido molíbdico (m)	acide (m) molybdique
Molybdenite [MoS$_2$]	Molybdänglanz (m)	molibdenita (f)	molybdénite (f)
molybdic (adj)	molybdänsauer	molíbdico	molybdique
moor (s) of ore	Erzmittel (n)	masa aislada de mineral	masse (f) isolée de minerai
turf-moor	Torfmoor (n)	turbal (m)	tourbière (f)
mortar (s)	Mörtel (m), Speise (f)	mortero (m), mezcla (f), argamasa (f) (de cal y arena)	mortier (à chaux et sable)

English	German	Spanish	French
mortar (see pag. 70)			
— (chem.)	Mörser (m), Reibeschaale (f)	mortero (m)	mortier (m)
— of a stamp-mill, mortar box	Pochtrog (m), Lade (f)	caja (f) de trituracion del bocarte	mortier du bocard
moss-box (Ming.)	Moosbüchse (f) zum Abdichten eiserner Senkschächte	caja (f) de musgo	boîte (f) à mousse
motherlye (s) (chem.)	Mutterlauge (f)	lejia (f) madre	lessive (f) mère
mother of pearl	Perlmutter (f)	madre perla (f)	mère perle (f)
pearly lustre	Perlmutterglanz (m)	nacar (m)	éclat (m) nacré
motion see movement			
motor (s)	Motor (m), Antriebsmaschine (f)	motor (m)	moteur (m)
mould (s) (met.)	Form (f), Gussform (f)	molde (m)	moule (m)
— (s) (assaying)	Nonne (f) (zum Schlagen der Kapellen)	hembra (f) (para hacer las copelas de ensayo)	moule (f), matrice (f) à coupelles
— (v. a) (met.)	formen	moldear	mouler
moulding (s)	Formen (n)	moldeado (m)	moulage (m)
— house	Formerei (f)	taller de moldeado	atelier (m) de moulage
mounds (s. pl) (met.), stalls	Stadeln (f), Röststadeln	muros (m. pl) para la calcinacion al aire libre	aires murées (f. pl) de calcinage
mountain- { blue green } see			
copper ores			
— crystal	Bergkrystall	cristal de roca	crystal (m) de roche
— leather (Min.) see Asbestus			
— limestone see limestone			
mouth (s) of adit	Stollnmundloch (n)	boca mina (f)	embouchure (f) d'une galérie
—, trop of a furnace	Gicht, Gichtöffnung (f)	cargadero (m) de un horno	gueulard (m) d'un fourneau
pit's mouth	Schachtmündung (f) an der Tagesoberfläche	boca (f) del pozo	embouchure (f) d'un puits
movable (adj)	beweglich	móvil	mobile
move (v. a)	treiben, bewegen	mover	mouvoir
— by water	durch Wasser transportiren	arrastrar	entraîner
movement, motion	Bewegung (f)	movimiento (m)	mouvement (m)
alternate —	hin und hergehende	— de ida y vuelta, — de vaiven	— alternatif, — de va-et-vient
oscillation of the pendulum	Pendelbewegung (f)	— del pendulo	à pendule
equable —	gleichförmige —	— uniforme	— uniforme
excentric —	excentrische —	— excéntrico	— excentrique
free faling —	freifallende —	— de libre caida	— de libre chute
link —	Umsteuerung (f)	cámbio (m) de distribucion	changement (m) de distribution
rolling —	rollende —	— movimiento rodador	— de roulement
rotary —	drehende —	— rotatório	{ de rotation rotatoire
shaking —	schüttelnde —	— { de propulsa, de vaiven	— à secousses
sliding —	gleitende —	— { delizamiento resbalamiento	— de glissement
valve —	Ventil-Steuerung (f)	— de valvulas	— à soupapes
moving- { power force	Betriebskraft (f)	fuerza (f) motriz	force (f) motrice
— water	Aufschlagewasser (n. pl), Kraftwasser	águas motrices	eaux (f. pl) motrices
muffle (s) (met.)	Muffel (f)	mufla (f)	moufle (m)
— furnace	Muffelofen (m)	horno de mufla (m)	four (m) à moufle

English	German	Spanish	French
muffle (see pag. 71) sole of the muffle	Muffelblatt (n), Muffel- sohle (f)	suelo (m) de la mufla	sole (f) du moufle
Muriacite (Min.)	Muriacit (m)	muriacita (f)	muriacite (f)
muriate (s) (chem.)	salzsaure Verbindung (f)	muriato (m)	muriate (f)
muriatic acid see chlorine			
Muscovite (s) (Min.)	Muskovit, Kaliglimmer (m)	muscovita (f)	muscovite (f)

N.

English	German	Spanish	French
Nagyagite, Foliated Tellurium (Min.)	Blättererz (n), Nagyagit (m)	nagyagita (f), teluro laminar, eslamosa (f)	tellure (m) auro-plombifère, nagyagite (f)
nail (s)	Nagel (m)	pua (f), clavo (m)	clou (m)
hook-nail (s)	Schienennagel (m)	escarpia (f)	crampon (m) barbelé
nail nippers	Nagelzieher (m), Beisszange (f)	desclavador (m)	tire-clou (m)
Naphta see Petroleum			
native (adj) of metals	gediegen, natürlich vorkommende Metalle	nativo, virgen	natif, vierge
Natrolite	Natrolith (n)	natrolita (f)	natrolite (f)
Natron see sodium			
natural size	Natürliche Grösse (f)	tamaño (m) natural	grandeur naturelle (f)
nature (s)	Natur (f)	naturaleza (f)	nature (f)
nave (s)	Nabe (f)	cubo (m)	moyeu (m)
— of a wheel	Radnabe (f)	— de rueda	moyeu (m) d'une roue
neal (v. a) (met.)	glühen, heissmachen	caldear, calentar	chauffer
needle (s), pricker	Räumnadel (f), Raumeisen (n), Schiessnadel (f)	espingueta (f)	épinglette, cure-trou (m), curette (f)
Needle-Ore, Aikinite, [aciculite	Nadelerz (n), Belonit (m)	aciculita (f), mineral (m) en agujas, belonita (f)	mine (f) en aiguilles, bélonite (f)
neocomian period (s)	Neocomformation	formacion neocomiana	formation néocomienne
neptunian (adj) (Geol.)	neptunisch, sedimentär, angeschwemmt	neptuniano	neptunien
netting see wire screen			
neutral (adj)	neutral	neutro	neutre
neutralisation (s)	Neutralisation (f)	neutralisacion (f)	neutralisation
neutralize (v. a)	neutralisiren	neutralizar	neutraliser
Niccolite see Nickel ores			
Nickel (s) [Ni]	Nickel (n)	niquel (m)	nickel (m), nikel
protoxide of — [Ni O]	— oyydul (n)	protóxido } subóxido } de —	oxydule } sousoxyde } de —
oxide of — [Ni₂ O₃]	— oxyd (n)	óxido de —	oxyde (m) } de — } nicolique
chloride of — [Ni Cl₂ + 6 H₂ O]	— chlorür (n)	cloruro de —	chlorure (m) de —
sulphate of - [Ni SO₄]	— sulfat, Schwefelsaure Nickeloxydul	sulfato de —	sulfate (m) de —
Nickel Ores	Nickelerze	minerales de niquel	minerais (m) de nickel
Millerite, Capillary Pyrites [Ni S]	Nickelkies, Haarkies, Millerit (m)	pirita (f) capilar, milerita	pyrite, capillaire (f), millérite
Nickel Glance [Ni As S]	Nickelglanz (m)	niquel } gris, brillante, disomosa (f)	nickel arsénio-sulfuré
Gersdorffite (s) [Ni {As₃ {S₃]	Nickelarsenikglanz, Gersdorffit (m)	gersdorffita (f)	gersdorffite (f)

English	German	Spanish	French
Nickel Ores (see p. 72)			
Ullmannite, Nickeliferous Gray Antimony $\left[\text{Ni}_2\left\{\begin{array}{l}\text{Sb}_3\\\text{S}_3\end{array}\right.\right]$	Nickelantimonglanz, Ullmannit (m)	niquel antimonial sulfurado, ullmannita (f)	antimoine sulfuré nickelifère
Niccolite, Copper Nickel, Arsenical Nickel [Ni As]	Rothnickelkies (m), Nickelin (n), Kupfernickel	pirita roja (f), [niquelina (f)	pyrite rouge (f), nickeline
Chloantite, Rammelsbergite (s) [Ni As₂]	Weissnickelkies (m), Chloantit	niquel arsenical blanco (m), cloantita (f)	nickel arsénical blanc (m), chloantite (f)
Nickel Green, Nickel-Ochre, Annabergite [Ni₃As₂O₈+8H₂O]	Nickelblüthe (f)	flores (f. pl) de niquel, ocre (m) de niquel	fleurs (f. pl) de nickel
nickeliferous (adj)	nickelhaltig	niquelifero	nickelifère
Niobium (s) [Nb]	Niobium (n)	nióbio (m)	niobium (m)
nippers (s)	Nagelzieher (m), Beisszange (f)	desclavador (m), [mordacilla (f)	tire-clou (m)
nipple of the blowpipe, blowpipe tip	Löthrohrspitze (f)	punta de platina del soplete	bout en platine du chalumeau
nitrate (s) (chem.), azotate	Salpetersaure Salz (n), Nitrat (n)	nitrato, azotato (m)	nitrate, azotate (m)
nitre see nitrogen			
nitric (adj)	salpetersauer	nítrico	nitrique
Nitrogen, azote (s) [N]	Stickstoff (m)	nitrógeno, ázoe (m)	nitrogène, azote (m)
nitric ⎱ acid [H N O₃] azotic ⎰	Sapetersäure (f)	ácido ⎰ nítrico ⎱ azótico	acide (m) ⎰ nitrique ⎱ azotique esprit (m) de nitre
aqua fortis [H N O₃] + x H₂ O	Scheidewasser (n)	água (f) fuerte	eau (f) forte
nitrous oxide, hyponitric acid [NO₂]	Untersalpetersäure (f)	óxido nitroso, ácido ⎰ hiponítrico ⎱ hipoazótico	oxyde nitreux (m), acide hypo- ⎰ nitrique ⎱ azotique
nitrous acid [H N O₂]	Salpetrige Säure (f)	ácido ⎰ nitroso ⎱ azotado	acide ⎰ nitreux ⎱ azoteux
hyponitrous acid, nitric oxide [N O]	Stickoxyd (n), Untersalpetrige Säure (f)	óxido nítrico (m) ácido hipo- ⎰ nitroso ⎱ azotado	oxyde nitrique, acide ⎰ nitreux hypo- ⎰ azoteux
nitre, salpeter [K N O₃]	Salpeter (m), Salpetersaure Kali (n)	salitre, nitro (m)	salpêtre, nitre (m)
nitrobenzole (s)	Nitrobenzol (n)	nitrobenzol (m)	nitrobenzole (f)
nitrogenous (adj)	stickstoffhaltig	nitrógeno	nitrogène
nitroglycerine (s)	Nitroglycerin (n), [Sprengöl	nitroglicerina (f)	nitroglycérine (f)
nitrous (adj)	salpetrig	nitroso, azotado	nitreux, azoteux
noble (adj) (of metals), precious	edel	noble, precioso	noble, précieux
nodular (adj)	nesterweise	nodular	par nids, nodulaire
nodule (s) of ore	Erzniere (f)	riñon (m) ⎰ bolsada (f) ⎰ de mineral	rognon (m) ⎰ poche (f) ⎰ de minerai
noria s. bucket elevator			
normal guage of rails (adj)	normalspurig	de ancho normal	à largeur normale
Nosite, Nosian (Min.)	Nosean (m)	noseana (f)	noséane (f)
notch (s)	Kerbe (f), Einschnitt (m) am Schraubenkopf	muesca (f)	encoche (f), coche
notice (s)	Notiz (f)	apunte (m)	note (f)
novaculite	Wetzschiefer (m)	novaculita (f)	novaculite (f)
nozzle (s) (met.)	Düse (f)	tobera (f)	tuyère (f)
nugget (s), gold —	Goldklumpen (m)	pepita (f) de oro	pepite (f) d'or
number of strokes	Tourenzahl, Hubzahl	numero de las vueltas ó golpes de un motor	tours (f. pl)
numulitic formation	Numulitenformation (f)	formacion (f) numulítica	formation (f) numulitique

English	German	Spanish	French
nuts (pl. s), nut coal	Nusskohle (f). Würfel-kohle	carbon } granado almendrilla galletas (f. pl)	gailletes (f. pl), gaille-tins (m. pl), carbon gailleteux, grêle (f)
nut, female screw	Schraubenmutter (f)	tuerca (f)	écrou (m)

O.

oak-wood (s)	Eichenholz (n)	roble (m), madera de encina	bois (m) de chène
observation (s) (survey.)	Beobachtung (f)	observacion (f)	observation (f)
Obsidian (Min.)	Obsidian (m)	obsidiana (f)	obsidienne (f)
occur (v. n) of lodes	auftreten, vorkommen von Lagerstätten	armar (de filones)	exister
Ochre, Yellow Earth	Ocker (m), Gelberde (f)	ocre, almagre (m), al-magra	ocre, ochre (m)
ochreous	ockerhaltig	ocroso	ocreux
odour (s)	Geruch (m)	olor (m)	odeur (m)
office (s)	Büreau (n), Kanzlei (f)	despacho (m), oficina (f)	bureau, comptoir (m)
officer (s)	Beamte (m)	empleado	employé (m)
ohm (s) (elect.)	Ohm (m)	ohm (m)	ohm (m)
oil (s)	Oel (n)	aceite (m)	huile (f)
— (v. a)	einölen, ölen	aceitar	huiler
engine —	Maschinenöl (n)	aceite (m) para maquinas	huile (f) à machines
linseed —	Leinöl (n)	aceite (m) de } lino linaza	huile (f) de lin
Mineral —, Petroleum, Naphtha	Mineralöl, Petroleum, Naphtha	aceite mineral, petróleo, nafta (f)	huile (f) minérale, pétrole (m), naphte (f)
neat's foot oil	Knochenöl, Klauenfett (n)	grasa (f) de uñas	huile de pieds de boeuf
rape seed oil	Rüböl (n)	aceite de } colsa nabo	huile (f) de rabette
oil-box	Schmierbüchse (f)	engrasador (m) para [aceite	boîte (f) à huile
oil-can	Oelkanne (f)	alcuza (f), aceitera (f)	godet à huile
oil-gas	Oelgas (n)	gas de aceite	gas de huile
oil-groove	Schmiernuth (f)	ranura de engrasar	rainure (f) de graissage
old workings (s. pl)	„Alte Mann" (m), alte Verhaue (m. pl)	minados (m. pl) antí-guos	anciens travaux de mine
olefiant gas see carbon			
oleic acid (s)	Oelsäure (f)	ácido oléico	acide (m) oléique
oligocen (Geol.) (adj)	oligocän	oligoceno	oligocène
Oligoclase (Min.)	Oligoclase (Min.)	oligoclasa (f)	oligoclase (f)	
Olivenite see Copper Ores			
Olivin (s) (Geol.)	Olivin (m)	olivino (m)	olivine (f)
onsetter (s) (Ming.)	Anschläger (m)	enganchador (m)	accrocheur (m)
Onyx (Min.)	Onyx (m)	onice, onix (m)	onyx (m)
Oolite (s)	Oolith (m)	oolita (f)	oolithe (m)
oolitic (adj)	oolithisch	oolítico	oolithique
opaceous, opaque (adj)	undurchsichtig	opaco	opaque
Opal (s) (Min.)	Opal (m)	ópalo (m)	opale (f)
Fire —	Feueropal (m)	— de fuego	— de feu
Menilite	Menilit (m)	menilita (f)	ménilite (f)
Precious —	Edelopal (m)	ópalo } noble precioso	opale noble
Semi —	Halbopal, Resinit (m)	semi —, resinita (f)	semi —, résinite (f)
Wood —	Holzopal (m)	ópalo leñoso, xilópalo	xylopale (f)
opalescence (s)	Opalisiren (n)	opalescencia (f)	opalescense (f)
open (v. a) a mine,	aufschliessen	descubrir un criadero	découvrir } une mine recouper
— up			
— with an auger	vorbohren	emboquillar	amorcer
opening see aperture			
ore (s) (Ming.)	Erz (n)	mineral (m), mena (f)	mine (f), minerai (m)

English	German	Spanish	French
ore (see pag. 74)			
coarse ore	Grobes Erz	mena grueso	minerai grossier (m)
— for crushing	Walzerz (n)	— para los cylindros	— de broyage
massy ore	Stückerz (n), Derberz (n)	— recio	— en roche (m)
milling ore, — for stamping	Pocherz (n)	— para el bocarte	— de bocard
raw-ore	Roherz (n), Geschicke (n.pl), Haufwerk (n)	— { crudo / bruto,tierras de —	— { cru / brut, mine { brute / crue
rich ores	Reicherze (n. pl)	minerales ricos (m. pl)	minerais riches (m. pl)
small ores	Kleinerz (n)	— menudo (m)	— menu (m)
smelting ores	Schmelzerz (n)	— para la fusion	— de fusion
spalling } ores / bucking }	Scheiderz (n)	— para el apartado	— de scheidage
stamped } ore / ground }	Pochmehl (n)	harinas del bocarte	farine du bocard
ore-assayer	Erzprobirer (m), Bergwardein	ensayador	essayeur, maître [essayeur
ore-bearing (adj)	erzführend	mineralisado	minéralisé
— (s)	Erzführung (f)	mineralisacion (f)	minéralisation (f)
ore-crusher, stone-[breaker	Steinbrecher (m)	quebrantadora (f)	concasseur (m)
ore-dresser (s)	Erzaufbereiter (m)	lavador de minerales	laveur (m) de minerai
ore-dressing	Erzaufbereitung (f)	lavado(m),preparacion(f) de minerales	lavage (m) de minerai
ore-feeder	Mechanische Aufgebevorrichtung (f)	aparato de alimentar automaticamente un bocarte	appareil pour alimenter un bocard
ore-mill	Erzmühle (f)	molino (m) de mineral	moulin (m) à minerai
ore-smelting	Rohschmelzen (n)	fusion (f) cruda	fonte (f) crue
ore-washer	Erzwäscher (m)	lavador (m) de minerales	laveur (m) de minerai
organic (adj) (chem.)	organisch	orgánico	organique
orography (s)	Orographie (f)	orografia (f)	orographie (f)
Orpiment s. arsenic ores			
Orthoclase (s) (Min.)	Orthoklas (m)	ortoclasa, ortosa (f)	orthoclase, orthose (f)
Osmium [Os]	Osmium (n)	ósmio (m)	osmium (m)
ounce (s) [oz.]	Unze (f)	onza (f)	once (f)
half-ounce [16²/₃ gr]	Loth (n)	média onza (f)	demi-onze (f)
spanish-ounce [28,₇₅ gr]	Spanische Unze	onza castellana	once espagnole
troy-ounce [31,₁₀₄ gr]	Englische } Unze / Troy- }	— inglesa	— anglaise
out crop of a lode	Gangausbiss (m), Ausgehende eines Ganges	afloramiento (m) de un filon, creston (m) (Mexico)	affleurement (m) d'un filon
gossan	„Eiserne Hut" (m)	sombrero (m) de hierro de un filon	chapeau (m) de fer d'un filon
out-flow (hydr.)	Ausfluss (m)	salida (f)	écoulement (m)
out put of a mine	Fördermenge(f),Förderquantum (n)	produccion de una mina	production (f) d'une mine
outer-casing	Rauhgemäuer(n),Mantel eines Hochofens	camisa (f) del alto horno	chemise (f) du haut fourneau
inner-casing	Kernschacht(m),Seele(f)	revestimiento (m), paredes refractários	revêtement, parois réfractaires
oven (s)	Ofen (m)	horno (m)	four (m)
overflow (s) (hydr.)	Ueberfall (m) d. Wassers	vertiente (f) de un dique	superflu (m) d'un digue
overheat (v. a) of steam	überhitzen (von Dampf)	sobrecaldear	surchauffer
overlap (s) (Ming. Geol.)	Ueberschiebung (f)	falla (f)	faille (f) inverse
— fault	Ueberkippung (f)	resbalamiento (m)	renversement (m)
overlapping (adj) of [stratas	überlagert (von Gebirgsschichten, die durch Verwerfung über jüngern auftreten)	sobrepuesto, resbalado	renversé
overlooker, overseer	Aufseher (m)	maestro, capataz (m)	surveillant (m)
overman	Steiger (m)	capataz	porrion (m)

English	German	Spanish	French
overseer of pumps	Pumpenknecht (m)	bombero (m)	surveillant des pompes
overshot-wheel	Oberschlächtige Wasser-rad (n)	rueda por encima	roue (f) mue en dessus
owner of mines	Bergwerksbesitzer (m)	propietário (m) de minas	propriétaire(m) de mines
oxalate of calcium [Ca C₂ O₄ + 2 H₂ O]	Oxalsaure Kalk (m), Kalciumoxalat (n)	oxalato de cal (m)	oxalate (m) de chaux
oxolate of potassium [K₂ C₂ O₄ + H₂ O]	Oxalsaure Kali (n), Kaliumoxalat (n)	oxalato de potassa (m)	oxalate (m) de potasse
oxalic acid [C₂ H₂ O₄]	Oxalsäure (f), Sauerklee-säure	àcido (m) óxalico	acide (m) oxalique
oxidable (adj)	oxydirbar	oxidable	oxydable
oxidate (v. a), oxidize	oxydiren	oxidar	oxyder
— (v. n)	sich oxydiren	oxidàrse	s'oxyder
oxidation (s)	Oxydation (f)	oxidacion (f)	oxydation (f)
oxide (s)	Oxyd (n)	óxido (m)	oxyde (m)
superoxide, peroxide	Superoxyd (n)	peróxido (m)	peroxyde (m)
protoxide	Oxydul (n)	protóxido (m)	protoxide (m)
oxidizing	Oxydiren (n)	oxidacion (f)	oxydation (f)
— agent	Oxydationsmittel (n)	agente (m) oxidando	agent (m) oxydant
— flame	Oxydationsflamme (f)	llama (f) oxidanda	flamme (f) oxydante
— roasting	Oxydirende Röstung (f)	calcinacion (f) oxidanda	calcinage (n) oxydant
oxygen (s) [O]	Sauerstoff (m)	oxigeno (m)	oxygène (m)
Ozocerite (s), Mineral wax (s) (Min.)	Bergwachs, Erdwachs (n), Ozokerit (m)	cera } fosil, mineral, ozoquerita (f)	cire } fossile minerale (f), ozocérite (f)
ozone (s)	Ozon (n)	ozono (m)	ozone (m)

P.

pack (v. a) a piston	lidern, dichten (einen Kolben)	armar, estopar	garnir, étouper
packing (s)	Liderung, Packung (f), Packmaterial (n)	estopa (f)	étoupe (f)
—	Lidern (n), Verpacken	empaquetadura (f)	garniture (f)
hemp —	Hanfliderung (f)	empaquetadura de [cañamo	— de chanvre
metallic —	Metallliderung (f)	armadura (f) metálica	— métallique
— of the stuffing box	Verpackung (f) der [Stopfbüchse	empaquetadura de la prensa de estopa	garniture de la boîte à étoupe
pack-thread	Bindfaden (m),Kordel (f), Spargat (m)	hilo (m)	ficelle (f)
paddle (s) of a water wheel	Schaufel (f) eines Wasser-rades	paleta (f) de una rueda hidráulica	palette (f) d'une roue hydraulique
padlock	Vorhängeschloss (n)	cándado (m)	cadenas (m)
pair of miners	Kameradschaft (f)	pareja (f) de mineros	brigade (f) de mineurs
paleontologist (s)	Paläontologe (m)	paleontológico (m)	paléontologiste (m)
paleontology (s)	Paläontologie (f)	paleontologia (f)	paléontologie (f)
paleozoic formation	Paläozoische Formation	formacion (f) paleozóica	formation paléozoique
palladium [Pd]	Palladium (n)	paládio (m)	palladium (n)
pan	Pfanne (f), Kessel (m)	calderon (m)	chaudron (m)
algamation (v. a) out see van	Amalgamirpfanne (f)	pan (m) d'amalgamacion	pan (m) d'amalgamation
washing-pan (for gold bearing sands)	Scheidtrog (m)	platon (m) de madera para lavar arenas auríferas	augette (f) à main pour laver des sables auri-fères
pannels (carp.)	Fachwerkswand (f)	tabique	panneau (m)
pannel work see piller and stall working			
paper (s)	Papier (n)	papel (m)	papier (m)
drawing —	Zeichenpapier (n)	— de dibujo	— à dessin
filtering —	Filtrirpapier (n)	— de filtrar	— à filtrer

English	German	Spanish	French
paper (see pag. 76)			
litmus —	Lackmuspapier (n)	papel de { tornasol / girasol	papier de tournesol
blue —	blaue —	— azul de —	— bleu de —
reddened —	rothe —	— encarnado de —	— rouge de —
soda paper	Sodapapier (n)	— de soda	— { soda / de soude
tracing —	Pauspapier (n)	papel (m) de calcar	papier (m) à calquer
parabola (s)	Parabel (f)	parábola (f)	parabole (f)
parabolic (adj)	parabolisch	parabólico	parabolique
paraffine (s)	Paraffin (n)	parafina (f)	paraffine (f)
part (v. a)	scheiden	separar	separer
— by quartation	quartiren	separar por encartacion	faire le départ
particle (s)	Partikel (m)	partícula (f)	particule (f)
parting (s)	Scheidung (f) von Gold und Silber	encartacion (f)	inquartation (f), départ (m)
dry —	Scheidung auf trockenem Wege	separacion por via seca	départ (m) par voie sèche
wet —	— auf nassem Wege	—, por via húmeda	départ par voie humide
partner (s) (Ming.)	Gewerke (m)	sócio (m) de una sociedad especial minera	associé (m) d'une société de mine
partnership (s)	Kameradschaft (f)	pareja (f) de mineros	brigade (f) de mineurs
pass (v. n) through a sieve	ein Sieb { passiren / durchfallen	pasar por una criba	passer à travers d'un crible, traverser un crible
— (s) (Ming.)	Rollschacht (m)	pozillo (m)	puits (m) { de roulage / bure (f)
paste (s)	Teig (m)	pasta (f)	pâte (f)
— (Patio process)	—, Torta (f)	torta (f)	tourte (f)
patent (s)	Patent (n)	patente (m)	brevet (m) d'invention
patio process	Patioprocess (m)	benefício (m) del pátio	procédé (m) du patio
curtido process	Curtidoprocess (m)	benefício (m) del curtido	— du curtido
a variety of the patio where the merury is added some days after the salt and magistral			
pave (v. a)	pflastern	empedrar	paver
pavement (s)	Pflaster (n)	pavimiento (m)	pavement (m)
pay (s)	Löhnung (f), Auslohnung	paga (f)	paye (f)
— shoot (s)	Adel (m) einer Lagerstätte	riqueza (f) en mineral	richesse (f) en minerai
pea ore, pisolitic ore	Bohnerz (n)	hierro pisolítico	fer pisolitique
Pearlstone, Perlite	Perlstein, Perlit (m)	perlita (f)	perlite (f)
peat see turf			
pebbles (s. pl)	Gerölle, Geschiebe (n)	cantos rodados (m. pl)	éboulis, blocs, deblais (m. pl)
Pectolite (s)	Pektolith (m)	pectolita (f)	pectolite (f)
peg (s)	Keil, Splint (m)	clavija (f), pasador (m)	clavette (f)
Pegmatite see Granit			
pencil (s)	Pinsel (m)	pincel (m)	pinceau (m)
pendulum (s)	Pendel (n)	péndola (f)	pendule (f)
oscillation of the —	Pendelschwingung (f)	oscilacion de la —	oscillation de la —
percentage (s)	Procentsatz (m)	porcientos (m. pl)	pourcents (m. pl)
perch (measure) [3,7662 m]	Ruthe (f)	verga (f)	verge (f)
percolate (v. n)	durchsickern	filtrarse	s'infiltrer
percusion cap	Zündhütchen(n),Sprengkapsel (f)	cápsula (f) fulminante, cascillos causales [(m. pl) (Mexico)	capsule (f) fulminante
perforator (s)	Steinbohrmaschine (f)	perforadora (f)	perforatrice (f)
Peridot (s)	Peridot (m)	peridoto (m)	péridote (m)
period (Geol.)	Periode (f), Zeitabschnitt (m)	períoda (m)	période (f)

English	German	Spanish	French
Perlite see Pearl stone			
permeable (adj)	wasserdurchlässig	permeable	perméable
permian formation, magnesian limestone	Zechsteinformation (f), Permformation (f)	formacion ∫ del zechstein (f) ∖ permiana	formation ∫ du zechstein (f) ∖ permienne
peroxide (s)	Superoxyd (n)	peróxido (m)	peroxyde (m)
perpendicular (adj), vertical, right down	lothrecht, senkrecht, [saiger	perpendicular, vertical	perpendiculaire, à plomb, verticale
pestle (s)	Pistille (f), Stössel (m)	pilo (m)	pilon (m)
petrifaction, fosil	Versteinerung (f), Fossil, Petrefact (n)	petrificacion, fósil (m)	fossile (m), pétrification (f)
petroleum see mineral oil			
petrography (s)	Petrographie, Gesteinsbeschreibung	petrografia (f)	pétrographie (f)
petrosilex (s)	Petrosilex, Hälleflint	petrosilex (m)	pétrosilex (m)
Pharmacolite see arsenic ores			
Phonolite, Clinkstone	Phonolith, Klingstein (m)	fonolita (f)	phonolite (f)
phosphate (s)	Phosphorsaure Salz (n)	fosfato (m)	phosphate (m)
phosphorate (v. a)	mit Phosphor verbinden	fosforizar	phosphoriser
phosphorescence (s)	Phosphorescenz (f)	fosforescencia (f)	phosphorescence (f)
phosphorescent (adj)	phosphorescirend	fosforescente	phosphorescent
phosphoric (adj)	phosphorhaltig	foafórico	phosphorique
Phosphorite (s)	Phosphorit (m)	fosforita (f)	phosphorite (f)
phosphorous (adj)	phosphorig	fosforoso	phosphoreux
phosphorus [P]	Phosphor (m)	fósforo (m)	phosphore (m)
hypophosphorous acid [HPO]	Unterphosphorige Säure	ácido hipofosforoso	acide hypophosphoreux
phosphorous acid [H₃PO₃]	Phosphorige Säure (f)	ácido (m) fosforoso	acide (m) phosphoreux
phosphoric acid [H₃PO₄]	Phosphorsäure (f)	ácido (m) fosfórico	acide (m) phosphorique
phosphureted hydrogen [PH₃]	Phosphorwasserstoff (m)	hidrógeno fosforado	hydrogène (m) phosphoré
salt of phosphorus, ammonio-phosphate of soda, microcosmic salt [Na NH₄ + HPO₄ + 4 H₂O]	Phosphorsalz (n)	sal (f) de fosfóro	sel (m) de phosphore
physical (adj)	physikalisch	físico	physique
physics (s. pl)	Physik (f)	fisica (f)	physique (f)
pick (s), miner's pick	Hacke, Haue (f)	pico (m), zapapico	pic (m), houe (f)
— (Ming.), pike	Keilhaue (f)	pico (m)	pic, camard, havricau (m), havresse, pioche (f)
— (v. a) out ores	scheiden (von Hand)	apartar	scheider
—, select (v. a) ores by hand	ausklauben, auslesen von Erz	mondar	trier, klauber
picker (s), gad (s)	Bergeisen, Eisen (n)	puntero (m)	pointerolle, pointe (f), fer (m) de mineur
picket (surveying)	Piquetstab (m)	banderin (m)	piquet (m)
picking of ores by hand	Handscheidung (f)	apartado (m) de minerales	scheidage (m)
piece (s)	Stück (n)	pieza (f)	pièce (f)
snore hole piece	Saugkorb (m)	chupador (m)	panier (m) d'aspiration
pierce (v. a) (Ming.)	durchschlagen eines Baues in einen andern	romper de una galeria en otra	percer
pig (s) (met.), iron pig	Massel (f), Gans	masa (f) de hierro bruto	masse (f) de fer brut
— iron	Roheisen (n)	hierro ∫ crudo ∖ bruto	fer ∫ cru ∖ brut
pike see pick			
pile (s) stake, pole	Pfahl (m)	palo (m)	pieu (m)
— (hydr.)	Pfahl (m), Pilot (m)	estaca (f), pilote (m)	pilotis (m)
charcoal pile	Meiler (m)	horno (m) de carbon vegetal	meule (f)
pile (v. a)	rammen, pilotiren	pilotar	piloter

English	German	Spanish	French
pile (see pag. 79)			
— up the waste	versetzen (mit Bergen)	rellenar (con escombros)	remblayer, encombrer
pile driver, ramblock	Pfahlramme (f), Bär (m)	maza (f) para el pilotage	sonnette (f)
pile work	Pfahlrost (m)	solera (f) de estacas	parc (m) de pilotis
piling	Pilotirung (f)	pilotage (m)	pilotage (m)
— through quick sand	Getriebezimmerung, Abtreibearbeit (f)	apeo (m) por estacas	boisage (m) par palplanches
pillar (s) (Ming.)	Pfeiler (m), Bergfeste (f)	pilar, macizo (m)	pilier, massif (m) massif
safety —	Sicherheitspfeiler (m)	pilar de seguridad	pilier } de sûreté soutien
pillar and stall work	Pfeilerbau (m)	explotacion por pilares	exploitation par piliers } longs massifs
diagonally —	diagonaler —	— { diagonales oblicuos	— par { obliques tailles couchantes
rising —	schwebender —	— montantes	— par tailles montantes
working by longitudinal pillars	streichender —	— longitudinales	— par piliers longitudinaux
pillar and stall working	Pfeilerrückbau (m)	— por huecos y pilares	— par piliers abandonnés
pillow (s)	Zapfenlager (n)	cojinete (m)	crapaudine (f)
pin (s)	Bolzen, Stift (m)	pasador (m)	boulon (m)
pincers (pl. s)	Nagelzieher (m), Beisszange (f)	desclavador (m), mordacilla (f)	tire-clou (m), tenaille, pince (f)
— for wire	Drahtzange (f)	alicates (m. pl)	brequet (m)
pinch out, loose the ore (v. n)	erschöpft sein, ausgehen von Erzen, sich auskeilen	agotarse (del mineral)	se perdre (de minerai)
— (of a lode)	sich verdrücken	estrecharse	se perdre, se resserrer
— cock see squeezing tap			
pincher see crow-bar			
pinching out of mineral	Erschöpfung (f) des [Erzes	agotamiento (m) del [mineral	perte (f) de minerai
— out of lodes	Verdrückung (f)	estrechamiento (m) de un filon	resserrement (m) d'un filon
pine (s)	Fichte (f)	pino (m)	pin (m)
— plank	Fichtenbrett (n)	tabla (f) de pino	planche (f) de pin
— wood	Fichtenholz (n)	madera (f) de pino	bois (m) de pin
pinion (s)	Zahngetriebe (n)	engrane (m)	engrenage (m)
Pinite (s)	Pinit (m)	pinita (f)	pinite (f)
pipe, tube (s)	Rohr (n), Röhre (f)	tubo (m)	tuyau (m)
ascending-pipe	Steigrohr (n)	— d'ascension	— d'ascension
conduit of pipes	Rohrleitung (f) Röhrenfahrt	conducto (m) tuberia (f)	conduit (m) tuyauterie (f)
air-pipe (s)	Lutte (f), Wetterlutte	tubo (m) de ventilacion	tuyau (m) d'aérage
blow-pipe	Löthrohr (n)	soplete (m)	chalumeau (m)
branch-pipe	Zweigrohr (n)	tubo empalmado, [empalme (m)	tuyau (m) embranché
draining-pipe	Drainrohr (n)	tubo de drenaje	tuyau de drainage
suction-pipe	Saugrohr (n)	tubo de aspiracion	tuyau aspirateur
pipe-rose	Rohrbrause (f)	tubo (m) de riego	tuyau (m) d'arrosage
pipette (s) (chem.)	Pipette (f), Kugelheber [(m)	pipeta (f)	pipette (f)
pisolitic ore see iron ores			
Pistacite (s) (Min.)	Pistacit (m)	pistacita (f)	pistacite
piston (s)	Kolben (m)	piston, émbolo (m)	piston (m)
plunger —	Plunger- Mönchs- } kolben (m) Taucher-	piston immergente	piston plongeur
pump —, — of a pump	Pumpenkolben (m)	piston de bomba	piston de pompe
— of an engine	Dampfkolben (m)	— de vapor	— à vapeur
— packing (s)	Kolbenliderung (f)	armadura (f) del piston	garniture (f) du piston

English	German	Spanish	French
piston (see pag. 79)			
— ring	Kolbenring (m)	aro (m) { del émbolo / del piston	segment (m) de piston
— rod	Kolbenstange (f)	vástago del piston	tige (f) de piston
— spring	Kolbenfeder (f)	muelle (f) de piston	ressort (m) de piston
piston's travel	Kolbenspiel (n)	juego (m) de piston, [pistonada (f)	jeu (m) de piston
piston valve	Kolbenventil (n)	clapeta (f)	clapet (m)
pit (s)	Grube (f), Vertiefung (f)	fosa (f)	fosse (f)
—, mine	Grube (f), Bergwerk (n)	mina (f)	mine (f)
—, shaft	Schacht (m)	pozo (m)	puits (m)
alum-pit	Alaunbergwerk (n)	alumbrera (f)	alunière (f)
ash-pit	Ascheufall (m)	cenizero (m)	cendrier (m)
coal-pit, colliery, coal-mine	Kohlengrube (f)	hullera (f), carbonera	houillère(f),charbonnière
pit's eye	Füllort (n)	anchuron (m)	chambre de chargement
pit-mouth	Schachtmündung (f), Hängebank (f)	boca (f) del pozo	embouchure d'un puits
pitch (s)	Pech (n)	pez (f)	poix (f)
— blende s.Uraninite			
— coal see coal			
— of a screw	Gangböhe (f) einer [Schraube	altura (f) de una vuelta de tornillo	hauteur (f) d'un pas de vis
pivot (s)	Zapfen (m)	nabo (m)	pivot (m)
ball —	Kugelzapfen (m)	goron (m)	tourillon (m) à boulet
place: working —	Arbeitspunkt (m), Orts-stoss (m)	punto (m) de trabajo, tajo (m)	point (m) de travail, taille (f)
placer, alluvial gold deposits	Goldseite (f)	aluvion (m) de arena aurifera, placer (m)	alluvion (m) de sable aurifère
— diggings(Californ.)	Goldseifenbau (m)	explotacion de —	minière d'—
plan (s) (drawing)	Plan, Entwurf, Riss (m)	plano (m)	plan (m)
— of mining workings	Grubenbild (n), Gruben-riss (m)	plano (m) de las labores de una mina	— de mine
— (v. a)	entwerfen, projectiren	proyectar	projeter
plane (s)	Ebene (f)	plano (m)	plan (m)
— of cleavage	Spaltungsfläche (f)	cara (f) de { crucero / exfoliacion	face (f) de clivage
— (adj)	flach, eben	plano	plan
inclined plane	donlägige Strecke	plano (m) inclinado	plan (m) incliné
— (s)	Hobel (m)	cepillo (m)	rabot (m)
— (v. a)	hobeln, abhobeln	cepillar, acepillar, enderezar (Mexico)	raboter, chapoter
grooving-plane	Nuthhobel (m)	embarrotador (m)	rabot à rainure
long-plane	Langhobel (m)	garlopa (f)	rabot à corroyer les tranches
moulding-plane	Formhobel (m)	moldura (f)	rabot (m) à façonner
smoothing-plane, flat-plane	Flachhobel (m)	cepillo plano (m)	rabot (m) plat
planing-iron	Hobeleisen (n)	hierro (f) de cepillo	fer (m) de rabot
— machine	Hobelmaschine (f)	acepilladora(f), máquina de acepillar	raboteuse (f), machine à raboter
plank (s)	Planke, Bohle (f)	tablon (m)	planche (f)
spring plank	Prellklotz (m)	rebote (m)	rabat(m), plaque de choc
planking (Ming.)	Verschaalung (f) der Grubenzimmerung	revestimiento con tablas	revêtement aux planches
plant (s)	Anlage (f)	establecimiento, taller	établissement (m), [atelier (m)
ore-dressing —	Aufbereitungsanstalt (f)	— de preparacion me-cánica	— de préparation [mécanique
washing —	Wäsche (f), Erzwäsche	lavadero (m)	— de lavage
plastering (s)	Mörtelbewurf (m)	revestimiento con mor-tero	revêtement à mortier
plasticity (s)	Plastizität (f)	plasticidad (f)	plasticité (f)
plate (s)	Platte (f)	chapa (f)	tôle (f), plaque (f)

English	German	Spanish	French
plate (see pag. 80)			
boiler —	Kesselplatte (f)	chapa (f) de caldera	plaque à chaudière
corrugated —	Kesselblech (n), Well-blech (n)	— acanalada	— cannelée
iron —	Eisenblech (n)	— de hierro	planche (f) de fer
rolled —	Walzblech (n)	— laminada	plaque laminée
sole — of an engine	Fundamentplatte einer Maschine	— de fundamento	plaque (f) de fondement
— rollers	Blechwalzen (f. pl)	cilindros de laminar chapas de hierro	laminoirs à tôle
platform	Plattform (f)	plataforma (f)	plateforme (f)
turning —	Drehscheibe (f)	placa giratória	plaque tournante
platina, platinum [Pt]	Platin (n)	plátina (f), plátino (m)	platine (f)
platinous chloride [Pt Cl₂]	Platinchlorür (n)	cloruro de —	chlorure de —
bichloride of —, platinic chloride [Pt Cl₄]	Platinchlorid (n)	bicloruro de —	bichlorure de —
platinum crucible	Platintiegel (m)	crisol (m) de —	creuset (m) de —
— disch, — capsule	Platinschaale (f)	cápsula (f) de —	capsule (f) de —
— ore	Platinerz (n)	mineral de —	minerai (m) de —
— sheet, — foil	Platinblech (n)	lámina (f) de —	lame (f) de —
— sponge, spongy —	Platinschwamm (m)	— esponjoso	— en éponge, mousse (f) de —
— wire	Platindraht (m)	alambre (m) de —	fil (m) de —
platiniferous (adj)	platinhaltig	platinifero	platinifère
play (of a piston)	Kolbenspiel (n)	juego de piston, pisto-nada (f)	jeu (m) de piston
pliation see folding			
pliers: small for gold buttons	Kornzange (f)	pinzas (f. pl) para los regulos	pince (f) à bouton
pliocene period, cray	Pliocän (n)	formacion (f) pliocena	formation (f) pliocène
plug (s)	Pfropf (m)	tapon (m)	tampon (m)
plump (s)	Loth (n), Senkel (m)	sonda (f), plomo (m)	sonde (f)
— (v. a)	lothen, abiothen	aplomar	prendre l'aplomb
plumbago (s)	Graphit (m), Reissblei, Pottloth (n)	grafito (m), lapiz plomo, plombagina (f)	graphite (m), plom-bagine (f)
— crucible	Graphittiegel (m)	crisol de plombagina	creuset de plombagine
plumbiferous (adj)	bleihaltig, bleiisch	plomizo	plombifère, plombeux
plunger-jig see jigger			
plunger piston	Taucherkolben, Mönchs-oder Plungerkolben	piston imergente (m)	piston plongeur (m)
— pump	Plungerpumpe (f)	bomba (f) de piston [imergente	pompe (f) à piston plon-geur
pneumatic motor	Luftmotor (m)	motor de aire (m)	moteur à air (m)
— pump see air-pump			
pocket (Geol.)	Druse (f)	drusa, bolsada (f)	poche, druse (f)
pocket of ore (s)	Erznest (n), Putzen	bolsada (f) de mineral	gîtes (m. pl) en poches
— compass (s)	Taschencompass (m)	brujula (f) de bolsillo	boussole (f) de poche
pockety (adj)	drusig	cavernoso	caverneux
point (s)	Spitze (f)	punta (f)	pointe (f)
—	Punkt (m)	punto (m)	point (m)
boiling —	Siedepunkt (m)	punto (m) de ebulicion	point d'ebullition
dead — (steam eng.)	Todte Punkt (m) (einer Kurbelbewegung)	punto muerto de una manivela	point mort d'une mani-velle
freezing —	Gefrierpunkt (m)	punto de congelacion	point de congélation
fusing } — melting }	Schmelzpunkt (m)	punto de fusion	point de fusion
pointed (adj)	zugespitzt, spitz	de punta	pointu
poise (s)	Gewicht (n)	peso (m)	poids (m)
poke (v. a) (the fire)	schüren (das Feuer)	atizar } el fuego hurgonear }	attiser le feu, tisonner
— (s)	Schüreisen (n)	hurgon (m), tizonero	crochet (m) à tisonner
pole (s)	Stange (f), Pfahl (m)	palo (m)	pieu (m)

English	German	Spanish	French
pole (see pag. 81)			
— (s) (elect.)	Pol (m)	polo (m)	pôle (m)
positiv — see anode			
negativ — see catode			
— for surveying	Piquetstab	banderin (m)	piquet (m)
polish (v. a)	poliren	pulimentar, alisar	polir
polishing (s)	Poliren (n)	pulimentacion (f)	polissage (m)
— machine	Polirmaschine (f)	alisadora (f)	machine à polir
Polybasite see silver ores			
Polytelite see copper ores			
poor (adj) of ore	arm	pobre	pauvre
—, of lodes	rauh, erzarm	pobre en mineral, en borrasca (Mexico)	pauvre en minerai
get (v. n) poor of lodes	sich verschlechtern	empobrecerse	s'appauvrir
poplar (s)	Pappelholz (n)	madera (f) de álamo	bois (m) de peuplier
porcelain (s)	Porzellan (n)	porcelana (f)	porcelaine (f)
— earth see kaolin			
porosity (s)	Porosität (f)	porosidad (f)	porosité (f)
porous (adj)	porös	poroso	poreux
porphyry (s)	Porphyr (m)	pórfiro, pórfido (m)	porphyre (m)
amygdaloical —, spilyte	Porphyrmandelstein, Spilit (m)	spilita (f)	spilite (f)
post (s), pillar	Abbaupfeiler (m)	pilar (m) de explotacion	pillier (m) d'exploitation
pot (s)	Topf (m)	olla (f)	pot (m)
melting pot	Schmelztiegel (m)	crisol (m)	creuset (m)
skittle pot (assaying)	Tutte (f)	— con pied	— à pié
— stone	Topfstein, Lavezstein (m)	piedra (f) ollar	pierre (f) ollaire
potash see potassium			
potassium (s) [K]	Kalium (n)	potásio (m)	potassium, kalium (m)
potassic oxide, } [K₂ O] potassa }	Kaliumoxyd (n), Kali	óxido { potásico, de potásio, potasa (f)	oxyde de potassium, potasse (f), Kali (m)
hydrate of- } potash caustic- } [K HO]	Kalihydrat, Kaliumhydroxyd (n), Kalilauge (f), Aetzkali (n)	hidróxido de potásio, lejia (f) caustica	potasse hydratée (f), lessive (f) caustique
sulphide of potassium [K₂ S]	Einfache Schwefelkalium	súlfuro (m) de potásio	sulfure (m) de potassium
per —, liver of sulphur [K₂ S₅]	Fünffache —, Schwefelleber (f)	persúlfuro de —, higado (m) de azufre	persulfure de —, foie (f) de soufre
chloride of — [K Cl]	Chlorkalium (n)	cloruro (m) de —	chlorure (m) de —
iodide of — [K J]	Jodkalium (n)	ioduro de —	iodure de —
bromide of — [K Br]	Bromkalium (n)	bromuro de —	bromure de —
carbonate of — [K₂ CO₃] potash	Kohlensaure Kali (n) Pottasche (f)	carbonato de — potassa	carbonate de — potasse
bicarbonate of — [K H CO₃]	Doppeltkohlensaure Kali	bicarbonato de potasa	bicarbonate de potasse
nitrate of — [K N O₃]	Salpetersaure Kali	nitrato de potasa	nitrate de potasse
sulphate of — [K₂ SO₄]	Schwefelsaure Kali	sulfato de potasa	sulphate de potasse
bisulphate of — [K H SO₄]	Saure schwefelsaure Kali	bisulfato de potasa	bisulphate de potasse
chlorate of —, oximuriate of — [K Cl O₃]	Chlorsaure Kali (n)	clorato (m) de potasa	chlorate (m) de potasse
manganate of — [K₂ Mn O₄]	Mangansaure Kali	manganato de potasa	manganate de potasse
hypermanganate of — [K Mn O₄]	Uebermangansaure Kali, Kaliumpermanganat	permanganato } de oximanganato }	permanganate } de hypermanganate } po-oximanganate } tasse
bioxolate of — [K H C₂ O₄ + H₂ O]	Kleesalz (n), Kaliumoxalat	bioxalato de —	bioxalate (m) de —
minerals of potassium	Kaliumvorkommen (n. pl)	minerales potásicos	minerais potassiques
potash alum [K₂ SO₄ + Al₂ 3 SO₄ + 24 H₂O]	Kalialaun (m)	alumbre potásico	alun potassique

English	German	Spanish	French
potassium (see pag. 82) nitre, saltpetre [KNO₃]	Kalisalpeter (m)	nitro potásico, nitro, salitre (m)	nitre potassique, salpètre (m)
pound (s) — (v.a), stamp s. stamp	Pfund (n)	libra (f)	livre (m)
powder (s)	Pulver (n), Staub (m)	polvo (m)	poussière (f)
blasting —, giant —	Sprengpulver (n)	pólvora (f)	poudre (m) de mine
gun —, priming —	Zündpulver (n)	polvorin (m)	pulvérin (m)
— (v. a)	pulverisieren	polverisar	pulvériser
powder can	Pulverkanne (f)	cantimplora (f), polvorera	boîte (f) à poudre
power (s)	Kraft (f), Bewegkraft	fuerza (f) (motris)	pouvoir (m), puissance (f) force (f) (motrice)
caloric-heating —	Heizkraft (f)	fuerza calorífica	puissance calorifique
candle — (elect.)	Kerzenstärke (f)	bujia (f)	bougie (f)
horse — [HP = 75 mkg in Germany] [in England 76,₀₄ mkg]	Pferdestärke (f)	fuerza de caballo	cheval vapeur (m), puissance de cheval
illuminating —	Leuchtkraft (f)	— lumínica (f)	pouvoir (m) éclairant
steam —	Dampfkraft	— de vapeur	force de vapeur
water —	Wasserkraft	— hydráulica	— hydraulique
power of the current (elect.)	Stromstärke (f)	intensidad de la corriente	intensité du courant
transmission of power	Kraftübertragung (f)	transmission de fuerza	transmition de force
practical (adj)	praktisch	práctico	pratique
practice (s)	Praxis (f)	práctica (f)	pratique (f)
Prase (s) (Min.)	Prasem (m)	prásio (m)	prase (m)
precious (adj)	edel	precioso	précieux
— stone (s)	Edelstein (m)	piedra (f) precioso	pierre (f) précieuse
precipitate (v. a)	fällen, ausfällen	precipitar	précipiter
precipitation (s)	Fällung (f), Nieder- [schlag (m)]	precipitacion (f)	précipitation (f)
— vat (s)	Fällbottich (m)	tina (f) { de precipita-cuba (f) { cion	baquet (m) { de précipi-cuve (f) { tation
preparation (of a mine) mechanical — see ore dressing	Vorrichtung (f)	preparacion (f)	préparation (f)
press (s)	Presse (f)	prensa (f)	presse (f)
filter —	Filterpresse (f)	— para filtrar	filtre-presse (f)
hydraulic —	Hydraulische Presse (f)	— hidráulica	— hydraulique
— (v. a)	pressen, drücken	prensar, comprimir	presser, comprimer
pressing (s)	Pressen (n)	compresion (f)	pression
— screw .	Druckschraube, Klemm-schraube (f)	tornillo (m) de aprieto	vis (f) de pression
pressure, pression (s)	Druck (m), Pressung (f)	presion (f)	pression (f)
atmospheric —	Luftdruck (m)	— { del aire atmosférica	— atmosphérique
high —	Hochdruck (m)	alta —	haute —
hydrostatic —	Wasserdruck (m)	presion del água	pression de l'eau
low —	Niederdruck (m)	baja —	basse —
mean —	Mittlere Druck (m)	— media	— moyenne
pricker see needle			
prime (v. a) water	mitreissen (des Wassers in die Dampfleitungen)	acarrear	entraîner
primer (s)	Zündpille (f)	bolita fulminante (f)	amorce (f)
— cartridge	Zündpatrone, Schlag-[satz (m)]	cartucho (m) fulminante	cartouche (f) fulminante
primitive rocks (Geol.)	Urgebirge (n)	tereno (m) primário	terrain (m) primitif
pritty	Glaserkitt (m), Mastix	mástico (m)	mastic (m)
process (s)	Process (m), Verfahren	procedimiento (m)	procédé (m)
produce (v. a)	erzeugen, fördern, ge-winnen	producir	produire
— (v. n), yield	fallen, schütten	dar	rendre
product (s)	Product (n)	producto (m)	produit (m)

6*

English	German	Spanish	French
product (see pag. 83)			
by —	Nebenproduct (n)	producto secundário	produit secondaire
intermediary —	Zwischenproduct (n)	— intermediário	- intremédiaire
production (of a mine), out put (s)	Förderung, Erzeugung, Production (f)	produccion (f)	production (f)
— of a lode, yield	Erfall (m), Schüttung (f)	rendimiento (m)	rendement (m)
profession, trade (s)	Handwerk (n), Beruf (m)	profesion (f), oficio (m)	profession (f)
profile (s)	Profil (n)	perfil (m)	profil (m)
profit (m)	Gewinn, Nutzen (m), Ertrag (m), Ausbeute (f)	beneficio (m), ganancia (f)	bénéfice (m)
project (v. a)	entwerfen, projectiren	proyectar	projeter
— (s)	Entwurf (m), Project (n)	proyecto (m)	projet (m)
projection (s)	Projection (f)	proyeccion (f)	projection (f)
proof see assay			
prop (s), stay (Ming.) stemple	Bolzen (m), Spreitze (f) Stempel (m)	puntal (m)	étai (m)
—, stulls	Kastenverschlag (m)	encajonamiento (m)	caissement (m)
— for timbering the roof	Firstenstempel (m)	adema (f), ademe (m)	étresaillon (m), planche(f) de ciel
— of a lever	Stützpunkt, Drehpunkt	punto (m) de apoyo	point (m) d'appui
— (v. a)	stützen, abspreitzen	apuntalar	étayer
propelling-force	Triebkraft (f)	fuerza (f) motriz	force (f) motrice
property	Eigenthum (n)	propiedad (f)	propriété (f)
propping ⎱ in mines timbering ⎰	Grubenausbau (m)	fortificacion (f) de minas, ademe (m) (Mexico)	soutènement (m) de mine
prospect (v. a) for	schürfen	hacer labores de reconocimiento ór investigacion	faire des ⎰ fouilles, ⎱ travaux de ⎰ recherche
prospect, prospecting work	Schurf (m), Schurfarbeit (f)	trabajo (m) ⎰ de reconocimiento, ⎱ labor (f) ⎰ de investigacion	travail ⎰ de recherche (m) ⎰ de reconnaissance
costeening	Schurfgraben (m)	labor somera (f), calicata (f) (2×2×1m)	fouille (f)
grant for searching minerals	Freischurf (m), Schurfschein (m)	permiso de hacer labores de reconocimiento	permission de faire des travaux de recherche
prospector (s)	Goldsucher (m)	buscador de oro	chercheur d'or
protact (v. a) (survey.)	auftragen	hacer planos	faire des plans de mine
prussiate (s)	Cyansäure Salz (n)	cianato (m)	cyanate (m)
prussic acid see cyanogen			
pseudomorphosis (s)	Pseudomorphose (f)	pseudomorfosis (f)	pseudomorphose (f)
psilomelane see iron ores			
pudding stone (Geogn.)	Puddingstein (m)	almendrilla (f)	
puddle (v. a)	puddeln, frischen	pudelar	puddler
puddled iron	Puddeleisen (n)	hierro (m) pudelado	fer puddlé (m)
puddling (s)	Puddeln (n), Frischen (n)	pudelajo (m)	puddlage (m)
— of auriferous sands	waschen von goldhaltig. Sanden auf der Gumpe	lavado (m) de arenas auriferas	lavage (m) des sables aurifères
— furnace	Puddelofen (m)	horno (m) de pudelar	four (m) à puddler
— tub (ore-dressing)	Rührwäsche, Gumpe (f),	canal para lavar arenas auriferas	patouillet (m)
pulley	Rolle, Riemenscheibe (f)	polea (f)	poulie (f)
movable —, loose —	lose Riemenscheibe (f)	— loca	— folle
fixed —	feste „	— fija	— fixe
— of a drawing engine	Scheibscheibe (f)	— encima del pozo	molette (f), poulie (f)
— tackle	Flaschenzug (m)	aparejo (m)	— mouflée
— frame	Seilscheibengerüst (n)	armadura (f) para la polea	charpente pour la poulie
pulp (s)	Trübe (f), Pochtrübe (f)	fangos ⎰ del lavado lodos ⎱ del bocarte	pulpe, lavée (f)
dark —	dunkle —	fangos espesos (m. pl)	— concentrée
light coloured —	helle —	— claros	— claire
pulsometer (s)	Pulsometer (m)	pulsómetro (m)	pulsomètre (m)

English	German	Spanish	French
pulverize (v. a)	pulverisiren	polverizar	pulvériser
pump (s)	Pumpe (f)	bomba (f)	pompe (f)
—, lift water (v. a)	pumpen, Wasser heben	bombar, sacar água	pomper
air —	Luftpumpe (f)	bomba (f) de aire	pompe (f) à air
aspiring —, suction —	Saugpumpe (f)	— aspirante	— aspirante
centrifugal —	Centrifugalpumpe	— centrífuga	— centrifuge
chain —, noria	Kettenpumpe	nória (f), cadena de can-	chapelet (m)
		gilones	
feed —	Speisepumpe	bomba de alimentacion	pompe d'alimentation
force:—, forcing —	Druckpumpe	bomba impelente	pompe foulante
lift —, lifting —	Hubpumpe	— elevatória	{ élévatoire
suction — see aspiring			{ soulevante
pump			
pump-chamber, work-ing barrel	Pumpenstiefel, Pumpen-körper (m)	cuerpo (m) de bomba	corps (m) de pompe
— piston	Pumpenkolben (m)	piston de —	piston de —
— rod (s)	Pumpenstange (f)	vástago (m) de —	tige (f) } de —
			perche {
— { spears, — rods,	Kunstgestänge (n)	tirante (m) maestro	maitresse-tige (f)
{ main rod			
— shaft	Pumpenschacht, Wasser-haltungsschacht (m)	pozo (m) de { bomba	bure (f) de pompe,
		{ desagüe	puits (m) d'épuisement
pumping engine	Wasserhaltungs-[maschine (f)	máquina (f) de desagüe	machine } d'exhaure
			(f) { d'épuisement
Pumice stone (s)	Bimstein (m)	ponce(m),piedra(f)tosca,	ponce (m), bimstein (m),
		piedra pomez	pumite (f)
punch (s)	Bunze (f), Durchschlag	punzon (m),	poinçon (m)
	(m)	punceta (f) (Mexico)	
centre-punch	Körner (m)	puntero (m)	pointeau (m)
purchase, crab winch	Vorgelegehaspel (m)	cabrestante (m)	cabestan, treuil (m) à
			engrenage
purification of gas	Gasreinigung (f)	purificacion (f) del gas	purification du gaz
Purple copper Ore see copper			
push (v. a)	stossen	impulsar	pousser
putter, tramboy	Schlepper (m), Wagen-schieber, Hundeläu-fer (m)	vagonero, arrastrador, peon, apire, tenadero, tanadero [(Mexico)	rouleur (m), hiercheur (in Belgium)
Pycromerite see Kainite			
Pyrites (s. pl)	Kies (m), Pyrit (m)	pirita (f)	pyrite (f)
pyritic, pyritous	kiesig, geschwefelt	piritoso	pyriteux
Pyrolusite see Manga-nese ores			
pyrometer	Pyrometer (n)	pirómetro (m)	pyromètre (m)
pyrometric heating [power	pyrometrische Heizeffect	efecto pirométrico	effet (m) pyrométrique
Pyromorphite see lead ores			
Pyrope (s)	Pyrop (m) (Böhmische Granat)	piropo (m)	pyrope (m)
Pyrosmalite (s)	Pyrosmalith (m)	pirosmalita (f)	pyrosmalite (f)
Pyroxene, Augite	Pyroxen (m)	piróxeno (m)	pyroxène (m)
Pyrrhotite see iron ores			

Q.

qualitative (adj)	qualitativ	cualitativo	qualitatif
— analisis (s)	Qualitative Analyse (f)	análisis cualitativa	analyse qualitative
quality (s)	Qualität (f), Beschaffen-heit (f)	calidad (f)	qualité (f)

English	German	Spanish	French
quantitative (adj)	quantitativ	cuantitativo	quantitatif
analisis (s)	Quantitative Analyse (f)	análisis cuantitativa	analyse quantitative
quantity (s)	Quantität, Menge (f)	cantidad (f)	quantité (f)
quarry (s)	Steinbruch (m)	cantera (f)	carrière (f)
— stones	Bruchsteine (m. pl)	morillo (m)	moellon (m)
quartation (s)	Quartirung, Scheidung in die Quart	incuartacion (f)	inquartation (f), [départ (m)
quarts (s) [Si O₂]	Quarz (m), Quartz	cuarzo (m)	quarz (m)
Amethyst, Ame-[thystine	Amethyst (m)	amatista (f)	améthyste (f)
Aventurine	Aventurin (m)	venturina (f)	quarz aventuriné
Cairngorm stone see Smoky-quarts			
Cat's eye	Katzenauge (n)	ojo (m) de gata	oeil (m) de chat
Common quarts	Gemeine Quarz	cuarzo comun	quarz commun, —opaque
Ferruginous quartz	Eisenkiesel (m)	cuarzo ferruginoso	quarz ferrugineux
Fibrous quarts	Faserquarz (m)	— fibroso	— hyalin fibreux
Gold quartz	Goldquarz (m), goldhaltiger —	— aurifero	— aurifère
Milky —	Milchquarz (m)	— lechoso	— hyalin laiteux
Odorous —	Stinkquarz (m)	— fétido	— fétide
Prase	Prasem (m)	prasio (m)	prase (m)
Rock crystal	Bergcrystall (n)	cristal (m) de roca	crystal (m) de roche
Rose quartz	Rosenquarz (m)	cuarzo rosado	quarz rose
Smoky quarts, Cairngormstone	Rauchquarz (m)	— ahumado	— enfumé
Quartzite (s)	Quarzit (m)	cuarcita (f)	quarzite (f)
quartzone, quartsy (adj)	quarzig	cuarzoso	quarzeux
quick lime, caustic lime	Aetzkalk, ungelöschte Kalk, Gebrannte Kalk (m)	cal cáustica (f), cal [viva (f)	chaux caustique (f), chaux vive (f)
quick sand	Schwimmsand (m), Schwimmende Ge-[birge (n)	arenas acuíferas (f. pl), tereno (m) acuífero	terrain { acuifère, mouvant, sables (m. pl) mouvants
quicksilver see mercury			
quintal [50 kg]	Zentner, Centner (m)	quintal (m)	quintal (m)
assayer's — [5 gr]	Probircentner (m)	— del ensayador	— d'essayeur
metric — [100 kg]	Doppelcentner, Metercentner (m)	— métrico	— métrique
spanish — [46 kg]	Spanische Centner (m)	— castellano	— espagnole

R.

English	German	Spanish	French
Rabble (s) (met.) hook for puddling	Krücke (f), Puddel, [Haken	gancho (m) para el [pudelage	béquille (f), cane à [puddler
— (v. a) (met.)	umrühren	remover	râbler
rack bar	Zahnstange (f)	cremallera (f)	cremaillère (f)
rack (s) (Ming.)	Kehrrad (n)	rueda (f) d'extraccion	roue (f) d'extraction
rack (for hanging up the bore rod)	Rechen (m) zum Aufhängen der Bohrstangen	rastra (f)	râteau (m)
rack wheel	Sperrrad (n)	rueda (f) de escape	roue (f) à { déclic rochet
racking (s)	Kehren (n) (die Aufbereitung der Erze auf Kehrherden)	trabajo (m) con escobas	râblage (m) à balais
radiate (v. n)	strahlen, ausstrahlen	echar rayos	rayonner
radiated (adj)	strahlenförmig	radiado	radié
radical (s) (chem.)	Radikal (m), Grundstoff	radical (m)	radical (m)
radius (s)	Halbmesser, Radius (m)	rádio (m)	rayon (m)
rail (s)	Schiene (f), Eisenbahnschiene	rail (m)	rail (m)

English	German	Spanish	French
railway (s), railroad	Schienenbahn (f), Eisenbahn	rails (m. pl), via (f) férrea, ferro-carril	chemin (m) de fer
— guage	Normalspur. Eisenbahn	ancho (m) normal de los rails	largeur (f) normale
narrow guage —	schmalspurigeEisenbahn	ferro-carril de via [estrecha	chemin de fer à voie étroite
railway line, track way	Schienengleis (n), Schienenstrang (m)	via (f) de rails	voie (f) de rails
railway sleeper	Eisenbahnschwelle (f)	traviesa (f) del ferrocarril	traverse de chemin de fer
suspended railway	Hängebahn (f)	ferro-carril funicular	chemin de fer funiculaire
toothed wheel railway	Zahnradbahn (f)	ferro-carril dentado	chemin de fer à crémaillère
raise (v. a), extract	fördern	extraer	extraire
raising (s)	Schachtförderung	extraccion (f)	extraction (f)
rake (Min.)	Kratze (f), Erdkratze	raedera (m)	racle (f)
—, rabble (s) (met.)	Krücke (f), Krahle (f)	espeton (m)	ringard, ruart (m)
— for puddling	Krücke (f)	gancho (m) de pudelaje	cane, béquille (f)
—, rabble (s), for oredressing	Kiste (f), Krücke (f)	batidor (m)	râble (m)
fire rake, raker	Feuerhaken (m), Schüreisen (n)	gancho (m) (de caldeo)	ringard, attisoir, râble (m) à chauffe
rake (v. a)	krählen, umrühren	remover con espetones	râbler
raker (s) see fire rake			
ram (s), rammer	Rammklotz, Bär (m)	masa (f)	masse (f), sonnette (f)
— (v. a) a blast hole	besetzen (ein Bohrloch mit Stopfmaterial)	atacar	bourrer, refouler
rammer (Min.)	Stampfer (m)	atacador (m)	bourroir, refouloir (m)
rasp-file (s)	Raspelfeile (f)	lima (f) raspador, escofina	lime (f) à râper, râpe (f)
ratchet (s)	Sperrklinke (f)	trinquete (m)	crochet (m) d'arrêt
— drill (s)	Ratsche, Bohrratsche (f)	caraca (f), matraca, (Mexico) chichara (f)	
raw (adj)	roh	crudo, bruto	cru, brut
— lead	Rohblei, Werkblei (n)	plomo (m) crudo	plomb (m) cru
— matt	Rohstein, Lech (m)	mata cruda (f)	matte (f) crue
— ore	Haufwerk (n)	tierras (f. pl) de mineral	mineral (m) tout-venant
— smelting	Rohschmelzen (n)	fundicion (f) cruda	fonte (f) crue
react (v. n) (chem.)	reagiren	reaccionar	réagir
reaction (s)	Reaction (f)	reaccion (f)	réaction (f)
acid —	saure —	— ácida	— acide
basic —	basische —	— básica	— basique
neutral —	neutrale —	— neútral	— neutrale
reagent (s)	Reagens (n)	agente (m), reactivo	réagent, réactif (m)
— paper	Reagenspapier (n)	papel reactivo	papier (m) réactif
Realgar (s) [As S]	Realgar (m)	realgar, rejalgar	réalgar (m)
realisation (s)	Verwerthung (f)	aprovechamiento	utilisation (f)
realise (v. a)	verwerthen, nutzbar [machen	aprovechar	mettre qc. à profit
rebellious, (ore) (adj) refractory	widerspenstig, vererzt (von Gold)	refractário	refractaire, rouillé (d'or)
receiver	Sammelraum (m)	recipiente (m)	receptacle (m)
receptacle see barrel			
rectification (s) (met.), purification	Reinigung, Läuterung, Rectificirung (f)	rectificacion (f). purificacion	rectification, purification, épuration (f)
rectify (v. a)	reinigen, läutern, rectificiren	rectificar	rectifier, épurer
rectilineal (adj)	geradlinig	rectilíneo	rectiligne
redeem (v. e)	amortisiren	amortizar	amortir
reduce (v. a)	reduciren	reducir	reduire
— by liquation	saigern, aussaigern	licuar	liquater
— the litharge	Glätte frischen	reducir la litarga	reduire la litharge

English	German	Spanish	French
reducing agent	Reductionsmittel (n)	agente reductivo	agent (m) réductif
— flame of the blowpipe	Reductionsflamme (f)	llama (f) reductiva	flamme (f) réductive
reduction (s)	Reduction (f)	reduccion (f)	réduction (f)
refine (v. a) gold and silver	Gold und Silber feinbrennen, raffiniren	afinar el oro y la plata, copelar la plata	affiner l'or et l'argent, coupeller l'argent
— copper	Kupfer gar machen	refinar el cobre	raffiner le cuivre
— lead	Blei verblasen, frischen	refinar el plomo	raffiner le plomb
— tin	Zinn saigern	licuar el estaño	liquater l'étain
— iron, fine	Eisen feinen, frischen	refinar el hierro	raffiner le fer
refined copper	Garkupfer (n)	cobre refinado	cuivre affiné
— silver	Feinsilber (n), Brandsilber	plata afinada	argent affiné
refining (s)	Feinen, Raffiniren, Garmachen (n), Affination (f)	rafinadura	affinage, raffinage
— of gold by the wet process	Affiniren (n) \ des Gold-Scheiden (n) (des	affinado (m) del oro	affinage (m) de l'or
— of silver by cupelation	Abtreiben (n) \ des Sil-Treibarbeit (f) (bers	refinadura \ de la plata copelacion (	affinerie (f) \ de l'ar-coupellation (f) (gent
— forge	Frischofen, Frischfeuer, Frischherd (m)	horno (m) de refinar	four \ de refraichissage \ d'affinage
— furnace	Raffinirofen (m)	— de refinacion	four d'affinage
— furnace, cupellation furnace, for lead	Abtreibeofen (m), Treibherd (m)	— de copelacion	four de coupellation du plomb
— hearth for copper	Garherd (m)	— de refinar el cobre	foyer (m) d'affinage du cuivre
— work	Raffinerie (f)	refineria, afineria (f)	raffinerie, affinerie (f)
refractory (adj) (met.), apyre	feuerfest, strengflüssig, zähflüssig	refractário, apiro	refractaire, apyre
—, rebellious (adj)	widerspenstig, verenzt	refractário	refractaire, rouillé (d'or)
refrigeration (s)	Abkühlung (f)	enfriamiento (m)	réfrigération (f)
refrigeratory (s)	Kühlraum (m)	refrigeratório	plancher (m) refroidisseur
refuse rocks (s. pl)	Berge (f), Taube Gestein (m)	escombros (m. pl)	décombres (m. pl)
regeneration (s)	Regenerirung (f)	regeneracion (f)	régénération (f)
regenerative furnace	Regenerativofen (m)	horno (m) regeneratório	four (m) régénérateur
regenerator	Regenerator (m)	regenerador (m)	régénérateur (m)
register, damper (s)	Register (n), Schieber (m)	portacho (m), corredera (f)	régistre (m)
regular (adj) of inclination	rechtsinnig	regular	régulier
regulating	Regulirung (f)	regulacion (f)	réglage (m)
regulator (s)	Regulator (m)	regulador (m)	régulateur (m)
regulus, button, metall grain	Regulus, König (m), Metallkorn (n)	régulo (m)	régule, bouton (m)
—, matt	Stein (m), Speise (f)	mata (f)	matte (f)
reheat (v. a)	wieder erhitzen	recaldear	rechauffer
—, mend (v. a)	schweissen, glühen	resudar	ressuer
reheating, mending	Schweissarbeit (f)	resudo (m)	ressuage (m)
— furnace, welding-furnace	Schweissofen (m)	horno (m) \ de enalbar (de resudar	four \ à rechauffer (à ressuer
relation (s)	Verhältniss (n)	relacio (f)	rélation (f)
remove, strip (v. a)	abdecken, abräumen	desmontar	déblayer
rent (of a mine) (s)	Pachtzins, Erbzins (m)	canon, pago por el partido (m)	droit (m) de fermage
repair (v. a)	repariren	reparar	reparer
reservoir (s)	Reservoir (n), Behälter (m)	recipiente (m)	reservoir, recipient (m)
residue (s)	Rückstand (m)	residuo (m)	résidu (m)
resin (s)	Harz (n)	resina (f)	résine (f)
resinous (adj)	harzig	resinoso	résineux
resistance (s)	Widerstand (m)	resistencia (f)	résistance (f)
resolve (v. a), dissolve	auflösen	resolver, disolver	ressoudre, dissoudre
rest (s) during work	Arbeitspause (f)	parada (f)	suspension de travail
Retinite	Retinit	retinita (f)	rétinite (f)

English	German	Spanish	French
retort (s)	Retorte (f)	retorta (f)	retorte, cornue (f)
— for distilling amalgam	Destillirretorte (f) für Amalgam	capellina (f)	cornue (f) pour destiller l'amalgame d'argent
— furnace, retorting — distilling furnace	Retortenofen (m)	horno (m) de retorta	four (m) de retort
returns of a mine	Ausbeute (f) einer Grube	producto, reparto (m), rendimiento que da beneficio [una mina	bénefice (m)
reverberatory-furnace continous —	Flammofen (m) Fortschaufelungsofen(m)	horno (m) de reverbero horno de reverbero continuo	four (m) à reverbère four à reverbère continu
revive (v. a) the copper	Kupfer frischen	refinar el cobre	refraîchir le cuivre
revolution, rotation	Umdrehung (f)	revolucion, rotacion	révolution, rotation
revolutions (s. pl)	Touren, Umdrehungen	vueltas (pl. f)	tours (f. pl)
revolving screen see [trommel screen			
Rhodium [Rh]	Rhodium (n)	ródio (m)	rhodium (m)
ribs (s. pl) (Ming.)	Verlorene Pfeiler von Kohlen	pilares (m. pl) perdidos	pilliers (m. pl) abandonnés
rich (adj)	reich, höflich, erzreich	rico	riche
riddle (s)	Grobsieb (n), Rätter (m)	criba (f) de gruesos	crible (m) de grossiers
ridge (s)	Rücken (m),Sattellinie(f)	cresta (f) de una silla	crête (f) d'une selle
right (s)	Recht (n)	derecho (m)	droit (m)
search right	Freischurf (m)	permiso de hacer labores de reconocimiento	permission de faire des fouilles
ring (s)	Ring (m)	anillo (m)	anneau (m)
junk-ring	Dichtungsring (m)	junta (m)	joint (m)
ring-wall (met.), inner casing	Seele (f) des Hochofens, Kernschacht (m)	paredes refractárias del alto horno	parois (f.pl) réfractaires du haut fourneau
Ripidolite, Clinochlore	Ripidolith, Klinochlor	ripidolita (f), clinocloro (m)	ripidolithe (f), clino-[chlore (m)
rise (v. n), spring	entspringen, hervor-[quellen	saltar, surgir, brotar, nacer, salir (de fuentes)	sourciller
— (v. a) upward	aufbrechen, über sich brechen von Strecken	abrir realces	creuser des montées, des galeries montantes
rising drift (s)	Ueberhauen (n)	realce (m)	montée, cheminée, galerie montante
river gold (s)	Flussgold (n)	oro (m) del rio	or (m) de rivière
rivet (s), spike	Niet (m u. n), Niete (f)	remache (m)	rivet (m)
— (v. a)	nieten, vernieten	remachar	river
— seam	Nietnaht (f)	costura (f) de remaches	rivure (f)
riveting (s)	Vernietung (f)	remache (m)	rivement (m)
riveting-hammer (s)	Niethammer (m)	martillo (m) de remachar	rivoir, marteau à river (m)
	Nietkopfhammer (m)	butrola (f)	bouterolle (f)
road (s)	Landstrasse (f)	carretera (f)	chaussée (f)
— (Ming.)	Strecke (f)	galeria (f)	galerie (f)
roast, calcine (v. a)	rösten, brennen	calcinar	calciner, griller
roaster (s)	Röster (m)	calcinador (m)	calciner, grilleur (m)
roasting, calcining (s)	Röstung (f), Brennen (n)	calcinacion (f)	calcination (f)
desulfurising —	—, Entschwefelung (f)	calcinacion (f)	grillage (m)
chloridising —	Chlorirende —	— clorurante (f)	— chlorurant
— in heaps	— in Haufen	— en montones	— en tas
— in stalls	— in Stadeln	— al aire libre entre muros	— dans des aires murées
dead roasting (s)	Todtrösten (n)	— entera	— entier
— dish (s) (assaying)	Röstscherben (m)	taza (f) para calcinar	test (m) à calciner
— furnace	Röstofen (m)	horno (m) de calcinacion	four (m) de grillage / calcination
rob (v. a) a mine	rauben, ausrauben einer Grube	explotar por labor de rapiña	exploiter contre les règles minières
robbing (s) of a mine	Raubbau (m)	labor (f) de rapiña, explotacion codiciosa	exploitation vicieuse
rock (s)	Gestein (n), Felsart (f)	roca (f)	roche (f)

English	German	Spanish	French
rocks *(s. pl)*	Gebirge *(n)*	tereno *(m)*	terrain *(m)*
country rocks of a deposit	Nebengestein *(n)*	roca *(f)* de los hastiales	roche *(f)* des parois
eruptiv rocks	Erruptivgestein *(n)*	rocas volcanicas	roches volcaniques
metamorphic rocks	Metamorphosirte Ge-[steine	rocas metamorfoseadas	roches métamorphosées
primary rocks	Urgestein *(n)*	rocas primárias	roches primitives
sedimentary rocks	Sedimentärgestein *(n)*	— sedimentárias	— sédimentaires
stratified rocks	Geschichtete Gestein *(n)*	— estratificadas	— stratifiées
rock- } breaker, ore stone- } crusher	Steinbrecher *(m)*	quebrantadora *(f)*	concasseur *(m)*
rock crystall	Bergkrystall *(m)*	cristal *(m)* de roca	crystal *(m)* de roche
rock drill	Gesteinsbohrmaschine*(f)*	perforadora *(f)*	perforatrice *(f)*
rock salt	Steinsalz *(n)*	sal *(f)* { de roca, gema	sel *(m)* { de roche, gemme
rod *(s)*, bar	Stange *(f)*	barra *(f)*	barre *(f)*
— of machinary	Stange *(f)*	vástago *(m)*	tige *(f)*
bore rod, rods *(pl. s)*	Bohrstange *(f)*	vástago de sondeo	tige *(f)* de sondage
rods, spears of a pump	Pumpengestänge *(n)*	tirante *(m)* de bomba	tirant *(m)* de pompe
connecting-rods *(s)*	Pleuel-, Schub-, Korb-, Lenkstange	biela *(f)*	bielle, biêle *(f)*
	Zugstange *(f)*	tirante *(m)*	tirant *(m)*
head of the connecting rod	Schubstangenkopf *(m)*	cabeza *(f)* de la biela	tête *(f)* de la biêle
slide-rod *(s)*	Schieberstange *(f)*	vástago *(m)* de distribu-cion	tige *(f)* de tiroir
roll, cylindre *(s)*, roller	Walze *(f)*	cilindro *(m)*	cylindre *(m)*
— *(v. a)* (met.)	walzen, strecken, aus-walzen	laminar	laminer
— *(v. a)* crush	walzen, zerkleinern	triturar por cilindros	broyer aux cylindres
delivery rolls	Austragwalzen *(f. pl)*	cilindros de descarga	cylindres à decharge
feeding rolls	Aufgebe- } walzen *(f. pl)* Eintrag- }	— de alimentacion	— à { alimenter charger
rolled iron *(s)*	Walzeisen *(n)*	hierro laminado *(m)*	fer *(m)* laminé
rolley *(s)* (Ming.)	Hund, Förderwagen *(m)*	vagon *(m)* de minas	vagon *(m)* de mine
rolling *(s)* (met.)	Walzen *(n)*, Strecken	laminacion *(f)*	lamination *(f)*
— mill (met.)	Walzwerk *(n)*	laminador *(m)*	laminoir *(m)*
— — for pipes	Röhrenwalzwerk *(n)*	— para tubos	— à tuyaux
— — for plates	Blechwalzwerk *(n)*	— para chapas	— à plaques
rolling-mill, rolls, crushing cylinders, [grinder	Walzwerk *(n)* (Aufb.)	cilindros *(m. pl)* de tri-turacion	cylindres *(m. pl)* [broyeurs
rolls for fine crushing	Feinwalzwerk *(n)*	cilindros de fino	— finisseurs
— for coarse crushing	Grobwalzwerk *(n)*	— de grueso	— dégrossiseurs
rolling-train (met.)	Walzenzug *(m)*, Walzen-strasse *(f)*	tren *(m)* de laminacion	train *(m)* de laminage
roof, back	Firste, Dach *(n)* eines Grubenbaues	techo, cielo *(m)* de un minado	toit, ciel *(m)* d'un tra-vail minier
roofing slate *(s)* (Geol.)	Dachschiefer *(m)*	pizarra *(f)*	ardoise *(f)*
room *(s)*	Abbaustrecke *(f)*	galeria *(f)* de exploita-cion	galerie *(f)* d'exploitation
assayers room	Probirlaboratorium *(n)*	laboratório *(m)*	laboratoire *(m)*
rope *(s)*, cable	Seil *(n)*, Kabel *(n)*	cuerda *(f)*, cable *(m)*	corde *(f)*, câble *(m)*
flat —	Flachseil *(n)*, Bandseil	cable plano *(m)*	câble *(m)* plat
endless —	Seil ohne Ende	— sin fin	— sans fin
enveloped —	Umhülltes Seil	— protegido	— protégé
round —	Rundseil *(n)*	— redondo	— rond
winding —, pit rope	Förderseil *(n)*	— de extraction	— d'extraction
wire —	Drahtseil *(n)*	— { de alambre, metálico	— de fil de fer
rope transmission *(s)*	Seilantrieb, Seiltrieb *(m)*	transmision *(f)* por [cuerda	transmission *(f)* à la corde
rose *(s)* for water	Brause *(f)*	regadera *(f)*	pomme *(f)* d'arrosage
— copper see copper			

English	German	Spanish	French
rotative velocity (s)	Umdrehungsgeschwindigkeit (f)	velocidad rotatória (f)	vitesse (f) rotatoire
rotary (adj)	drehend, rotirend	rotatório	rotatoir
round (adj)	rund	redondo	rond
half-round	halbrund	media caña	demi-circulaire
round buddle for dressing fine ore	Rundbuddel, Rundherd, Kegelherd (m)	round-buddle (m). rumbo (Almeria, Spain)	round-buddle (m)
round rope see rope			
round-tree	Rundbaum (m)	arbol (m) redondo	arbre (m) rond
rough (adj) (met.)	roh	crudo	cru
royalty, mining —	Bergregal (n)	regalia (f) de minas	régale (f) des mines
"	Bergwerksabgaben (f. pl)	impuestos (m. pl) de [minas	impôts (m. pl) des mines
rub (v. a)	reiben	frotar	frotter
rubber (s)	Gummi (m)	goma (f), hule (m) (Mexico)	gomme (m)
rubbing (s)	Reibung (f)	frotacion (f), frotadura	frottement (m)
rubbish see attle			
rubidium [Rb] (s)	Rubidium (n)	rubídio (m)	rubidium (m)
rublish of the cap rocks	Abtrag, Abraum (m)	desmonte (m)	déblai (m)
ruby (s)	Rubin (m)	rubí (m)	rubis (m)
rule (s)	Lineal, Richtscheit (n)	regla (f)	règle (f)
—, scale	Maasstab (m)	escala (f)	échelle (f)
run, strike direction	Streichen (n)	rumbo (m), direccion (f)	direction (f)
— (v. n) of a lode	streichen	dirigirse (de un filon)	se diriger (d'un filon)
— off see tap			
— side by side of lodes	sich schleppen	resbalarse	se traîner
running see tapping			
rupture (s) (mech.)	Bruch (m)	rotura (f)	rupture (f)
rush of water	Wasserzufluss (m)	avenida (f) de água	venue (f) d'eau
rust (s)	Rost (m)	moho, herrumbre (m)	rouille (f)
— (v. n)	rosten, verrosten	enmohecerse	se rouiller, s'enrouiller
ruthenium (s) [Ru]	Ruthenium (n)	ruténio (m)	ruthénium (m)
rutile (s) (Min.)	Rutil (m)	rutilo (m)	rutile (m)

S.

English	German	Spanish	French
saddle (s) of a seam, anticlinal fold (Geol.)	Sattel (m) eines Flötzes	silla (f) de una capa	selle (f) d'une couche, pli (m) anticlinal
slope of a saddle	Sattelflügel (m)	falda (f) de una silla	aile (f) d'une selle
inclined side of a —	Liegender —	— inclinada	plat, plateur (m)
vertical side of a —	Stehender —	— vertical	dressant, droit (m)
line of knuckle saddle	Sattellinie (f)	liniea de la cresta de una silla	ligne (f) de la selle
safety:, safety catches	Fangvorrichtung am [Förderkorb	para-caida (f)	para-chute (f)
safety lamp	Sicherheitslampe (f)	lámpara (f) de seguridad	lampe (f) de sûreté
safety pillar	Sicherheitspfeiler (m)	pilar (m) de seguridad	pilier (m) de sûreté
safety valve	Sicherheitsventil (m)	válvula (f) de seguridad	soupape (m) de sûreté
sal ammoniac (s) see ammonium			
salary (s), wages (pl. s)	Gehalt (n), Besoldung (f)	sueldo (m)	salaire (m)
salicylic acid (s)	Salicylsäure (f)	ácido (m) salicílico	acide (m) salicylique
saliferous (adj)	salzhaltig	salífero	salifère
— rocks (Geol.)	Salzgebirge (n)	tereno (m) salífero	terrain (m) salifère
saline (adj)	salzig	salino, salado	salin, salé
salmiak see ammonium			
salt (s)	Salz (n)	sal (f)	sel (m)
alkaline — (s)	Alkalische —	— alcalina	— alcalin
bay —, sea — (s), marine —	Seesalz (n)	— { del mar { de marisma	— { de mer { marin

English	German	Spanish	French
salt (see pag. 91)			
brine — (s)	Quellsalz, Soolsalz (n)	sal de manantiales	sel de source
common — (s)	Kochsalz (n)	— comun	— commun
magnesia — (s), bitter —	Bittersalz (n)	— amarga	— amer
microcosmic —	Phosphorsalz (n)	— de fósforo	— de phosphore
rock salt (s)	Steinsalz (n)	— { roca / gema	— { gemme / de roche / fossile
— marsh, sea salt works (s)	Salzgarten (m)	salina, marisma (f)	marais (m) salant
— mine (s)	Salzbergwerk (n)	mina (f) de sal, salina	mine de sel, saline (f)
— mother lye (s)	Salzmutterlauge (f)	água (f) madre de sal	eau (f) mère de sel
— pan (s)	Salzpfanne (f)	caldero (m) en salinas	chaudron (m) à sel
— water, brine (s)	Salzlauge. Soole (f)	água (f) salina	eau (f) saline
— work, saltern (s)	Saline (f)	salina (f)	saline (f)
flowers of salt (s. pl)	Salzblumen (f. pl)	flores (f. pl) de sal	fleurs (f. pl) de sel
solution of —	Salzlösung (f)	disolucion (f) de sal	solution (f) de sel
saltern see salt work			
saltpeter see potassium			
sample (s) (chem.)	Probe (f). Muster (n), Erzstufe (f)	muestra (f), bocado (m)	échantillon (m)
— (v. a), take samples	Probe nehmen	tomar la muestra	prendre l'échantillon
sampling (s)	Probenahme (f)	toma (f) de muestra	prise (f) d'essai. échantillonage (m)
sand (s)	Sand (m)	arena (f)	sable (m)
alluvial —	angeschwemmter Sand	— aluvial	— d'alluvions
argillaceous —	thoniger	— arcillosa	— argileux
auriferous —	goldhaltiger —	— aurífera	sable aurifère
quick —	Schwimmsand (m)	— acuífera	sables mouvants
— bank (s) (Geol.)	Sandbank (f)	capa (f) / banco (m) } de arena	couche (f) / banc (m) } de sable
— bath (s) (chem.)	Sandbad (n)	baño (m) de —	bain (m) de —
— mould (s) (met.)	Sandform (f)	molde (m) de arena	moule (m) de sable
— paper (s)	Sandpapier (n)	papel (m) lija	papier (m) sablé
— pit (s)	Sandgrube (f)	mina (f) de arena	minière (f) de sable
sandstone, grit(s)(Geol.)	Sandstein (n)	arenisca (f), arenisco, asperon (m)	grès (m)
argillaceous —	thonige Sandstein (m)	— arcilloso	— argileux
calcareous —	kalkige — (m)	— calcáreo	— calcareux
coal grit, coal bearing —	Kohlensandstein (m)	— carbonífero	— houiller
new-red —	Rothliegende (n), Rothe Todtliegende (n)	— rojo	— rouge
variegated —	Buntsandstein (m)	— abigarrado	— bigarré
sandy, arenaceous (adj)	sandig	arenoso, arenisco	sableux
— marl (s)	Sandmergel (m)	marga (f) arenosa	marne (f) sableuse
sanidine (s) (Min.)	Sanidin (m)	sanidino (m)	sanidin (m)
sapphire (s) (Min.)	Sapphir (m)	záfiro (m)	saphir (m)
saturate (v. a) (chem.)	sättigen	saturar	saturer
saturated (adj)	gesättigt	saturado	saturé
supersaturated (adj)	übersättigt	sobresaturado	sursaturé
saturation (s)	Sättigung (f)	saturacion (f)	saturation (f)
saw (s)	Säge (f)	sierra (f)	scie (f)
— (v. a)	sägen	asserar	scier
band —, endless —	Bandsäge (f)	sierra (f) de cinta	scie (f) sans fin
circular saw (s)	Kreissäge (f)	— circular	— circulaire
hand saw	Fuchsschwanz (m)	serrucho (m) de mano, cola (f) de zorra	scie à main, sciotte (f)
inlay saw	Fourniersäge (f)	verdugo (m)	— à placage
lock saw, key hole saw	Lochsäge (f)	serrucho (m) de calar	— à trous
— blade, web of a saw	Sägeblatt (n)	hoja (f) de la sierra	feuille / lame (f) } de la scie
— dust (s)	Sägemehl (n)	serrin, asserin (m)	sciure (f)

English	German	Spanish	French
saw (see pag. 92)			
— mill (s)	Schneidemühle (f)	molino (m) de asserar	scierie (f)
scale (s)	Skala (f), Stufenleiter	escala (f)	échelle (f)
— (drawing)	Maassstab (m), Grössen-verhältniss (n)	escala (f)	échelle (f)
scales (s. pl)	Hammerschlag (m), [Glühspahn	hojas (pl. f) de hierro	pailletes (f. pl) de fer
— of a balance	Wagschale (f)	plato (m) platillo } de balanza	plat (m) plateau } de balance
scale of hardness (s) (Min.)	Härteskala (f)	escala (f) de dureza	échelle (f) de dûreté
scaly (adj)	schalig, schuppig	crustáceo	en forme d'écailles
scheelit (s) (Min.)	Scheelit (m)	scheelita (f)	scheelite (f)
schillerspar, bastite	Schillerspath, Bastit (m)	bastita (f)	bastite (f)
schist (s)	Schiefer (m)	esquista (f)	schiste (m)
micaschist (s)	Glimmerschiefer (m)	micaesquista (f)	micaschiste (m)
schistous (adj)	schieferig	esquistoso	schisteux
schlich, concentrates	Schlieg, Schlich (m)	calique	schlich
school (s) of mines	Bergschule (f)	escuela (f) minera	école (f) des mines
— for mining overmen	Steigerschule (f)	— de capatazes	— des mineurs
schorl (s) (Geol.)	Schörl (m)	chorlo (m)	schorl (m)
scip see kibble			
scoop (s)	Schöpfkelle (f)	vertedor (m)	cuiller (m) à puiser
—, wimble (s) (Ming.)	Schappe (f), Schappen-bohrer (m)	taladro (m)	tarière (f) à glaisse
— wheel	Schöpfrad (n)	rueda (f) de nória	roue (f) à godets
scolecite (s) (Min.)	Skolezit (m)	escolecita (f)	acolézite (f)
scoria (s) (met.)	Schlacke (f), Metall-[schlacke	escoria (f)	scorie (f)
scorification (s)	Verschlackung (f)	escorificacion (f)	scorification (f)
— assay	Ansiedeprobe (f)	— con el plomo	— avec le plomp
scorifier (s)	Ansiedescherben (m)	escudilla escorifica-tiesta (f) tória	test (m) à vitrifier, [scorifier (m)
scorify (v. a)	verschlacken	escorificar	scorifier
— (v. n)	sich verschlacken	escorificarse	se scorifier
— (v. a) with lead	ansieden	escorificar con el plomo	scorifier avec plomb
scrap lead (s)	Bleikrätze (f), Bleiab-strich	espuma (f) de plomo	crasse (f) de plomb
scraper (Ming.)	Krätzer, Bohrkrätzer (m)	sacca-barro (f), cutchara (f) (Mexico)	tire-sable (m), grattoir
— (met.)	Schabeisen (n)	raedera (f), rascador (m)	racloir (m), crosse (f)
— (Ming.)	Kratze (f) zum Trog	raedera (f)	racle (m)
scratch (v. a) minerals to determine hard-ness	ritzen (zum Bestimmen des Härtegrades eines Minerals	rayar	rayer
screen	Sieb (n). Rätter (m)	criba (f)	crible (m)
— (v. a)	durchsieben, sieben, sor-tiren von Mineralien	cribar	cribler
screening (s)	Siebung (f), Sieben (n)	cribadura (f)	criblage (m)
screw (s)	Schraube (f)	tornillo (m)	vis (f)
— (v. a)	schrauben, anschrauben	atornillar	visser
— off, unscrew (v. a)	losschrauben	destornillar	dévisser
adjusting screw regulating } (s)	Stellschraube (f)	rosca (f), que se puede subir ó bajar segun el conviene	vis (f) de rappel
endless screw	Schraube ohne Ende	tornillo (m) sin fin	vis (f) sans fin
female srew, nut	Mutter, Schraubenmut-ter (f)	tuerca (f)	écrou (f)
thumb screw	Flügelmutter (f)	— con orejas	— { à oreilles ailée
screw bolt	Schraubenbolzen (m)	tornillo (m)	boulon (m) taraudé
— { heat (s) knob	Schraubenkopf (m)	cabeza (f) de tornillo	tête (f) de vis
— key, wrench	Schraubenschlüssel (m)	llave (f) de tornillos	clef (f) de vis

English	German	Spanish	French
screw (see pag. 98)			
— pitch (s)	Schraubengang (m)	ruelta (f) de tornillo	pas (m) de vis
— rod	Schraubenspindel (f)	tornillo (m)	tige (f) filetée
— stock (s)	Schneidkluppe (f)	terraja (f)	fillère (f) à coussinet
— thread, worm	Schraubengewinde (n)	filete (m)	filet (m) d'une vis
turn screw, screw-driver	Schraubenzieher (m)	destornillador, sacca-[tornillos (m)	tourne-vis (m)
scum (s), skim (met.)	Schaum, Abstrich (m)	espuma (f)	crasse (f)
sea foam s. Meerschaum			
seal (v. a) with lead	plombiren	enplomar	plomber
seam (s), bed (s)	Lager (n), Flötz	capa (f)	couche (f)
search (v. a) for minerals	schürfen nach Mineralien	reconocer	rechercher
seat (s) of valve	Ventilaitz (m)	asiento (m) de una valvula	siège (f) de soupape
secondary (adj) (Geol.)	sekundär	secundário	secondaire
sectile (adj) (Min.)	mit d. Messer schneidbar	sectil	
section (s) (drawing)	Schnitt (m), Quer-[schnitt (m)	corte (m) vertical	coupe (f)
sediment (s) (Geol.)	Sediment (n)	sedimento (m)	sédiment (m)
sediments in boilers, fur-stoms, incrustations	Kesselstein (m)	encrustaciones (f. pl) en calderas	incrustations (f. pl)
sedimentary (adj)	sedimentär	sedimentário	sédimentaire
selecting table	Klaubherd (m)	tabla (f) para la monda de minerales	table (f) de triage
seleniate (s)	Selensaure Salz (n)	seleniato (m)	séleniate (m)
selenium (s)	Selen (n)	selénio (m)	sélène (m)
self acting (adj)	selbstthätig,automatisch	automático	automatique
separate (v. a) the ores from the deads	separiren	separar los minerales	séparar les minerais
—	scheiden } von Erzen	apartar } de los escom-	scheider } des matières
—	ausklauben	mondar bros	trier stériles
separating, sizing, classi-fication	Klassiren (n) nach der Korngrösse	clasificacion segun el ta-maño de los granos	classement (m) de vo-lume
— of equally faling grains	Sortiren (n) nach der Gleichfälligkeit der Körner	— por equivalencia	sortage (m), classement par équivalence.
— trommel,revolving screen or drum	Separationstrommel (f), Klassirungstrommel (f)	tromel-clasificador (m)	trommel-classeur (m)
separation (s)	Separation (f)	separacion (f)	séparation (f)
dry — of ores	Trockenconcentration (f), Luftseparation von Erzen	— por el aire	classement (m) par le vent
separator (s)	Separator, Concentrator (m)	concentrador (m) de [minerales	concentrateur (m) de minerais
serpentine (s)	Serpentin (m)	serpentina (f)	serpentine (f)
set (s) of gear	Satz (m) (von Werk-[zeugen)	juego (m)	jeu (m)
— of men	Belegschaft (f)	cuerpo (m) de mineros	ensemble (m) des mineurs
— of pumps	Pumpensatz (m)	juego (m) de bombas	jeu (m) de pompes
— of stamps	Pochsatz (m)	bateria (f) de bocarte	batterie (f) de bocard
— of timber, complete frame	Schachtgeviert (n), Thürstockgeviert (n)	marco (m) de entibacion bien sea de un pozo ó de una galeria	porte (f) de boisage cadre (m) } d'un puits ou d'une galerie
— (v. a) to work	in Betrieb setzen	poner en marcha una maquina or un horno	mettre en marche une machine ou un four
— men to work	Arbeiter anlegen	dar trabajo á un tra-bajador	admettre en travail (les ouvriers)
— on fire a furnace	einen } in Brand setzen, Ofen } anblasen	poner en marcha (un horno)	mettre en marche (un four)
set-hammer	Setzhammer (m)	sentador, repartidor (México)	chasse (f)
set-off (s)	Hornstatt (f) eines Has-pels in der Grube	cámara (f) para el torno en la mina	chambre (f) du treuil d'un puits intérieur
settle (v. n)	sich niederschlagen, sich absetzen	depositarse	se déposer

English	German	Spanish	French
settling-tank, clearing-basin, settling-reservoir } (s)	Schlämmteich (m), Klärsumpf (m), Klärbassin (n)	balsa (f) } de clari-estanque (m) } ficacion	bassin { de dépôt, de clarification
shaft (mech.)	Welle, Transmissions-welle (f)	eje (m), arbor (m)	axe (f), arbre (m)
—, (s) s. handle of a hammer			
— } of a blast furnace, } stack (s)	Schacht, Schachtraum (m)	chimenea (f) del alto horno	cheminée (f), cuve (f) d'un haut fourneau
—, pit (Ming.)	Schacht (m)	pozo (m), tiro (m) (Mexico)	puits (m), bure (f)
air shaft (s)	Wetterschacht (m)	pozo (m) de ventilacion	puits (m) d'aérage
discovery —	Fundgrube (f)	punto (m) de partida	point (m) de découverte
drawing —	Treibschacht (m)	pozo de extraccion	puits (m) d'extraction
hoisting, winding —	Förderschacht (m)		
engine —, rod —	Kunstschacht, Maschi-nenschacht, Wasser-haltungsschacht (m)	pozo { maestro, de desagüe	puits (m) d'epuisement
exploring —, — of research	Versuchsschacht (m)	pozo (m) de reconocimi-ento	puits de recherche
hading —, inclined —	donnlägige Schacht, Schleppschacht (m)	pozo (m) inclinado	puits incliné
hoisting — see [drawing —			
ladder-way-shaft	Fahrschacht (m)	pozo { de entrada, (m) { de escala, de escaleras (Mex.)	puits (m) { d'entrée, de descente, aux échelles
underground —, [winze, staple	Gesenk (n), Abteufen (n), Blinde Schacht (m)	trancada (f), rebaje (m), labor (f) déscendente	puits (m) souterrain
undivided —	Einträmige Schacht (m)	pozo (m) de una cuerda	puits (m) à un seul com-partiment
winding — see [drawing shaft			
whim shaft (s)	Göpelschacht (m)	pozo (m) malacate	puits (m) de la machine à molettes
compartment of a —	Schachtrum (n)	compartimiento (m) de un pozo	compartiment d'un puits
shaft-frame (s)	Schachtgeviert, Joch (n)	marco (m) de un pozo	cadre (m) d'un puits
— furnace	Schachtofen (m)	horno (m) de bóveda	four (m) à cuve
— timbering (s)	Schachtzimmerung (f)	entibacion (f) } del apeo (m) } pozo	boisage (m) d'un puits
shafting, sinking	Schachtabteufen (n), Niederbringen eines Schachtes	profundisacion (f) de un pozo	défoncement (m), profoncage (m), ap- } d'un profondissement } puits (m)
shake (v. a)	schütteln	chocar, golpear	secouer
shaking (s)	Schütteln (n)	golpeadura (f)	mouvement (m) secoué
— grate	Schüttelrätter (m), Stoss-rätter	grella (f) } móvil reja (f) } de vaiven	grille (f) } raetter } à secousses
— screen, — sieve	Schüttelsieb (n)	criba (f) de vaiven	crible (m) à secousses
flat shaking screen	Plansichter (m)	criba plana de percusion	crible plat à secousses
shape (v. a), cut	fraisen	fresar	fraiser
shaping-machine, cut-ting machine	Fraismaschine (f)	fresadora (f)	machine à fraiser
share (s) in mining company	Kux (m)	accion (f) de una sociedad especial minera	part (f) d'une société minière
— holder	Gewerke (m)	propietário (m) de accio-nes de una sociedad minera	propriétaire de parts d'une société minière
sharpen (v. a)	schärfen	aguzar	aiguiser
shavings (s)	Hobelspähne (m. pl)	acepilladura (f)	copeaux (m. pl)
shearing (s)	Schlitz (m), Kerb (m)	socava (f)	entaille (f)
sheave (s)	Scheibe (f)	polea (f), disco (m)	poulie (f), disque (m)
shed (s)	Schuppen (m)	barraca (f)	baraque (f), hangar

English	German	Spanish	French
sheelite (s) (Min.)	Scheelit (m)	scheelita (f)	scheelite (f)
sheet of metal (s)	Blech (n), Metallplatte	chapa (f), plancha	lame, plaque de tôle (f)
sheet iron	Eisenblech (n)	hierro (m) en hojas	fer (m) en plaques.
sheet zinc	Zinkblech (n)	zinc (m) en hojas	zinc (m) en plaques
shell) marl	Muschelkalk (m)	muschelkalk (m)	muschelkalk,
(s)) limestone (Geol.)			calcaire) conchylien
			(m)) coquiller
shell of a blast furnace see casing			
shift, day's work (s)	Schicht (f), Arbeits-[tag (m)	jornada (f)	journée (f)
shingles (s. pl)	Kieselgerölle (n)	guijarros rodados	cailloux (m. pl) entrainés par les eaux
ship and unship	ein- und ausrücken von Maschinentheilen	engranar y desengranar	engrener et débrayer
shist see schist			
shiver (s)	Dachschiefer (m)	pizarra (f) de tejado	ardoise (f)
shock (s)	Schlag, Stoss (m)	golpe (m)	coup (m)
shoe of a stem, stamp shoe	Pocheisen (n), Poch-[schuh (m)	cabeza (f) del bocarte	sabot (m)
shoot (s) for the extraction of ores	Rollloch (n) zur Förderung	pozillo (m) para el arrastre de minerales	puits (m) de roulage
— (v. a)	sprengen, schiessen	hacer saltar un barreno, tirar	pétarder
shooting, blasting	Steinsprengung (f)	vuelo (m) de rocas	pétardement des roches
shop	Werkstätte (f)	taller (m)	atelier (m)
shoring up the attle	Abtreibearbeit (f)	apeo (m) por estacas (de minados hundidos)	boisage (m) par palplanche (de galeries éboulées)
shorl see schorl			
short, brittle (adj)	spröde, brüchig	quebradizo, flojo	clastique
shot (s), blast	Sprengschuss (m)	salto (m) de un barreno	coup (m) de mine
shovel (s)	Schaufel, Schippe (f)	pala (f)	pelle (f)
— and scraper	Schaufel und Kratze	pala y raedera	pelle et racle
show: mineral show	es bricht Erz ein	hay mineral	il-y-a du minerai
side (s) (Ming.)	Stoss (m), seitliche Begrenzung	pared (f) de un minado	paroi (f) d'un travail de mine
— of a gallery	Ortstoss (m)	— de una galeria	paroi (f) d'une galerie
— of a shaft	Schachtstoss (m)	pared (f) del pozo	paroi (f) du puits
siding (s)	Weiche (f), Wechselstelle in einer Strecke	cámbio (m) de via	évitement (m)
siderite) see iron			
siderochrome) ores			
sieve (s)	Sieb (n)	criba (f)	tamis, crible (m)
— (v. a)	sieben	cribar	cribler
sift (v. a)	sieben, absieben	cribar	cribler
siftings (s. pl)	Siebfeine (f), Siebdurchfall (m)	menudo (m) de la criba	menu (m) du crible
signal	Signal (n)	aviso (m), campana (f)	signal (m)
silex (s), flintstone	Feuerstein (m)	pedernal (m), piedra de chispa	pierre (f) à feu
— pebble	Kieselstein (m)	cascajo (m)	caillou (m)
silica see silicium			
silicate (s)	Kieselsaure Salz, Silikat (n)	silicato (m)	silicate (m)
siliceous (adj)	kieselartig	silíceo	siliceux
— sinter (s)	Kieselsinter (m)	fiorita, geiserita (f)	geysérite, siorite (f)
silicic acid see silicium			
silicified (adj)	verkieselt	silicificado	silicifié
silicify (v. n)	verkieseln	silicificar	silicifier
silicium (s) [Si]	Silicium (n)	silicio (m)	silicium (m)
silicic acid, silica [SiO₂]	Kieselsäure, Kieselerde (f)	acido silícico (m), silice (f)	acide (m) silicique, silice (f)

English	German	Spanish	French
silicium (see pag. 96) silico fluoric acid [H₂ Si Fl₆]	Kieselfluorwasserstoff-säure (f), Kieselfluss-säure	acido (m) fluosilícico	acide (m) fluosilicique
silurian (adj) (Geol.) — { formation / system	silurisch Silurformation (f), Silur (n)	siluriano formacion siluriana	silurien formation silurienne
silver, plate (v. a)	versilbern	platear	argenter
silver (s) [Ag]	Silber (n)	plata (f)	argent (m)
bromide of — [AgBr]	Bromsilber (n)	bromuro (m) de —	bromure (m) de —
chloride of — [AgCl]	Chlorsilber (n)	cloruro (m) de —	chlorure (m) de —
iodide of — [AgJ]	Jodsilber (n)	ioduro (m) de —	iodure (m) de —
suboxide of — [Ag₄O]	Silberoxydul (n)	protóxido (m) de —	protoxyde (m) de —
oxide of — [Ag₂O]	Silberoxyd (n)	óxido (m) de —	oxyde (m) de —
peroxide of — [AgO]	Silbersuperoxyd (n)	peróxido (m) de —	peroxyde (m) de —
nitrate of —, [Ag / lunar caustic [NO₃]	SalpetersaureSilberoxyd, Silbernitrat (n), Höllenstein (m)	nitrato (m) de plata, piedra (f) infernal	nitrate (m) d'argent, pierre (f) infernale
sulphate of — [Ag₂ SO₄]	Schwefelsaure Silberoxyd, Silbersulfat (n)	sulfato (m) de plata	sulfate (m) d'argent
sulphide of — [Ag S]	Schwefelsilber (n)	sulfuro (m) de plata	sulfure (m) d'argent
silver ores	Silbererze (n. pl)	minerales de plata	minerais d'argent
native silver (s) [Ag]	Gediegene Silber (n)	plata (f) nativa	argent (m) natif
Red silver ore, ruby silver	Rothgültigerz (n),Rubinblende (f)	rosicler (m), plata roja, petlanque(m)(Mexico)	argent (m) rouge
light red silver ore, proustite [Ag₃ As S₃]	Lichte Rothgültigerz (n), Proustit (m), Arsensilberblende	plata roja clara, proustita (f)	argent rouge arsénicale, proustite (f)
dark red silver ore, pyrargyrite [Ag Sb S₃]	DunkleRothgültigerz(n), Antimonsilberblende(f), Pyrargyrit (m)	plata roja oscura, pirargirita (f)	argent rouge antimonial (m), pyrargyrite (f)
stromeyerite [Cu₂ S + Ag₂ S]	Kupfersilberglanz (m), Stromeyerit (m)	stromeierita (f), cobre sulfurado argentífero	sulfure (m) d'argent et de cuivre, stromeyerite (f)
horn silver, corneous silver, cerargyrite [Ag Cl]	Hornsilber (n), Kerargyrit (m)	plata córnea, [kerargirita (f)	argent (m) corné, kerargyrite (f)
brittle silver glance, stephanite [Ag₄ Sb S₄]	Sprödglaserz (n), Melanglanz, Stephanit (m)	estefanita (f), plata ágria psaturosa	argent sulfuré fragile, atefanite (f)
silver glance, vitreous silver, argentite [Ag₂ S]	Silberglanz (m), Glaserz (n)	plata negra (f), plata vítrea	argent noir, argent sulfuré, argentite
miargyrite [Ag Sb S₂]	Miargyrit (m)	miargirita (f)	miargyrite (f)
antimonial silver, dycrasite [Ag₃ Sb]	Antimonsilber(n),Silberspiessglanzerz (n)	plata antimonial, [discrasita (f)	argent antimonial
grey copper ore, tetrahedrite	Fahlerz, Weissgültigerz, Graugültigerz (n)	tetraedrita, panabasa (f), cobre gris (m)	cuivre (m) gris, tétrahédrite (f)
argentiferous ore auro-argentiferous ore	silberhaltiges Erz goldsilberhaltiges Erz	mineral argentífero — auro-argentífero	minerai (m) argentifère — auro-argentifère
bar silver (s)	Barrensilber (n)	plata (f) en barras	argent en barres
fine / refined } silver (s)	Feinsilber (n)	plata { fina (f) / refinada, plata piña (Mexico)	argent { fin / de coupelle
precipitated silver	Cementsilber (n), niedergeschlagene, { Silausgefällte { ber	plata (f) precipitada	argent précipité
silver bar, — ingot	Silberbarren (m)	barra (f) de plata	barre (f) d'argent
silver cake (Patio)	Silberkuchen (m)	piña (f) de plata	gateau (m) d'argent
fulminating silver see cyanogen			
silvered (adj)	versilbert	plateado	argenté
silvering see argentation			
sine (s) (math.)	Sinus (m)	seno (m)	sinus (m)

7

English	German	Spanish	French
single (adj)	einfach	simple	simple
— acting (mach.)	einfach wirkend	de simple efecto	à simple effet
— handed boring	einmännische Bohren	perforacion que hace un solo hombre	forage (m) à un seul homme
sink (v. a), put down a shaft	abteufen, abhauen, einen Schacht nieder- [bringen	profundizar un pozo	foncer, profondir, creuser un puits
—	ausschachten	escavar	foncer, creuser
— work in salt mines	Sinkwerk (n) beim Salz-bergbau, Laugwerk (n)	labor (f) d'explotacion de la sal gemma por lejivacion	ouvrage (m) du sel gemme par lessivage
sinker (s)	Schachthauer (m)	minero (m) que profun-diza un pozo	mineur (m) approfondis-seur
sinking (s)	Abteufung (f), Abteu-fen (n), Niederbringen von Schächten	profundizacion	fonçage (m), approfon-dissement
— { shaft walling, pit	Senkschacht (m)	pozo (m) en terreno acuifero	puits (m) à trousse
sinter (s): siliceous —	Kieselsinter (m)	fiorita (f)	fiorite (f)
siphon (s)	Heber (m)	sifon (m)	siphon (m)
size (s)	Grösse (f)	tamaño (m)	grandeur (f)
natural — (draw.)	Natürliche Grösse	tamaño (m) natural	grandeur naturelle (f)
— of grains (ore-dress.)	Korngrösse (f)	tamaño de los granos	grosseur (f) des grains
— of meshes	Maschenweite (f), Sieb-weite (f)	luz (f), claro (m) { de una criba de las mallas	clair (m) { d'un crible, des mailles
— (v. a) (ore-dressing)	klassiren, nach der Grösse separiren	clasificar (segun el ta-maño de los granos)	classer (selon le volume)
sizing (s) of minerals	Klassirung, Trennung nach der Korngrösse	clasificacion (f)	classement (m) de vo-lume
skim (s) (met.)	Schaum, Abstrich (m)	espuma (f)	écume (f)
skimpings (ore-jigging)	Abhübe (m. pl)	desechos (m.pl),(recortes)	rebuts, débris (m. pl)
skittle pot see assay crucible			
slab (s), facing board	Abschwarte,Schwarte (f)	costero (m)	dosse, dalle (f), pal-planche (f)
slack, coal (s) —	Feinkohle (f), Grusskohle	carbon (m) menudo	charbon (m) menu
— (v. a) the lime	(Kalk)löschen	apagar la cal	éteindre la chaux
slag, scoria, cinder (s)	Schlacke (f)	escoria (f)	scorie (f)
convert (v. n) into slag	sich verschlacken	escorificarse	se scorifier
— hole	Schlackenloch (n)	agujero (m) para la colada de la escoria	trou (m) de coulée des scories
— tip see cinder tip			
slant see inclination			
slate (s), shist, shiver flagstone	Schiefer (m)	pizarra (f), esquisto (m)	schiste (m)
adhesive —	Klebschiefer (m)	pizarra adhesiva	shiste (m) adhésif
alum —	Alaunschiefer (m)	pizarra aluminosa	schiste (m) alumineux
argillaceous —, clay slate	Thonschiefer (m)	pizarra arcillosa, arcilla pizarrosa	schiste (m) argileux, ardoise (f) argileuse
calcareous —	Kalkschiefer (m)	pizarra calcárea	calschiste (m)
chlorite —	Chloritschiefer (m)	pizarra clorítica	chloritoshiste
copper —	Kupferschiefer (m)	pizarra cobriza	shiste cuivreux
crystalline —	Krystalline-Schiefer (m)	— cristalina	shiste crystallin
lithographic stone, [black chalk	Zeichenschiefer (m)	ampelita (f) gráfica	ampélite (f) graphique, pierre (f) noir à dessiner
marl slate	Mergelschiefer (m)	pizarra margosa	shiste marneux
mica slate	Glimmerschiefer (m)	micasquista (f)	micashiste (m)
roofing slate	Dachschiefer (m)	pizarra para techos	ardoise (f)
whet-slate	Wetzschiefer (m)	novaculita (f)	coticule (f)
slate quarry (s)	Schieferbruch (m)	pizarral (m)	ardoisière, carrière (f) de schiste
slaty, shistous (adj)	schieferig	pizarroso, esquistoso	shisteux, feuilleté
— grit (s)	Sandschiefer (m)	asperon (m) esquistoso	grès (m) feuilleté

English	German	Spanish	French
sledge (s), miner's hammer	Fäustel (n)	martillo minero (m)	marteau (m) de mineur
—, two handed hammer of miners	Treibfäustel (n)	marro (m)	masse (f)
— of black smith's	Zuschlagehammer (m)	macho (m)	battran (m)
sleeper, railway sleeper	Schwelle (f), Eisenbahnschwelle	traviesa (f) de ferrocarril	traverse (f) de chemin de fer
slickenside (s) (Ming.)	Spiegelfläche, Rutschfläche (f), Harnisch (m) in einem Gange	liso (m) en filones	surface (f) lisse dans un filon, miroir (m) de faille
slide (s)	Gleitfläche (f)		
—, shute (s) (Ming.) shoot	Rollloch (n), Sturzschacht (m)	pozillo (m) para el arrastre de minerales	puits (m) de roulage
— of the lathe	Stahlschlitten (m) der Drehbank	carro (m) del torno	support (m) à chariot
— of a cage	Leitschuh (m) eines [Förderkorbes	aleta (f) } en forma saliente (m) (de U	guidage (m)
— (v. a)	gleiten	resbalar	glisser
— bar	Gleitstange (f), Geradführung, Leitschiene (f)	guiadera (f)	guide (f), glissoir (m)
— gauge	Schublehre (f)	calibre (m) corredizo	calibre (m) coulant
— valve of an engine	Schieber (m), Dampfschieber	registro (m), corredera (f)	registre (m), tiroir (m), coulisse (f)
— valve case	Schieberkasten (m)	caja (f) de distribucion	boîte (f) de distribution
— valve over lap	Schieberüberdeckung (f)		
sliding (adj)	gleitend	resbalando	glissant
slime (s) (ore-dressing)	Schlamm (m), Schmant	lodo (m), fango	boue (f), schlamm (m), mourres (f. pl)
fine slimes } in the Patio	flaue } Schlämme, matte (	llama, lama (f)	schlamm fin
fine sands } process	rösche Schlämme	relave (m)	— grossier
slip see fold			
slit (s)	Kerbe (f), Einschnitt (m) des Schraubenkopfes	muesca (f) de tornillo	entaille (f)
slitter see pick			
slope (s)	Donlage (f), Einfallen (n), Neigung, Steigung (f)	inclinacion (f)	inclinaison (f)
— of a basin see flank			
sloping	Böschung (f), Abschrägung (f)	pendiente (f) del terreno, talud (m)	talus (m)
slot (s)	Nuth (f), Einschnitt (m)	ranura (f)	rainure (f)
slow match, sulphur [wick	Schwefelfaden (m) zum Anzünden der Sprengschüsse, Schwefelmännchen (n)	sulfonete (m), pajuela (f) para hacer saltar los barrenos	fil (m) de soufre
sludger, sand pump (s)	Bohrlöffel (m), Schlammfänger (m) beim Tiefbohren	sonda (f) con válvula para sacar el fango	tarrière (f) à clapet
sluice (s) (hydr.)	Schleuse (f)	esclusa (f)	écluse (f)
smalls (s. pl) small ores	Grubenklein (n)	tierras metaliferas menudas (pl. f)	menu (m) de la mine
smalt (s)	Smalte, Schmalte (f)	esmalte (m)	smalte (m)
smaltite see arsenic ores			
smear, grease	Schmiere (f)	grassa (f)	graisse (f)
smelt (v. a) ores	schmelzen, verhütten	fundir minerales	fondre les minerais
smelter (s)	Schmelzer (m)	fundidor (m)	fondeur (m)
smelting (s) of ores	Schmelzen, Verhütten (n)	fundicion (f) de minerales	fonte (f) des minerais
concentration —	Concentrationsschmelzen (n)	fusion (f) de concentracion	fonte (f) de concentration
ore smelting	Rohschmelzen (n)	fusion (f) cruda	fonte (f) crue
oxidizing —	Oxydirende Schmelzen	fusion oxidanda	fonte (f) oxydante
purifying —	Reinigende } Schmelzen Solvirende (	fusion dissolvente	fonte dissolvante
reducing —	Reduzirende Schmelzen	fusion reducienda	fonte réduisante

English	German	Spanish	French
smelting (see pag. 99)			
— furnace (s)	Schmelzofen (m)	horno (m) de fundicion	four (m) de fusion
— point (s), melting-point	Schmelzpunkt (m)	punto (m) de fusion	point (m) de fusion
— pot, crucible melting pot	Schmelztiegel (m)	crisol (m) de fusion	creuset (m) de fusion
— products (s. pl)	Hüttenproducte (n. pl)	productos (m. pl) [metalúrgicos	produits (m. pl) [métallurgiques
— works (s. pl)	Schmelzhütte, Hütte (f)	fabrica (f) metalúrgica	usine (f) métallurgique
— } works, } foundry	Hüttenwerk (n), Giesserei (f)	fundicion (f)	fonderie (f)
smith, blacksmith	Schmied (m)	herrero (m)	forgeron (m)
smith's coal	Schmiedekohle (f)	carbon (m) de frágua	charbon (m) de forge
smithsonite (s)(Min.) see zinc ores			
smithy (s), blacksmith's shop	Schmiede (f), Schmiedewerkstätte	frágua (f), forja	forge (f)
portable smithy	Feldschmiede (f)	frágua (f) portátil	forge (f) { de campagne transportable
smoke (s)	Rauch (m)	humo (m)	fumée (f)
metallic —	Hüttenrauch (m)	— metálico	— métallique
— box (s)	Rauchkammer (f)	cámara (f) de humo	boîte (f) à fumée
— chambre, dust [chambre	Flugstaubkammer (f)	cámara (f) de cisco	chambre (f) à poussière
— consumer (s)	Rauchverzehrungsapparat (m)	aparato para el consumo del humo	appareil à consommer la fumée
— dust (s)	Flugstaub (m)	cisco (m)	greillade (m)
smoky quarts	Rauchquarts (m)	cuarzo (m) ahumado	quarz enfumé (m)
smooth (v. a)	schleifen	afilar	affiler
smoothing plane s. plane			
snore piece of a suction pump	Saugkorb (m)	alcachofa (f), chupador (m)(Mexico)	panier (m) d'aspiration
soap (s)	Seife (f)	jabon (m)	savon (m)
soapstone (s)	Seifenstein, Saponit (m)	saponita (f)	saponite (f)
socket, stamp socket	Pochschuh (m)	cabeza (f) del pilon de bocarte	sabot (m) du bocard
soda see sodium			
sodalite (s) (Min.)	Sodalith (m)	sodalita (f)	sodalithe (f)
sodapaper (s) (assaying)	Sodapapier (n)	papel (m) de soda	papier (m) de soude
sodasalts (s. pl)	Natronsalze (n. pl)	sales sódicas (f. pl)	sels sodiques (m. pl)
sodium (s) [Na]	Natrium (n)	sódio (m), nátrio (m)	sodium, natrium (m)
oxide of — [Na₂ O]	Natriumoxyd, Natron (n)	óxido (m) sódico, natron	oxyde (m) de sodium
carbonate of - soda (s) [Na₂ CO₃]	Natriumcarbonat (n), Kohlensaure Natron, Soda (f)	carbonato (m) sódico, soda, sosa, barilla (f)	carbonate de sodium, soude (f)
native carbonate of — (Patio)	Natürliche Soda (f)	tequez-quite(m)(Mexico)	soude native (f)
bicarbonate of — [Na HCO₃]	Doppeltkohlensaure [Natron (n), Natriumbicarbonat	bicarbonato (m) sódico	bicarbonate de sodium
hydrate of sodium, caustic soda, [Na HO] etching lye of sodium	Natriumoxydhydrat, Aetznatron (n), [Natronlauge (f)	hidróxido (m) de sódio, sosa cáustica (f), água (f) segunda	hydroxyde(m)de sodium, soude caustique, eau (f) seconde
nitrate of sodium [Na NO₃]	Salpetersaure Natron, Natriumnitrat	nitrato } de sódio azotato	nitrate (m) } de sodium azotate
sulphite of sodium [Na₂ SO₃]	Schwefligsaure Natron, Natriumsulfit (n)	sulfito (m) de sódio	sulfite (m) de sodium
hyposulphite of — [Na₂ S₂ O₃]	Unterschwefligsaure Natron, Natrium- [hyposulfit(n)	hiposulfito de sódio	hyposulfite de sodium
sulphate of — [Na₂ SO₄]	Schwefelsaure Natron, Natriumsulfat (n)	sulfato (m) de sódio	sulfate (m) de sodium
Glauber's salt	Glaubersalz (n)	sal (f) de Glauber	sal (m) de Glauber

English	German	Spanish	French
sodium (see pag. 100) phosphate of — [$Na_2 HPO_4 + 12 H_2 O$]	Natriumphosphat, Phosphorsaure Natron (n)	fosfato (m) de sódio	phosphate (m) de sodium
borate of — [$Na_2 B_4 O_7 + 10 H_2 O$] borax, tincal	Natriumborat, Bornatrium, Borax, Tinkal (m)	borato (m) sódico, boraj, borax, atincar	borate (m) de sodium, borax, tincal (m)
chloride of — } [NaCl] common salt	Chlornatrium (n), Kochsalz	cloruro (m) de sódio, sal (f) comun	chlorure (m) de sodium, sel (m) commun
sulphide of —	Schwefelnatrium (n)	súlfuro (m) sódico	sulphure de sodium
Chilisalpetre, nitrate of sodium	Natronsalpeter (m), Nitratin (m)	sosa nitratada (f)	soude (f) nitratée
soda-alum	Natronalaun (m)	alumbre (m) sodífero	alun (m) sodifère
soft (adj)	milde, weich	blando	tendre
soil: vegetal —, [humus (s)]	Dammerde (f), Humus	tierra vegetal (f), [humus (m)]	terre (f) végétale, [humus (m)]
solder (s), soft solder, tin solder	Löthzinn (n), Zinnloth	estaño (m) para soldar, soldadura blanda (f)	étain (m) à souder, soudure tendre (f)
hard solder	Schlagloth, Hartloth (n)	soldadura fuerte (f)	soudure forte (f)
solder (v. a)	löthen	soldar	souder
soldering (s)	Löthen (n)	soldadura (f)	soudure (f), soudage (m)
bit for soldering	Löthkolben (m)	soldador (m)	soudoir (m)
sole, hearth of a furnace	Herd (m)	suelo (m) del horno	sole (f) d'un fourneau
—, bottom	Sohle (f), Boden (m)	piso, suelo (m)	sole (f), fond (m)
gallery sole	Streckensohle (f)	piso (m) de una galeria	sole (f) d'une galerie
— plate of a machine	Fundamentplatte (f), Grundplatte einer Maschine	chapa (f) de fundamento	plaque (f) de fondement
solid (adj)	solid, fest	sólido	solide
- angle see crystal			
solubility (s)	Löslichkeit (f)	solubilidad (f)	solubilité (f)
soluble (adj)	löslich	soluble	soluble
solution (s)	Lösung (f), Auflösung	solucion, disolucion	solution, dissolution (f)
solvent (adj)	lösend	dissolvente	dissolvant
— (s)	Lösungsmittel (n)	dissolvente (m)	agent dissolvant (m)
— fluxes (s. pl)	lösende Zuschläge	fundente (m) dissolvente	fondant (m) dissolvant
soot (s)	Russ (m)	tisna (f), negro de humo	noir (m) de fumée
sort (v. a) (ore-dress.)	sortiren	classificar por equivalencia	sorter, classer par équivalence
sorting of equally falling grains	Sortirung (f)	classificacion por equivalencia	sortage (m), classement par équivalence
sough (s) (Mining.)	Wassersaige (f)	desaguadero (m)	canal (m) pour l'ecoulement des eaux
sound (v. a) (Mining.)	durch Bohren untersuch.	sondear	sonder
space (s)	Raum (m)	espácio (m)	espace (m)
spade (s) (assaying), spatula	Spaten, Spatel (m)	espátula (f)	spadelle (f)
—	Grabscheit (n), Spaten (m)	azada (f)	bêche (f)
spall (v. a) ores	Erze zerkleinern (mit Scheidehämmern)	quebrantar	concasser
spar (s) (Min.)	Spath (m)	espato (m)	spath (m)
brown —	Braunspath (m)	espato (m) pardo	— brun
calcspar —	Kalkspath (m), Calcit	— calizo, calcita (f)	— calcaire
fluor —	Flussspath (m)	— fluor, fluorina (f)	— fluor, fluorine (f)
heavy —, barytes	Schwerspath (m), Baryt	baritina (f), espato pesado	— pesant, barytine (f)
spar of a roof	Dachsparrn (m)	carrera (f), cábrio (m) de un techo	arbalétrier (m)
sparry, spathic (adj), spatous (adj)	spathig	espático	spathique
spatula see spade			
spears, (s) of a pump	Gestänge (n), Kunst (f)	tirante-maestro (m), tirante (m)	maitresse tige (f), [tirant (m)]
spear, rod	einzelne Stange des Gestänges	vástago (m) del tirante	perche (f), tige (f) du tirant

English	German	Spanish	French
spear joint (s)	Gestängekuppelung (f)	enchufe (m) del tirante	couplage (m) des perches
species (s) of mineral	Abart (f). Art	espécie (f)	espèce (f)
specific (adj)	specifisch	específico	spécifique
— weight, density	Specifische Gewicht (n), Dichte (f)	peso (m) — densidad (f)	poids (m) — densité (f)
specimen of ore (s)	Erzstufe (m)	muestra (f) de mineral	échantillon (m) de [minerai
spectral analysis see [analysis			
spectrum	Spektrum (n)	espectro (m)	spectre (m)
specular iron (met.)	Spiegeleisen (n)	hierro especular (m)	fer spéculaire (m)
—, Iron glance see iron ores			
— stone, gypsum	Marienglas (n), Frauenglas	espejuelo (m), yeso especular	verre (m) de Moscovie, pierre speculaire (f), spath (m) gypseux
speed (s) of a machine	Umdrehungsgeschwindigkeit einer Maschine	velocidad (f) de una maquina	velocité (f) d'une machine
spelter (s) (met.)	Zink (n), Spiauter (m)	zinc (m)	zinc (m)
sphene (s) (Min.)	Sphen, Titanit (m)	esfena, titanita (f)	sphène, titanite (f)
sphere (s)	Kugelsphäre (f)	esfera (f)	sphère (f)
spherosiderite s. iron ores			
spike (s) (Ming.)	Schienennagel (m)	clavo (m)	crampon (m) barbelé
spillite see porphyry			
spindle (s)	Spindel (f)	broca (f)	broche (f)
—	Haspelhorn (n)	ciguëña (f), ciguenillo (m)(Mexico)	manivelle (f)
spinel (s) (Min.)	Spinell (m)	espinela (f)	spinelle (f)
spiral (adj)	spiralförmig	espiral	spiral
— (s)	Spirale (f)	espiral (f)	spirale (f)
spire (s)	Zündhalm (m)	canutillo de polvorin	cannette (f)
splint (s), key	Splint, Vorsteckkeil (m)	clavija (f)	clavette (f)
splintery fracture see fracture			
split up (v. n) of lodes	sich zertrümmern	ramificarse	se ramifier
splitting (s) the air	Theilung (f) des Wetterstromes	division (f) de la corriente del aire	division (f) du courant d'air
spoke of a ladder	Fahrtensprosse (f)	escalon (m)	échelon (m)
— of a wheel	Radspeiche (f)	raya (f) de una rueda	rayon (m) d'une roue
spongy (adj)	schwammig	esponjoso	spongieux
spontaneous inflammation	Selbstentzündung (f)	inflamacion (f) espontánea	inflammation (f) spontanée
spoon (s) (assaying)	Löffel (m)	cuchara(f)	cuiller (f)
spreader see distributing board			
— see bearer			
spring, well (s)	Quelle (f)	fuente (f). manantial (m)	source (f)
mineral —	Mineralquelle (f)	manantial de águas minerales	— des eaux minerales
spring (mech.)	Feder (f)	muelle (f), resorte (m)	ressort (m)
spiral —	Spiralfeder (f)	muelle espiral (f)	— spiral
spring, rise (v. n)	entspringen, hervor- [quellen	saltar, brotar, nacer	sourciller
spur wheel (s)	Stirnrad (n)	erizo (m)	hérisson (m)
square (adj)	quadratisch	cuadrado	carré
— (s) (drawing)	Reisschiene (f)	cartabon (m)	règle (f) à dessiner
— iron	Vierkanteisen (n)	hierro (m) cuadrado	fer (m) carré
— meter etc.	Quadratmeter etc.	metro (m) cuadrado etc.	mètre (m) carré etc.
— of stone	Quaderstein (m)	piedra (f) cuadrada	carreau (m) de pierre
squeeze (v. a) out	auspressen, ausdrücken, ausquetschen	estrujar	exprimer.
squeezing tap, pinching cock (s) (chem.)	Quetschhahn (m)	pinzas (f. pl) para cerar los tubos de caoutchouc	pinces (f. pl) à ressort pour serrer les tubes de caoutchouc

English	German	Spanish	French
squirt (s), syringe	Kleine Spritze (f)	jeringa (f)	petite pompe (f)
stable (s)	Pferdestall (m)	caballeriza (f)	écurie (f)
stack (s), chimney	Schornstein (m)	chimenea (f)	cheminée (f)
staff / body } of miners	Knappschaft (f)	cuerpo (m) de mineros	corps (m) de mineurs
stalactite (s)	Stalaktit (m) } Tropfstein	estalactita (f)	stalactite (f)
stalagmite (f)	Stalagmit (m) } Tropfstein	estalagmita (f)	stalagmite (f)
stall (s) (Ming.)	Abbaustrecke (f)	galeria (f) de explotacion	galerie (f) d'exploitation
pillar and stall see pillar			
stamp, stem (s), shaft	Pochstempel, Pochschisser (m), Pochschaft	cola (f), mazo (m), pilon } de bocarte, almadaneta (f) (Mexico)	flèche (f), pilon (m), tige (f) } du bocard
stamps, stamp mill	Pochwerk, Stampfwerk (n)	bocarte, molino (m)	bocard (m)
californian —	Californier (m), Californische Pochwerk (n)	— californiano	— californien
dry —	Trockenpochwerk (n)	— seco	— sec
wet —	Nasspochwerk (n)	— humido	— humide
stamp, ground (v. a)	pochen, stampfen	machacar, triturar en el bocarte	bocarder
stamp-battery, set of stamps	Pochsatz (m), Pochbatterie (f)	bateria (f) de bocarte	batterie (f) de bocard
— head	Pochstempelkopf (m)	cabeza (f) del pilon	tête (f) de la tige
— mill see stamps			
— shoe	Pochschuh (m), Pocheisen (n)	cabeza (f) del pilon	sabot (m)
stamped ore (s)	Pochmehl (n)	harina (f) del bocarte	farine (f) de bocard
stamping (s)	Pochen (n), Verpochung (f)	trituracion (f) al bocarte	bocardage (m)
dry —	Trockenpochen (n)	— seca	— à sec
wet —	Nasspochen (n)	— humida	— dans l'eau
stanchion, upright in a gallery (Ming.)	Thürstock (m)	peon (m) lateral de una galeria	pontal, montant (m) d'une galerie
stand (s) (chem.)	Stativ (n)	soporte (m)	support (m)
standard see fineness			
stannate (s)	Zinnsaure Salz (n)	estanato (m)	stannate (m)
stannic acid see tin			
stanniferous (adj)	zinnhaltig	estanífero	stannifère
staple (s) for ventilating	BlindeWetterschacht (m)	pozillo subterráneo para la ventilacion	puits souterrain pour l'aérage
start (v. a) a work	ein Werk in Betrieb setzen	poner un establecimiento en marcha	mettre un établissement en marche
— a drift	eine Strecke ansetzen	empezar una galeria	commencer une galerie
state (s) of working	Gang (m) eines Betriebes	marcha (f)	marche (f)
—	Zustand (m)	estado (m)	état (m)
staurolithe (s) (Min.)	Staurolith (m)	estaurolita (f), piedra (f) de cruz	staurolithe (f), pierre de croix
stay (s) (Ming.), prop	Stempel, Bolzen (m), Spritze (f)	puntal (m)	étai (m)
— (v. a)	abspritzen, absteifen, stützen	apuntalar	étayer
steam (s)	Dampf, Wasserdampf (m)	vapor (m)	vapeur (m)
superheated — (s)	überhitzte Dampf (m)	— sobrecaldeado	— surchauffé
— bath (s)	Dampfbad (n)	baño (m) de vapor	bain (m) de vapeur
— boiler, boiler (s)	Dampfkessel (m)	caldera (f)	chaudière (f)
— conduit	Dampfleitung (f)	conducto (m) de vapor	conduit (m) de vapeur
— cylinder (s)	Dampfcylinder (m)	cilindro (m)	cylindre (m)
— distributor (s)	Dampfvertheiler (m), Dampfschieber	corredera (f) de distribucion	coulisse (f) de distribution
— dome of a boiler (s)	Dampfdom (m)	domo (m) de vapor	dome (m) d'une chaudière
— engine (s)	Dampfmaschine (f)	máquina (f) de vapor	machine (f) à vapeur
— gauge (s)	Manometer (n)	manómetro (m)	manomètre (m)

English	German	Spanish	French
steam (see pag. 103)			
— governor	Dampfregulator (m)	regulador (m) } del moderador (m) } vapor	régulateur (m) } de moderateur (m) } vapeur
— hammer	Dampfhammer (m)	martillo { pilon, { de vapor	marteau (m) à vapeur
— jacket, — case	Dampfmantel (m)	camisa (f) de vapor	chemise (f) de vapeur
— pipe	Dampfrohr (n)	tubo (m) de vapor	tuyau (m) à vapeur
— power	Dampfkraft (f)	fuerza (f) del vapor	force (f) de vapeur
— pressure	Dampfdruck (m), [Spannung (f)	presion (f) de vapor	pression (f) de vapeur
— pump	Dampfpumpe (f)	bomba (f) de vapor	pompe (f) à vapeur
— room	Dampfraum (m) im [Kessel	cámara (f) de vapor en la caldera	chambre (f) à vapeur dans la chaudière
— ship, steamer	Dampfboot, Dampfschiff (n), Dampfer (m)	vapor (m)	bâteau (m) à vapeur
— whistle	Dampfpfeife (f)	silbato (m) } de vapor pito (m) {	sifflet (m) } à vapeur d'alarme
waste steam	Abdampf (m)	escape (m)	vapeur (m) d'échappe- [ment
steatite see talc			
steel (s)	Stahl (m)	acero (m)	acier (m)
annealed —, temper-ed —	Temperstahl (m), adou-cirte Stahl (m)	— templado	— trempé
bessemer —	Bessemer — (m)	— bessemer	— bessemer
blister —, cement —	Blasenstahl, Cement —	— cementado	— cementé
cast —	Gussstahl (m)	— { fundido { colado	— fondu
crucible —	Tiegelgussstahl (m)	— fundido al crisol	— fondu au creuset
fined —	Frischstahl (m)	— afinado	— affiné
flowing —	Flussstahl (m)	— colado	— coulé
hammered —	Hammerstahl (m), ge-hämmerte Stahl	— forjado	— forgé
puddled —	Puddelstahl (m)	— pudelado	— puddlé
raw —	Rohstahl (m)	— crudo	— cru
refined —	Feinstahl, Gerbstahl (m)	— afinado	— affiné
soft —	Weiche Stahl (m)	— blando	— tendre
weld —	Schweissstahl, Schweiss-barer Stahl (m)	— soldable	— soudable
steel (v. a)	stählen, verstählen	acerar	acerer, aciérer
— mill	Stahlwalzwerk (n)	laminador de acero	laminoir (m) à acier
— plate	Stahlblech (n)	chapa (f) de acero	plaque (f) d'acier
— rope	Stahldrahtseil (n)	cable (m) de acero	cable (m) d'acier
— wire	Stahldraht (m)	alambre (m) de acero	fil (m) d'acier
— works (s. pl)	Stahlwerk (n)	acereria (f)	aciérie (f)
steely (adj)	stahlartig	acerino	acérin
steep (v. a) the wood	imprägniren	impregnar	imprégner
stem, shift, day's work	Schicht (f), Arbeits- [tag (m)	jornada (f)	journée (f)
—, shaft of a stamp mill	Pochschaft (m)	cola (f) del bocarte	tige flèche (f) } du bocard
— (v. a) a bore hole	ein Bohrloch besetzen mit Letten	atacar	bourrer, refouler un coup de mine
— (v. a)	verstemmen	calafatear	matter, rematter
stemmer, tamping-bar, rammer (Min.)	Stampfer (m), Bohrstam-pfer, Ladeeisen (n)	atacador (m)	bourroir, refouloir (m)
step (s)	Treppenstufe (f)	grada (f), escalon (m) (Mexico)	gradin (m)
— grate	Treppenrost (m)	grella (f) escalariforme	grille (f) { à etages à escalier à gradins
—, stope (Min.)	Strosse (f), Strossenstufe	grada (f)	gradin (m)
ascending —, over-hand stope	Firste (f)	— al reves	— renversé
stephanite s. silver ores			

English	German	Spanish	French
sterile (adj)	taub, erzlos	esteril	stérile
stibine s. antimony ores			
stibium see antimony			
stink stone (s) (Geol.)	Stinkkalk (m)	caliza (f) fétida	calcaire (m) fétide
stir up (v. a) the fire, stoke	schüren (des Feuers)	atizar el fuego	attiser } le feu tissoner
stock (s) (com.)	Bestand, Vorrath (m)	existencias (f. pl)	état (m)
— (s) (techn.)	Stock, Klotz, Block (m)	tajo (m)	bloc (m)
stockwork (s) (Ming.)	Stockwerk (n), Stock	stockwerk (m), criadero macizo	stockwerk, amas (m)
stoke see stir up			
stoker, fire man (s)	Heizer, Kesselheizer (m)	fogonero (m)	chauffeur (m)
stoking, firing (s)	Heizen (n)	caldeo (m)	chauffage (m)
stone (s)	Stein (m)	piedra (f)	pierre (f)
alum stone see alum			
corner —, marking the limits of a mine	Lochstein (m), Grenzstein	mojon (m), mojonera (f) (Mexico)	borne (f)
lithographic —	LithographischeSchiefer, Zeichenschiefer (m)	ampelita (f) gráfica	pierre (f) noir à dessiner
meteoric —	Meteorstein (m)	piedra (f) meteórica	pierre (f) méteorique
touch — to determine minerals	Prüfstein (m)	piedra (f) de toque	pierre (f) de touche
whet —	Schleifstein (m)	piedra (f) de { amolar afilar	meule (f)
stone breaker, rock-breaker, ore crusher	Steinbrecher (m)	quebrantadora (f)	concasseur (m)
with of mouth of the stone breaker	Maulweite (f) des Steinbrechers	abertura (f) de la —	écartement (m) des [mâchoirs du —
stony (adj)	steinig	petroso	pierreux
stop (s), resting place	Bühne (f)	descanso (m)	repos, plancher (m)
stop (v. a) a machine	anhalten, ausser Betrieb setzen	parar una maquina	arrêter
— work	eine Arbeit { stunden einstellen	— un trabajo minero	paralyser un travail de mine
stope (s), step	Strosse, Strasse (f)	grada (f) derecha	gradin (m) droit, [strosse (f)
overhand stope	Firste (f), Firstenstoss (m)	—, testero (m), rebaje(m)del cielo(Mex.)	— renversé, taille (f)
face of the stope	Arbeitsstoss der Strossen und Firsten, Brust(f), Firstenstirn (f)	frente (m) de la grada	front (m) du gradin et de la taille
roof } of the stope back	Stossfirste, Dach (n) der Firste	techo (m) del testero	toit (m) de la taille
stoping (s)	Strossenbau (m)	explotacion (f) por gradas derechas	exploitation (f) par gradins droits
overhand stoping	Firstenbau (m)	— por testeros	— par gradins renversés
store room (s)	Magazin (m)	almacen (m)	magasin (m)
stove (s)	Ofen (m)	horno (m)	four (m)
stow (v. a), fill in	versetzen, mit Bergen verfüllen	rellenar con escombros	escombrer, remblayer
stowing, filling in (s)	Bergeversatz(m),Versatz	relleno (m)	remblais,remplissage(m) à décombres
strain (s) (mech.)	Zug, Druck (m)	traccion (f), presion	traction, pression (f)
compressing —	Druckkraft (f)	fuerza (f) de presion	force (f) de pression
tensile, longitudinal—	Zugkraft (f)	— de traccion	— de traction
torsional —	Torsion (f)	torsion (f)	torsion (f)
transversal —	Schubkraft (f)	fuerza (f) de empuje	force (f) de poussée
strap (s), belt	Riemen (m), Treibriemen	correa (f)	courroie (f)
strata (s. pl) (Geol.)	Gesteinsschichten (f. pl)	estratos (m. pl)	strates (f. pl)
stratum (s)	Schicht (f), Gesteinsschicht	capa (f), banco (m)	couche (f), banc (m)
stratification (s)	Schichtung (f) von Gestein	estratificacion (f)	stratification (f)

English	German	Spanish	French
stratified (adj)	geschichtet	estratificado	stratifié
straw (s), spire, reed	Zündhalm (m), Spreng-halm (mit Pulver gefüllter Halm)	canutillo (m) de trigo llenado de polvorin	cannette (f) de pétar-dement
streak (s) of minerals	Strich (m) von Mineralien	raya (f) de minerales	raie (f) de minerais
stream-work	Seifenwerk (n)	laboreo (m) de aluviones	exploitation (f) des [alluvions
strecker coarse (s) (arch.), stretcher coarse	Läuferschicht (f)	hilada (f) de ladrillos sentados de soga	assise (f) de pierres de parement
strength (s) (mech.)	Festigkeit (f), Wider-stand (m)	resistencia (f)	résistance (f)
— of compression	Druckfestigkeit (f)	— contra la presion	— contre la pression
— of extension	Zugfestigkeit (f)	— — la traccion	— — la traction
— of rupture	Bruchfestigkeit (f)	— — la rotura	— — la rupture
— of shearing	Scheerfestigkeit, Wider-stand (m) gegen Ab-scheerung	— — el corte	— — la coupe
stretch (v. a)	spannen, strecken	estirar, extender	étendre
stretcher (s) (arch.)	Läuferstein	ladrillo (m) sentado de soga	pierre (f) de parement
strike (s), strike-direction, run of a lode	Streichen (n), Streich-richtung (f)	direccion (f), rumbo (m)	direction (f)
strike (s) of labourers	Arbeiterausstand, Strike (m)	huelga (f)	grève (f)
strike (v. a), run	streichen (von Gängen)	dirigirse	se diriger
— (v. a) (forg.)	zuschlagen	dar al macho	frapper,
— (v. a)	striken, Arbeit nieder-legen	holgar	se mettre en grève
in the strike of a lode (adj)	streichend	siguiendo la direccion de un criadero	suivant le gisement
striker (s) (forg.)	Zuschläger (m)	machero (m)	frappeur (m)
stroke (s) (met.)	Abstich (m)	colada (f)	coulée (f)
—, travel of a piston	Kolbenhub, Kolbenspiel (n)	pistonada (f), golpe (m) de bomba	jeu (m) de piston, coup (m) de pomp
down-stroke	Kolbenniedergang (m)	bajada (f) del piston	descente (f) du piston
up-stroke	Kolbenaufgang (m)	subida (f) del piston	ascension (f) du piston
length of the stroke	Kolbenhub (m), Hub-länge, Hubhöhe (f)	corrida recorrida (f) } del piston carrera	levée (f), course (f) du piston
strokes (s. pl)	Hubzahl (f), Hübe (m.pl)	golpes del piston (m. pl), pistonadas (f. pl)	coups (m. pl) } du piston jeu
numbre (s) of strokes			
fore stroke	Vorwärtsgang des [Kolbens	ida (f) del piston	va — et —
back-stroke	Rückgang des Kolbens	vuelta (f) del piston	vient } du piston tour et retour }
return —			
strontia, strontianite see strontium			
strontium (s) [Sr]	Strontium (n)	estróncio (m)	strontium (m)
oxide of —, strontia [Sr O]	— oxyd (n), Stron-tian (m)	óxido (m) de —, estron-ciana	oxyde (m) de —, stron-tiane (f)
chloride of — [Sr Cl₂ + 6 H₂ O]	Chlor — (n)	cloruro (m) de —	chlorure (m) de —
nitrate of — [Sr N₂ O₆]	Salpetersaure Strontian, Strontiumnitrat (n)	nitrato (m) { de estron- azotato ciana	nitrate (m) { de stron- azotate tiane
carbonate of — [Sr CO₃]	Kohlensaure Strontian, Strontiumcarbonat (n)	carbonato de estronciana	carbonate (m) de stron-tiane
strontianite, stron-tian spar (Min.)	Strontianit (m)	estroncianita (f)	strontianite (f)
sulfate of strontium [Sr SO₄]	Schwefelsaure Strontian, Strontiumsulfat (n)	sulfato (m) de estron-ciana	sulfate (m) de strontiane
celestite (Min.)	Cölestin (m)	celestina (f)	célestine (f)

English	German	Spanish	French
structure (s) (Min.)	Struktur (f), Gefüge (n)	estructura (f)	structure (f)
banded —	gebänderte —	— bandeada	— rubanée
columnar —	stängelige säulenförmige } —	— { bacilar, columnar	— collonaire
fibrous —	faserige —	— fibrosa	— fibreuse
granulated —	körnige —	— granuda	— granuleuse
laminated —	blätterige	— hojosa	— feuilletée
slaty —	schieferige } —		
stuff (s), vein stuff	Gangmasse (f), Haufwerk (n)	relleno (m) de un filon	remplissage (m) d'un filon
—, attle	Taube Gangestein (n)	esteriles (m. pl) de un filon	matières (f. pl) stériles d'un filon
stuffing-box	Stopfbüchse (f)	caja (f) de estopa	boîte (f) à étoupe
sublimate (s)	Sublimat (n)	sublimado (m)	sublimat (m)
— (v. a)	sublimiren	sublimar	sublimer
sublimation (f)	Sublimirung (f), Sublimation	sublimacion (f)	sublimation (f)
subsalt (s)	basische Salz (n)	sal (f) básica	sel (m) basique
subside (v. n) (chem.)	sich absetzen, einen Niederschlag absetzen	depositarse, precipitarse	se précipiter
substance (s)	Substanz (f), Stoff (m)	sustáncia (f)	substance (f)
subterraneous (adj)	unterirdisch	subterráneo	subterrané
— machine	Unterirdische Maschine	maquina (f) interior	machine (f) subterrané
— quarry	Bergmühle (f), Unterirdischer Steinbruch (m)	explotacion subterránea de escombres para el relleno de filones explotados	carrière (f) souterraine pour le remplissage des filons exploités
subtilisation (s)	Verdünnung (f) der Luft, Läuterung, Verflüchtigung	sutilizacion (f)	subtilisation (f)
subtilize (v. a) (chem.)	verdünnen, läutern, verflüchtigen	sutilizar	subtiliser
suck in (v. a)	einsaugen, saugen	chupar, aspirar	aspirer
sucking (adj)	saugend	aspirante	aspirant
suction (s), aspiring	Saugen (n)	aspiracion (f)	aspiration (f)
— hose of a pumpe	Degenrohr (n), Schläucher (m) (ausziehbares Saugrohr)	tubos (m. pl) de enchufe	tuyau (m) aspirateur d'allongement
— pipe, — tube	Saugrohr (n)	tubo (m) de aspiracion	tuyau (m) aspirant
— pipes, set of —	Saugsatz (m), Saugleitung (f)	tuberia (f) de aspiracion	tuyauterie (f) d'aspiration
— pump	Saugpumpe (f)	bomba (f) aspirante	pompe (f) aspirante
— valve	Saugventil (m)	válvula (f) de aspiracion	soupape (f) d'aspiration
height of —	Saughöhe (f)	altura (f) de aspiracion	hauteur (f) de l'aspiration
sulphate (s)	Schwefelsaure Salz (n)	sulfato (m)	sulphate (m)
sulphide (s)	Schwefelverbindung (f)	súlfuro (m)	sulfure (m)
sulphite (s)	Schwefligsaure Salz (n)	sulfito (m)	sulfite (m)
sulphur (s) [S]	Schwefel (m)	azufre, alcrebite (m)	soufre (m)
sulphuric acid [H₂SO₄]	Schwefelsäure (f)	ácido (m) sulfúrico	acide (m) sulfurique
hyposulphuric acid (s) [H SO₃]	Unterschwefelsäure (f)	ácido (m) hiposulfúrico	acide (m) hyposulfurique
oil of { vitriol, Nordhausen [H₂S₂O₇]	Rauchende Schwefelsäure. Nordhäuser Vitriolöl (n)	aceite (m) de vitriolo	huile (f) de vitriol
sulphurous acid [H₂SO₃]	Schweflige Säure (f)	ácido (m) sulfuroso	acide (m) sulfureux
hyposulphurous acid (s) [H₂S₂O₂]	Unterschweflige Säure (f)	ácido hiposulfuroso	acide (m) hyposulfureux
sulphide of, { hydrosulphuretted { gen [H₂S]	Schwefelwasserstoff (m)	hidrógeno (m) sulfurado	hidrogène (m) sulfuré, sulfure (m) d'hydrogène
sulphur ore	Schwefelerz (n)	mineral (m) de azufre	mine (f) de soufre

English	German	Spanish	French
sulphur (see pag. 107) sulphur wick see slow match			
flowers of sulphur	Schwefelblumen (f. pl), Schwefelblüthe (f)	flores (f. pl) de azufre	fleurs (f. pl) de soufre
sulphurate (v. a)	schwefeln	sulfurar	sulfurer
sulphuration (s)	Schwefelung (f), Schwefeln (n)	sulfuracion (f), azuframiento (m)	sulfuration (f), soufrage (m)
sulphureous (adj)	schwefelhaltig	sulfúreo	sulfuré
sulphuretted (adj)	geschwefelt	sulfurado	sulfuré
sulphurous (adj)	schweflig	sulfuroso	sulfureux
sump (s) (Ming.)	Sumpf (m), Schachttiefste (n)	recipiente (m) del pozo de desagüe	receptacle(m),puisard(m) d'un puits d'exhaure
superheat (v. a) steam	überhitzen (den Dampf)	sobre caldear	surchauffer
supersalt (s) (chem.)	Saure Salz (n)	sal (f) ácida	sel (m) acide
supersaturate (v. a)	übersättigen	sobresaturar	sursaturer
supersaturation (s)	Uebersättigung (f)	sobresaturacion (f)	sursaturation (f)
supply (s)	Instandhaltung (f), Unterhaltung (f)	manutencion (f)	maintien (m)
— (s)	Versorgung (f) (mit Wasser etc.)	suministro (m) de água	fourniture (f)
— (v. a) water	versorgen (mit Wasser)	suministrar	fournir (de l'eau)
support (s)	Träger (m), Unterlage (f), Lager (n)	soporte (m)	support (m)
— of a pump	Pumpenlager (n) (auf welchem die Pumpe verlagert ist)	— de bomba	— de pompe
surface (Geom.)	Oberfläche (f), Fläche	superficie (f)	surface (f)
— of the globe	Erdoberfläche (f)	superficie (f) del globo	surface (f) du globe
— of water	Wasserspiegel (m)	nivel (m) del àgua	niveau (m) de l'eau
heating surface of a boiler	Heizfläche (f) eines [Kessels	superficie (f) de caldeo	surface (f) de chauffe
surface depression, caused by the sinking in of underground workings	Pinge (f), Binge	zanja, rafa (f), cata (f) (Mexico)	détruit (m)
survey, dial (v. a)	markscheidern, vermessen, aufnehmen	levantar planos	lever des plans, arpenter
surveying, dialing (s)	Markscheidern (n), Vermessen (n)	levantamiento (m) de planos	levée (f) des plans
—	Markscheidekunst (f), Schinkunst	arte (m) de hacer planos de minas	arpentage (m), géometrie (f) souterraine
surveyor (s)	Feldmesser (m)	geómetro (m)	géomètre (m)
underground —	Markscheider (m)	ingeniero (m) que hace los planos de minas	arpenteur (m)
sustain, prop (v. a)	ábfangen, abspreitzen der Firste	apoyar, apuntalar	apoyer, soutenir
sweep table (s)	Stossherd (m)	mesa (f) móvida	table (f) à secousses
sweepings, dross	Gekrätz (n)	espuma (f) metálica	crasse (f)
swing (v. n), oscillate	schwingen, oscilliren	oscilar	osciller
switch, shunt, siding (s)	Schienenwechsel (m), [Weiche (f)	cámbio (m) de via	évitement (m)
swivel (s) (Ming.)	Bohrwirbel (m)	annillo (m) libre	anneau (m) libre
syanite	Syenit (m)	sienita (f)	syénite (f)
sylvanite see tellurium ores			
sylvine [K Cl]	Sylvin (m)	silvina (f)	sylvin (m)
synclinal (adj) (Geol.)	rechtsinnig	sinclinal	synclinale
synclinal fold	Mulde (f)	cuenca (f)	bassin (m)
syphon (s)	Heber (m)	sifon (m)	syphon (m)
system (s), formation [(Geol.)	Formation (f), Gebirgsformation	formacion (f) del tereno	formation (f) du terrain
— of working	Abbausystem (n)	sistema (f) de explotacion	system (m) d'exploitation

English	German	Spanish	French

T.

English	German	Spanish	French
table, index (s)	Tabelle (f)	cuadro (m)	tableau (m)
— for dressing fine ores continous working	Herd (m)	mesa (f)	table (f)
table, vanner (s)	Leerherd (m)	— de descarga contínua	— à décharge continue
discontinuous ore [dressing table	Vollherd (m)	— de descarga discontínua	— à décharge discontinue
cobbing — see picking —			
percussion ⎰ — shaking ⎱	Stossherd (m)	— ⎰ movida ⎱ de vaiven	— à secousses
picking ⎰ — cobbing ⎱	Scheidebank (f)	— para el apartado de minerales	— de scheidage
revolving —	Drehherd (m)	— giratória (f)	— ⎰ tournante ⎱ rotative
selecting —	Klaubtisch (m)	— para la monda de minerales	— ⎰ de triage ⎱ de klaubage
sleeping ⎰ — nicking ⎱	Liegendherd (m), Kissherd	— inclinada, planilla (f)(Mexico)	— dormante
turntable (railway)	Drehscheibe (f)	placa (f) giratória	plaque (f) tournante
tackle, pulley tackle	Flaschenzug (m)	garrucha (f)	poulie (f) mouflée
tailings (s. pl) of an ore dressing plant	After (m. pl), Aftermehle, Abgänge in die wilde Fluth	lodos mineralíferos accareados por las águas de la preparacion, deslave (m) (Mexico), colas (f.pl), deshechas	schlamms stériles chargés de minerai, sortant de la préparation mécanique
take off (v. a) the kibble	abziehen d. Förderkübels	amainar	décrocher
— up claims	muthen	poner un registro	demander la concession d'une mine
off taker (s)	Abzieher (m)	amainador (m)	décrocheur (m)
talc, steatite, soapstone (s)	Talk, Steatit, Speckstein (m)	talco (m), esteatita (f)	talc (m), stéatite (f)
talcous (adj)	talkig	talcoso	talqueux
tallow (s)	Talg, Unschlitt (m)	sebo (m)	suif (m)
tamp (v. a) a blast hole ram, stem	ein Bohrloch besetzen mit Stopfmaterial	atacar	bourrer, refouler
tamping, ramming, [steming	Besetzen (n)	atacadura (f)	bourrage, refoulage (m)
— bar	Stampfer (m)	atacador (m)	bourroir, refouloir (m)
tank (s)	Bassin (n), Wasserbehälter (m)	balsa (f), estanque	bassin (m), receptacle
settling —, clearing basin	Klärsumpf (m)	— de clarificacion	— de dépôt
tantalum	Tantal (n)	tántalo (m)	tantale (m)
tap (s)	Zapfen (m)	espiga (f)	tampon (m)
—, cock (s)	Hahn (m)	grifo, robinete (m)	robinet (m)
— (v. a) (met.)	abstechen	hacer la colada	faire la ⎰ coulée, ⎱ percée
— off water	Wasser abziehen, abzapfen	sangrar, escotar	tirer
— — — (Ming.)	Wasser lösen	desaguar	faire écouler les eaux d'une mine
gauge —	Wasserstandshahn (m)	grifo (m) del nivel	niveau (f) à tube de verre
grease —	Schmierhahn (m)	grifo (m) de engrasar, engrasador (m)	robinet (m) de graissage
squeezing —, pinch cock	Quetschhahn (m)	pinzas (f.pl)	pinces (f. pl) à ressort
tap-hole (met.)	Stichloch (n)	ojo (m) para la colada	trou (m) de coulée
tape, measuring-tape	Bandmaass (n), Messband (n)	cinta (f)	mesure (f) en ruban

English	German	Spanish	French
appet (s)	Knaggen,Mitnehmer(m), Frosch (m)	nariz (m)	rebord saillant (m)
—, disc (s) of a stamp mill	Hebling (m) (auf der Pochwelle)	leva (f) del bocarte	taquet (m) de bocard
tapping (s) (met.)	Abstich (m)	colada (f)	coulée, percée (f)
tar (s)	Theer (m)	alquitran (m)	goudron (m)
— felt (s)	Asphaltpappe, Dach-pappe (f)	fieltro (m)	carton (m) imprégne d'asphalt goudronné
tare (s)	Eigengewicht (n),Tara (f)	tara (f)	tara (f)
tartar (s) [KHC₄H₄O₆]	Weinstein (m)	tartaro (m)	tartre (m)
tartaric acid [C₄H₆O₆]	Weinsteinsäure (f)	ácido tartárico	acide tartarique (m)
tartarous acid [C₄H₄O₆]	Weinsäure (f)	— tartaroso	— tartareux (m)
cream of tartar, bitartrate of potassa	Weinsteinrahm (m), Cremor tartari (n), Kaliumtartrat	cremor (m) tártaro	crème (f) de tartre
taste (s) (Min.)	Geschmack (m)	sabor (m)	saveur (m)
tax (s)	Taxe (f)	tasa (f)	taxe (f)
— (v. a)	taxiren	tasar	taxer
— on mines (s)	Bergwerksabgaben (f. pl)	impuestos (m. pl) de minas	impôts (m. pl) des mines
payment for claims	Feldesteuern (f. pl)	canon (m) de superficie	— selon le périmètre d'une concession
royalty to government	Productensteuer (f)	impuestos sobre los productro de minas	— sur les produits des mines
tear see wear			
technical (adj)	technisch	técnico	technique
— school for engineers	Technische Hochschule (f)	escuela (f) superior técnica	école (f) supérieure technique
— science,technics (pl)	Technik (f)	técnica (f)	technique (f)
— terms (pl)	Technischen Ausdrücke (pl. m)	términos tecnicos (m.pl)	termes techniques (f. pl)
technologist, technician	Techniker (m)	tecnico (m)	technicien (m)
technology (s)	Technologie (f)	tecnologia (f)	technologie (f)
telegram (s)	Telegramm (n)	telégramo (m)	télégramme (m)
telegraph (v. a)	telegraphiren	telegrafiar	télégrafier
— (s)	Telegraph (m)	telégrafo (m)	télégraphe (m)
telegraphic (adj)	telegraphisch	telegráfico	télégraphique
telephone (s)	Telephon (n)	teléfono (m)	téléfon (m)
— (v. a)	telephoniren	telefoniar	téléfonier
telephonic (adj)	telephonisch	telefónico	téléfonique
tellarate (s) (chem.)	Tellursaure Salz (n)	telurato (m)	téllurate (m)
telluric (adj)	tellurisch	telúrico	tellurique
telluride (s)	Tellurverbindung (f)	telururo (m)	tellurure (m)
tellurium [Te]	Tellur (n)	teluro (m)	tellure (m)
tellurous acid [Te O₃]	Tellurige Säure (f)	ácido (m) teluroso	acide (m) tellureux
telluric acid [Te O₃]	Tellursäure (f)	ácido (m) telúrico	acide (m) tellurique
tellurium ores:	Tellurerze (n. pl):	minerales telúricos:	minerais telluriques:
tellurite (s) (Min.)	Tellurit (m)	telurita (f)	tellurite (f)
aurotellurite (s)	Tellurgold (n)	telururo (m) auro-argentifero	tellurure (m) auro-argentifère
sylvanite (s), graphic tellurium	Sylvanit, Schrifterz (n)	silvanita (f), silvano (m), teluro gráfico (m)	sylvanite (f), tellure (m) graphique
nagyagite, foliated tellurium	Nagyagit (m), Blätter-ers (n)	calamosa (f), teluro laminar, nagiagita (f)	nagyagite (f), tellure (m) feuilleté
tellurous (adj)	tellurig	teluroso	tellureux
temper (v. a), anneal	anlassen, adouciren, ausglühen	templar	tremper
temperature (s)	Temperatur (f)	temperatura (f)	température (f)
tempered steel	Temperstahl (m)	acero (m) templado	acier (m) trempé
template (arch.) (s)	Gewölblehre (f)	formalete (m), cercha (f) (Mexico)	cintre (m)
templet (s)	Anpfahl (m)	cuña (f) de madera para fijar los puntales	coin (m) de bois pour fixer les étais

English	German	Spanish	French
tenacity (s) (Min.)	Tenacität, Zusammenhang der Mineralien	tenacidad (f)	ténacité (f)
brittle —	Sprödigkeit (f)	fragilidad (f)	fragilité (f)
ductile —	Geschmeidigkeit (f)	ductilidad (f)	ductilité (f)
elastic —	Elastizität (f)	elasticidad (f)	élasticité (f)
flexible —	Biegsamkeit (f)	flexibilidad (f)	flexibilité (f)
malleable —	Dehnbarkeit (f), [Hämmerbarkeit	maleabilidad (f)	malléabilité (f)
soft —	Milde (f)	blandura (f)	tendreté (f)
tendency (s) (phys.)	Bestreben (n)	tendencia (f)	tendence (f)
tennantite s. copper ores			
tension (s)	Spannung (f)	tension (f)	tension
tertiary (adj)	tertiär	terciário	tertiaire
— formation, cainzoic formation (Geol.)	Tertiär (n), Tertiärformation	formacion (f) terciária	formation (f) tertiaire
test (s) (assay.)	Scherben (m)	tiesto (m), taza (f)	test (m)
— (assaying)	Probe, Untersuchung (f)	ensayo (m)	essai (m)
— (v. a)	probiren, untersuchen	ensayar	essayer
— glass, — tube	Reagensröhrehen (n), Probircylinder (m)	probeta (f)	éprouvette, tube (f) à essais
— paper	Reagenspapier (n)	papel reactivo	papier réactif
curcuma ⎱ — tumeric ⎰	Curcumapapier (n)	papel (m) cúrcuma	papier (m) curcuma
litmus —	Lackmuspapier (n)	papel de ⎱ tornasol ⎰ girasol	papier de tournesol
blue —	blaue —	— azul de tornasol	papier bleu de —
reddened —	rothe —	— encarnado de —	papier rouge de —
soda —	Sodapapier (n)	— soda	papier de soude —
— solution (s)	Titrirflüssigkeit (f)	disolucion de titrar	dissolution à titrage
testing, assaying	Untersuchung, Probe (f)	ensayo, dosado (m)	essai, dosage (m)
— room, — work	Versuchsanstalt (f)	taller (m) de ensayo	atelier (m) d'essai
tetrahedrite see copper ores			
texture (s) (Min.)	Textur (f)	textura (f), contextura	texture (f)
columnar —	stenglige —	— columnar	— collonaire
crystalline —	crystalline —	— cristalina	— crystalline
fibrous —	faserige —	— fibrosa	— fibreuse
granular —	körnige —	— granuda	— granuleuse
lamellar —	blätterige ⎱ — schuppige ⎰	⎰ hojasa lameliforme escamosa	— feuilletée
thallium (s) [Tl]	Thallium (n)	tálio (m)	thallium (m)
theodolite (s)	Theodolit (m)	teodolita (f)	théodolite (f)
theory (s)	Theorie (f)	teoria (f)	théorie (f)
thermal spring (s)	Thermalquelle (f)	manantial (m) ⎱ termal fuente (f) ⎰	source (f) thermale
— water (s)	Thermalwasser (n)	água (f) termal	eau (f) thermale
thermometer (s)	Thermometer (n)	termómetro (m)	thermomètre (m)
thick (adj)	dick, mächtig		
thickness (s)	Dicke (f)	espesor (m)	epaisseur (f)
— of stratas or lodes	Mächtigkeit (f)	—, potencia (f)	—, largeur, puis- [sance (f)
thin (adj)	dünn	tenue	mince
— out (v. n) of lodes	sich auskeilen, sich verdrücken	agotarse (de un filon)	se perdre en forme de coin (d'un filon)
thorium (s) [Th]	Thorium (n)	tório (m)	thorium (m)
thread (s) of a screw	Schraubengang (m)	paso (m) de tornillo	pas (m) de vis
throttle (v. a) steam	drosseln (den Dampf)	cerrar el vapor	serrer la vapeur
throw (s) (Geol.)	Sprung (m), Verwurf	salto (m)	rejet (m)
—, stroke (mach.)	Hub (m)	golpe (m) de piston	coup (m) de piston
— into gear (v. a) [engage	einrücken	engranar	engrener, embrayer
— out of gear (v. a), disengage	ausrücken	desengranar	débrayer

English	German	Spanish	French
throwing into gear, engaging	Einrücken (n)	engranaje (m)	engrenage (m)
— out of gear, disengaging (s)	Ausrücken (n)	desengranaje (m)	debrayement (m)
thumb screw see screw			
tight (adj)	dicht, undurchlässig	impermeable	imperméable
air —, air proof	luftdicht	impenetrable al aire	— à l'air
water —, water proof	wasserdicht	impermeable	— à l'eau
tighten (v. a)	abdichten, dichten	hacer impermeable	faire imperméable
tile (s)	Dachpfanne (f), Dachziegel (m)	teja (f)	tuile (f)
— kiln	Dachziegelofen (m)	tejar (m), horno (m) para quemar tejas	four (m) à tuiles
timber (v. a) (Ming.)	zimmern, verzimmern, verbauen	entibar	boiser
timberer (s)	Zimmerhauer, Zimmermann (m)	carpintero (m) de minas, palero (m) (Mexico)	boisseur (m), mineur charpentier
timbering (s) in mines	Zimmerung (f), Grubenzimmerung	entibacion (f) de minas, apeo (m)	boisage (m) de mines
— of a shaft, curbing	Schachtzimmerung (f)	— del pozo	— d'un puits
— — with cribs [(water proof)	wasserdichte Schrotzimmerung (f)	encubado (m)	cuvelage (m)
— — by sets and props	Bolzenschrotzimmerung (f)	— con puntales	—
solid — of a shaft with cribs	Ganze Schrotzimmerung	— (m) lleno	— plein (m)
tubbing (s)	Schachtzimmerung mit Tübings	entubado (m)	tubage (m)
temporary, timber-lost } timbering (s)	Verlorene Zimmerung	entibacion (f) perdida	boissage (m) perdu
tin (v. a)	verzinnen	estañar	etamer
tin (s) [Sn]	Zinn (n)	estaño (m)	étain (m)
protoxide of — [Sn O]	Zinnoxydul (n)	protóxido (m) de estaño	protoxyde (m) d'étain
binoxide of — [Sn O₂], stannic acid	Zinnoxyd (n), Zinnsäure (f)	óxido (m) } estánnico ácido (m)	oxyde (m) } stannique acide (m)
protochloride of —, tin salt [Sn₂ Cl + 2 H₂ O]	Zinnchlorür (n), [Zinnsalz (n)	protocloruro de estaño, sal (f) estánnica	protochlorure (m) d'étain, sel (m) stanique
bichloride of — [Sn Cl₄]	Zinnchlorid (n)	bicloruro (m) estánnico	bichlorure (m) stannique
protosulphide of — [Sn S]	Zinnsulfür (n)	protosúlfuro estánnico	protosulfure (m) stan- [nique
bisulphide of — [Sn S₂], mosaic gold (s)	Zinnsulfid (n), Mussivgold (n)	bisúlfuro estánnico, oro (m) musivo	bisulfure (m) stannique, or (m) mussif
tin ores	Zinnerze (n. pl.)	minerales de estaño	minerais d'étain
tin stone, cassiterite [Sn O₂]	Zinnstein (m), Cassiterit (m)	estaño (m) vidrioso, casiterita (f)	mine (f) d'étain, cassitérite (f)
tin pyrites, stannite	Zinnkies (m)	estanina (f), pírita (f) de estaño	pyrite (f) d'étain
stream tin (s)	Seifenzinn (n)	estaño (m) de aluviones	étain (m) d'aluvions
tin leaves (pl. s)	Zinnfolie (f), Stanniol (m)	hoja (f) de estaño	stanniol (m), feuille (f) d'étain
tin smith (s)	Klempner (m), Blechschmied	hojalatero (m)	ferblantier (m)
tinned sheet iron	Weissblech (n), verzinntes Eisenblech	hoja (f) de lata	fer blanc (m)
tinder (s)	Zündschwamm, Zunder (m)	yesca (f)	amadou (m)
tinning (s)	Verzinnung (f)	estañadura (f)	étamage (m), étamure (f)
tip (v. a)	stürzen, entleeren	vaciar	culbuter, vider
— (s) plowpipe tip	Platinspitze (f) des [Löthrohres	punta (f) de platina del soplete	bout (m) en platin
tipper (s)	Kippvorrichtung (f), Kreiselwipper (m)	basculador (m)	bascule (f), verseur (m)

English	German	Spanish	French
tipping-waggon	Kippwagen (m)	volquete, wagon (m) [volcador	vagon (m) basculant
tire (s) of a wheel	Radreifen (m)	ceño (m) | de la rueda calce (m) |	bande (f), bandage (m) d'une rone
titanate (s)	Titansaure Salz (n)	titanato (m)	titanate (m)
titanic acid (s)	Titansäure (f)	ácido (m) titánico	acide (m) titanique
titanic iron, titaniferous iron ore (s) (Min.)	Titaneisen (n)	hierro (m) titanado	fer (m) titané
titanium (s) [Ti]	Titan (n)	titánio (m)	titane (m)
titer (s) of a liquid	Titer (m) (einer Lösung)	titre (m)	titre (m)
title (s) to a mining claim	Verleihungsurkunde (f)	título (m) de propiedad	titre (m) de propriété
titrate (v. a) (chem.)	titriren	titrar	titrer
titration (s) (chem.)	Titrirung (f), Titriren (n)	titrado (m)	titrage (m)
toil (s)	Plane, Plache (f)	tela (f)	toile (f)
ton (s) [1000 kg]	Tonne (f)	tonelada (f)	tonne (f)
assay ton [20 gr]	Probirtonne (f)	peso (m) [de 20 gr] del ensayador	— d'essayeur
tongs (s. pl)	Zange (f)	tenazas (f. pl)	tenaille (f)
— (assaying)	Kluft (f)	— del ensayador	pince (f) de l'essayeur
tongue (s) of a balance	Zunge (f) der Waage	lengüeta (f) de la balanza	langue (f) de balance
tongue and groove	Feder und Nuth	prisionero y ranura	languette et rainure
tools, implements (pl)	Werkzeug (n), Gezähe	herramientas (pl. f)	outils(m.pl), outillage(m)
tooth (s) of a wheel	Zahn (m) eines Rades	diente (m) de una rueda	dent (m) d'une roue
toothed (adj)	gezahnt	dentado	denté
— wheel (s)	Zahnrad (n)	rueda (f) dentada	roue dentée
— — work	Zahngetriebe (n), Räderwerk (n)	engrane (m), rodaje (m)	rouage (m)
top (s) of a bolt	Niethkopf (m)	cabeza (f) de remache	tête (f) d'un rivet
— of a furnace, mouth of a furnace	Gicht (f) eines Ofens	cargadero (m) de un horno	gueulard (m)
— of a shaft, mouth of a shaft	Schachtmündung (f)	boca (f) del pozo	embouchure (f) d'un [puits
topaz (m) (Min.)	Topas (m)	topácio (m)	topaze (f)
torrefaction (s)	Darren, Dörren, Trocknen (n)	torrefaccion	torrefaction (f)
torrefy (v. a)	darren, dörren	torrar	torréfier
torsion (s)	Torsion (f), Drehung (f)	torsion (f)	torsion (f)
touch-stone (Min.)	Probirstein (m)	piedra (f) de toque	pierre (f) de touche
tough (adj)	zähe	tenaz	tenace
tourmaline (s) (Min.)	Turmalin (m)	turmalina (f)	tourmaline (f)
tower	Thurm (m)	torre (f)	tour (f)
condensing-tower	Condensthurm (m)	— de condensacion	— de condensation
trace, indication (s) [(chem.)	Spur (f), Anzeichen (n)	indício (m)	trace (f)
trace (v. a)	durchzeichnen, pausen	calcar	calquer
tracing (s)	Durchpausen (n)	calcado (m)	calque (m)
— cloth (s)	Pausleinwand (f)	tela (f) de calcar	toile (f) à calquer
— paper (s)	Pauspapier (n)	papel (m) de calcar	papier (m) à calquer
trachyte (s)	Trachyt (m)	traquita (f)	trachyte (f)
trachytic (adj)	trachytisch	traquítico	trachytique
trackway	Schienengleis (n), Schienenstrang (m)	via férrea	chemin (m) de fer
trackmen (s. pl)	Förderleute (m. pl)	wagoneros (m. pl)	rouleurs (m. pl)
traction (s) (mech.)	Zug (m)	traccion (f)	traction (f)
trade (s)	Gewerbe (n), Handel (m)	profesion (f)	profession (f)
— mark (s)	Fabrikmarke, Handelsmarke (f)	marca (f) de fábrica	marque (f) de fabrique
train (s)	Wagenzug (m), Eisenbahnzug	tren (m)	train (m)
—, rolling-train	Walzenzug (m), Walzenstrasse (f)	tren (m) de laminacion	train (m) de laminage
train-oil	Thran (m)	aceite (m) de ballena	huile (f) de baleine

8

English	German	Spanish	French
tram-board, footway-board (Ming.)	Laufbrett (n), Laufbahn (f)	tabla (f) de camino en galerias	planche (f) de chemin
trammer (s) (Ming.) [putter	Schlepper (m)	arrastrador (m)	rouleur (m)
aërial-tramway, wire-[rope-tramway	Drahtseilbahn (f)	cable (m) aëreo	câble (m) aérien
transition-formation	Uebergangsformation (f)	formacion (f) de transicion	formation (f) de transition
transition-rocks (pl)	Uebergangsgebirge (n)	tereno (m) de transicion	terrain (m) de transition
transmission (f)	Uebertragung, Transmission (f)	transmision (f)	transmission (f)
chain —	Kettenantrieb (m)	— por cadena	— par chaine
rope —	Seiltrieb (m)	— por cable	— par cable
translucent (adj) (Min.	durchscheinend	trasluciendo	transluisant
transparent (adj)	durchsichtig	trasparente	transparent
transportation (f)	Transport (m), Förderung (f)	trasporte (m)	transport (m)
— by barrows	Schubkarrenförderung	— por carillos de mano	roulage (m) à brouettes
— on men's backs	Förderung (f) auf dem Rücken der Schlepper	— sobre la espalda	transport (m) à dos [d'homme
— by waggons	Hundeförderung (f)	arrastre (m) en wagones	roulage (m) intérieur
— (v. a)	transportiren	trasportar	transporter
transportable (adj)	transportable	portátil	transportable
trap (s) (Ming.)	Schütze (f), Schieber (m) an einem Rollloche	compuerta (f) de un pozo de arrastre	trappe (f) d'un bure de roulage
— door	Fallthüre (f)	compuerta (f)	trappe (f), abattant (m)
— rocks (Geol.)	Trappgestein (n)	trapp (m)	trapp (m)
trass (s)	Trass (m)	taraso (m)	trass (m)
travel (s) of a piston	Kolbenspiel (n)	pistonada (f)	jeu (m) de piston
traverse (v. a) (Ming.), cut across	durchqueren, durchörtern, durchfahren	atravesar	traverser
treat (v. a) (chem.)	behandeln	tratar	traiter
treatment (s) (chem.)	Behandlung (f)	tratamiento (m)	traitement (m)
tree: axle tree	Rundbaum (m), Haspelwelle (f)	arbol (m) del torno	arbre (m) de treuil
tremolite (s) (Min.)	Tremolith (m)	tremolita (f)	trémolite (f)
trench (s) (Ming.)	Schurfgraben (m)	calicata (f), foso (m) de reconocimiento	fouille (f), tranchée (f) de recherche
trend (s) of a lode	Fallrichtung (f), Fallen (n)	buzamiento, tendido (m)	direction (f) de l'inclinaison
trias (s) (Geol.)	Trias (m), Triasformation (f)	formacion (f) triásica	formation (f) triassique
triassic (adj)	triassisch	triásico	triassique
tripod (s)	Dreifuss (m)	trípode (m)	tripède (m), chèvre (f)
triturate (v. a)	aufschliessen, mahlen, zerkleinern	triturar	triturer
trituration (s)	Zerkleinerung (f)	trituracion (f)	trituration (f)
trommel (s)	Trommel (f)	tromel (m)	trommel (m)
— screen, separating —, revolving screen	Trommelsieb (n), Separationstrommel (f)	tromel (m) clasificador, criba (f) tromeliforme	trommel-clasificateur (m), crible (m) trommeliforme
trona (s) (Min.), native soda	Trona (n), Natürliche Soda	trona (f), tequez-quite (Mexico)	trona (f), soude (f) native
trouble (s) (Min.)	Störung (f), kleiner Verwurf	dislocacion (f) pequeña de un filon	dérangement (m) d'un filon
trough	Trog (m)	dornajo (m)	auge (f), auget (m)
miner's trough	Bergtrog (m)	— de los mineros	baquet (m), auge (f) des mineurs
prospectors —, [vanning —	Sichertrog (m)	batea (f)	batée (f)
—, South american long trough for vanning silver amalgam	— zum Waschen des Silberamalgams in Südamerika	puruña (f)	— longue pour le lavage d'amalgame d'argent dans l'Amérique du Sud

English	German	Spanish	French
trough (see pag. 114) brasilian vanning [through	Brasilianischer Sichertrog (m)	carombé (m)	batée (f) au Brésil
mexican — of clay	Mexicanischer — aus [Thon	chua (f)	— d'argile du Mexique
— — of horn	— — aus [Horn	cuchara (f) de cuerno	— de corne —
— — of porcelain	— — aus [Porzellan	porcelana (f)	— de porcellaine
through for separating ores, pan (s)	Scheidtrog (m)	plato (m) de madera, para lavar minerales	augette (f) à main, égrapoir (m)
mortar trough (s)	Mörteltrog (m)	artesa (f)	auget (m) à mortier
trowel (s)	Kelle (f), Mauerkelle	trulla (f), palustre (m)	truelle (f)
troy ounce see ounce			
troy pound see pound			
trunk (s)	Gefluder (n)	canal (m)	canal (m)
pointed trunk (s) (ore —trunks (s) dressing)	Spitzkasten (m), Spitzkastensystem (n)	spitzkasten (m) —	caisse (f) pointue, caisses (f. pl) pointues spitzkasten (m)
try (v. a), assay	probiren	ensayar	essayer
tub (s)	Kübel (m), Fördergefäss (n)	cuba (f)	cuveau (m)
tubbing (s) of a shaft	Wasserdichte Ausbau [eines Schachtes	encubado (m), entubado (m) de un pozo	cuvelage (m), tubage (m) d'un puits
tube (s)	Rohr (n), Röhre (f)	tubo (m)	tuyau (m), tube (f)
— (v. a) a borehole	verröhren	entubar	tuber, munir de tubes
aspiring suction —	Saugrohr (n)	tubo (m) aspirante	tuyau (m) aspirant
boiler tube	Siederohr (n)	bullidor (m)	bouilleur (m)
capillary tube	Haarröhrchen (n)	tubo capilar (m)	tuyau (m) capillaire
drawn tube	Gezogene Rohr (n)	tubo (m) estirado	tuyau (m) étiré
fire —, flame —	Feuerrohr, Flammrohr (n)	tubo (m) { de caldeo { de hogar	tuyau (m) { réchauffeur { flambeur
glass —	Glasrohr (n)	tubo de vídrio	tube (f) en verre
rolled —	Gewalzte Rohr (n)	tubo laminado	tuyau (m) laminó
suction see aspiring —			
swelled tube	Muffenrohr (n)	— con manguito	tuyau (m) à manchon
test-tube	Reagensrohr (n)	probeta (f)	éprouvette (f)
tubing (s)	Verröhren (n)	entubado (m)	tubage (m)
tubs (s. pl)	Aufsatzkränze bei der Cuvelage	segmentos (m. pl) de hierro colado para el encubado de un pozo	ségments (m. pl) de fer fondu pour le cuvelage d'un puits
tubular boiler (s)	Röhrenkessel (m)	caldera (f) tubular	chaudière (f) multitubulaire
tufa (s)	Tuff (m)	toba (f), tufo (m)	tuf (m)
tumefy (v. n) (Min.)	sich aufblähen, anschwellen von Mineralien vor dem Löthrohre	hincharse	se gonfler
tun, barrel	Tonne (f), Fass (n)	tonel (m)	toneau (m)
tungstate (s) (chem.)	Wolframsaure Salz (n)	tungstato (m)	tungstate (m)
tungsten (s) (Min.)	Wolfram (n), Scheelit, Schwerstein	tungsteno (m), scheelita (f)	tungstène (m), scheelite (f)
tungstic acid see [wolframium			
tunnel (s)	Tunnel (m)	tunel (m)	tunnel (m)
— rights (pl) (Ming.)	Stollngerechtsame (f)	concesion (f) de un socavon	concession (f) d'une galerie principale
turbid (adj)	trübe	turbido	trouble
turbine (s) (hydr.)	Turbine (f)	turbina (f)	turbine (f)
turf, peat (s)	Torf (m)	turba (f)	tourbe
— digging	Torfstechen (n)	saca (f) de la turba	exploitation de la tourbe
— digging, — pit	Torfgrube (f)		
— moor, bog (s)	Torfmoor, Torfablagerung (f)	turbal, manchon de [turba (m)	tourbière (f)

8*

English	German	Spanish	French
turn (s), turning	Drehung (f)	vuelta (f), rotacion	tour (f)
—, revolution	Umdrehung, Tour (f)	vuelta, revolucion (f)	tour (f), revolution
— (v. a)	drehen, drechseln	tornear	tourner
— off miners	abkehren, die Arbeit verlassen	dejar un trabajo	quitter un établissement (d'un ouvrier)
— tree see axletree			
turner	Dreher, Drechsler (m)	tornero (m)	tourneur (m)
turning, travel of a piston	Kolbenspiel (n), Hub (m)	pistonada (f)	jeu (m) de piston
turning (adj)	drehend	giratório	tournant
turnings (s. pl)	Drehspähne (m. pl)	torneaduras (f. pl), viruta (f)	tournures (f. pl)
turpentine (s)	Terpentin (n)	trementina (f)	térébenthine (f)
— oil	Terpentinöl (n)	aguarras (f. pl)	térébenthène (f)
turquois (s) (Min.)	Türkis (m)	turquesa (f)	turquoise (f)
tut-bargain see contract			
tuyere (s), blast pipe, tue-iron	Düse (f), Blaserohr (n)	tovera, tubera (f), alcribis (m) (Mexico)	tuyère (f)
twin crystal (s) (Min.)	Zwillingscrystall (m)	cristal (m) gemelo, macla (f)	cristaux (m. pl) maclés
twin steam engine	Zwillingsdampf- [maschine (f)	maquina (f) gemela	machine (f) jumelle

U.

English	German	Spanish	French
Ullmannite see Nickel ores			
ultramarine (s)	Ultramarin (n)	ultramar (m)	outremer (m)
umber (s)	Umber (m), Umbra (f)	umbria, ombria (f)	ombre (f)
unallotted ground (s)	Freie Feld (n), unverliehenes Terrain	tereno (m) no concedido	terrain (m) non concédé
undercut (v. a)	unterschrämen	socavar	haver, entailler
underground (adj)	unter Tage, in der Grube	subterráneo	souterrain, subterrané
— shaft see shaft			
— surveyor	Markscheider (m)	ingeniero (m) que hace los planos de minas	arpenteur (m)
— workings (s. pl)	Grubenbaue (m. pl)	minados (m. pl)	travaux minières (m. pl)
underlay (s) see hade			
underlie see hade			
underprop, shore (v. a)	abspreitzen, unterstützen	apuntalar, apoyar	étayer
undertaking s. adventure			
ungear (v. a)	ausrücken von Rädern	desengranar	desembrayer
unhook (v. a) a bucket	abschlagen eines Fördergefässes vom Seile	desenganchar, amainar	décrocher
unite (v. n) of lodes	sich schaaren	reunirse (de filones)	se joindre (des filones)
unoxidable (adj)	unoxydirbar	inoxidable	inoxydable
unroll (v. a)	abwickeln	desarrollar	dérouler
unscrew (v. a)	losschrauben	destornillar	dévisser
unwater (v. a). fork water	entwässern	desaguar	démerger
—, draw off the water	abzapfen, entwässern	desaguar	faire écouler les eaux
unworkable (adj) (Ming.)	unbauwürdig	inexplotable	inexploitable
	unverwerthbar	inaprovechable	inutilisable
up! (signal from pit [bottom)	auf! (Signal zum aufziehen)	arriba!	tirez!
upbrow, rise drift	Auf hauen, Überhauen (n)	realce (m)	cheminée, montée (f)
gallery driven towards the rise	schwebende Strecke (f)	galeria (f) ascendonte	galerie (f) montante
upheaval (s) (Geol.), [uplift (s)	Hebung (f) (vulkanische)	sublevacion (f)	soulèvement (m)
upper (adj) (Geol.)	ober, obere	superior	supérieur
upright (s) (in a gallery)	Thürstock (m)	peon (m) lateral de un marco de entibacion	pontal (m) d'un cadre de boisage

English	German	Spanish	French
upstroke (s) of a piston	Kolbenaufgang (m)	subida (f) del piston	ascension (f) d'un piston
uranium (s) [U]	Uran (n)	úrano (m)	urane (m)
protoxyde of — [U O]	Uranoxydul (n)	protóxido (m) { uranoso, de úrano	protoxyde (m) { uraneux, d'urane
sesquioxyde of — [U₂ O₃]	Uranoxyd (n)	deutóxido { uránico, de urano	deutoxyde { uranique, d'urane
uraninite (s), Pitchblende (Min.) [Ü₃ O₄]	Uranpecherz (n), Nastu-ran, Uranoxydoxydul	urano (m) píceo, nasturan, pechurano (m)	nasturane (m), pechurane

V.

vacuum (s)	Luftleere (f)	vacio (m) de aire	vide (m) d'air
valentinite see antimony ores			
valuation see estimation			
value see yield			
valve (s)	Ventil (n)	válvula (f), sopapo (m)	soupape (m)
— of a pump, clack valve, clapper	Pumpenklappe (f)	clapeta (f) de una bomba	clapet (m) d'une pompe
— gearing (s) (mech.)	Ventilsteuerung (f)	distribucion (f) por vál-vulas	distribution } à soupapes détente (f)
admission —	Einlassventil (n)	válvula (f) de admision	soupape (m) d'admission
ball —, spherical —	Kugelventil (n)	— de bola, — esférica	— à { boule boulet
bell shaped (s)	Glockenventil (n)	—en forma de campana	— en chapeau
delivery —	Druckventil (n)	— { de expulsion de ascension	— d'ascension
discharge —	Ablassventil (n)	— de descarga	— { de décharge de vidange
distributing — motion	Schiebersteuerung (f)	distribucion (f) por corre-dera	distribution (f) par tiroir
distributingslide —, sliding-valve	Steuerschieber (m)	corredera (f)	tiroir (m)
escape —, waste —	Auslassventil (n)	válvula (f) de { salida escape	soupape (m) d'échappe-ment
flat —	Tellerventil (n)	— en forma de plato	— plat
safety —	Sicherheitsventil (n)	— de seguridad	— de sûreté
sliding —	Schieber, Steuerschieber — (m), Register (n)	corredera (f) portacho (m)	tiroir registre (m)
stop —	Absperrventil (n)	válvula (f) de cerradura	soupape (m) à détente
suction —	Saugventil (n)	— de aspiracion	— d'aspiration
throttle —	Drosselklappe (f)	válvula (f) chapaleta	clapet (m) à papillon
waste — see escape —			
valve box (s)	Ventilkasten (m)	caja (f) de válvula	caisse (f) à soupape
— casing (s)	Schieberkasten (m)	caja (f) de distribucion	chapelle (f), boîte (f) de distribution
— rod	Ventilstange (f)	vástago (m) de válvula	tige (f) de soupape
slide-valve-rod	Schieberstange (f)	vástago (m) de distri-bucion	tige (f) de tiroir
van, pan out (v. a)	sichern (von Erzschläm-men) mit dem Sicher-troge ausziehen	lavar con la batea	laver à la { sebille batée
vanadate (s) (chem.)	vanadinsaure Salz (n)	vanadiato (m)	vanadiate (m)
vanadic acid (s)	Vanadinsäure (f)	ácido (m) vanádico	acide (m) vanadique
vanadinite see lead ores			
vanadium (s) [V]	Vanadium (n)	vanádio (m)	vanadium (m)
vanner, gold chimmer	Goldwäscher (m)	lavador (m) de oro	laveur (m) d'or
—	Planherd (m) zum Gold-waschen	mesa (f) para lavar lodos auríferos	table (f) à lavage des schlammes aurifères
frue-vanner	Fruevanner (m), Herd mit Plane ohne Ende	frue-vanner, mesa de tela sin fin	frue-vanner, table (f) à toile sans fin

English	German	Spanish	French
vanning trough s. trough			
vaporize (v. a) (chem.) evaporate	verdampfen	evaporar	évaporer
variegated sandstone see sandstone			
varnish (v. a)	glasiren	vidriar	vernir
vat (s) (ore dressing)	Schlämmfass (n), Bottich zum Schlämmen von Erzsanden	tonel (m) para deslodar minerales	cuve (f) de débourbage
vault (s)	Gewölbe (n)	bóveda (f)	voûte (f)
vauquelinite see lead ores			
vein (s), lode (Ming.)	Gang (m)	filon (m), veta, vena (f)	filon (m), veine (f)
cross —	Kreuzkluft (f), Kreuzgang (m)	veta (f) transversal	filon (m) transversal
veinstuff (s), matrix	Gangart (f), Ganggestein (n)	ganga (f)	gangue, matrice (f)
net of veins	Gangnetz (n)	red (f) de filones	réseau (m) de filons
part of a vein	Gangparthie (f)	trozo (m) de un filon	partie (f) d'un filon
system } group } of veins	Gangsystem (n), Gangzug (n)	sistema (m) } agrupacion } de filones	système (m) de filons
velocity (s)	Geschwindigkeit (f)	velocidad (f)	vitesse (f)
ventilate (v. a) a mine	eine Grube mit Wettern versorgen	ventilar una mina	aérer une mine
ventilation (s) of mines	Ventilation (f), Wetterführung (f), Wetterversorgung	ventilacion (f)	ventilation (f), aérage (m)
ventilator (s)	Ventilator (m), Wetterrad (m), Wettertrommel (f)	ventilador (m)	ventilateur (m)
blowing —	Blasender —	— soplante	— soufflant
sucking —, exhaustor (s)	Saugender —, [Exhaustor (m)	— aspirante	— aspirant
— of the Harz	Harzer Wettersatz (n)	— del Harz	— du Harz
verdigris (s) (see copper)	Grünspahn (m)	verdete, cardenillo (m)	verdet (m)
vertical plump, perpendicular (adj)	saiger, senkrecht, lothrecht	vertical	vertical
vessel (s)	Kessel (m)	calderon (m)	chaudron (m)
air-vessel	Windkessel (m)	recipiente (m) de aire	réservoir (m) d'air
vesuvian see Idocras			
vice (s), bench-vice	Schraubstock (m)	tornillos (m) de banco	étau (m) d'etabli
hand-vice	Feilkloben, Hand-[schraubstock (m)	tornillos (m) de mano	étau (m) à main
virgin, intact (adj) of the country or lodes	unverritzt, jungfräulich	virgen	vièrge, intact
— metalls (Min.)	Gediegene Metalle (n. pl)	metales nativos (m. pl)	métaux natifs (m. pl)
vitreous (adj)	glasig, glasartig	vítreo, vidrioso	vitreux
vitrification (s)	Verglasung (f)	vitrificacion (f)	vitrification (f)
vitrify (v. a), melt to a glass	verglasen, in Glas verwandeln	vitrificar	vitrifier
vitriol (s), copperas (pl)	Vitriol (m)	vitriolo (m), caparrosa	vitriol (m), coupérose (f)
blue —	Kupfervitriol (m)	— de cobre	— de cuivre
green —	Eisenvitriol (m)	— de hierro	— de fer
white —	Zinkvitriol (m)	— { de zinc, blanco	— de zinc
vivianite see iron ores			
volatile (adj) (chem.)	flüchtig, sich verflüchtigend	volátil	volatile
volatility (s) (chem.)	Flüchtigkeit (f)	volatilidad (f)	volatilité (f)
volatilization (s)	Verflüchtigung (f)	volatilizacion (f)	volatilisation (f)
volatilize (v. a)	verflüchtigen, ver-[dampfen	volatilizar	volatiliser
— (v. n)	sich verflüchtigen, verdunsten	volatilizarse	se —
volcanic (adj)	vulkanisch	volcánico	volcanique

English	German	Spanish	French
volcano (s)	Vulkan (m), feuerspeien-der Berg	volcan (m)	volcan (m)
volt (s) (elect.)	Volt (m)	volt (m)	volt (m)
voltaic wire (s), con-ducting wire	Leitungsdraht (m)	alambre (m) conductor	fil (m) conducteur
voltametre (s)	Voltameter (n)	voltámetro (m)	voltamètre (m)
volume (s)	Rauminhalt (m), Volu-men (n)	cabida (f), volumen (m)	capacité (f), volume (m)
volumetric analysis see analysis			
vughy (adj), broken up	klüftig	resquebrajado, que-[bradizo	plein de fissures,[crevassé

W.

English	German	Spanish	French
wacke (s) (Geol.)	Wacke (f)	wacka (f)	wacke (f)
wad (s) (Min.)	Wad (m),Manganschaum	wad (m)	wad (m)
wages (s. pl)	Arbeitslohn (m)	sueldo (m)	salaire (m)
—, daily wages	Tagelohn, Schichtlohn (m)	jornal (m)	— d'une journée
registre of wages, table of wages	Lohnliste (f), Lohn-[tabelle (f)	cuadro (m) de pagos	tableau (m) de payement
wagon, waggon (s)	Wagen (m), Eisenbahn-wagen	wagon (m)	wagon (m)
miner's —, truck,[skip	Förderwagen, Hund (m), Grubenwagen	wagon (m) de minas	wagon, wagonnet (m), chien (m)
tipping —	Kippwagen (m)	volquete (m), wagon vol-cador (m)	wagon (m) basculant
wagonroad see level			
wall (s) (arch.)	Mauer (f)	muro (m)	mur (m)
dry wall in mines	Bergemauer, Trocken-mauer (f)	pedriza (f)	— en pierres sèches
foot wall of a lode	Liegende (n) eines [Ganges	arrastre, yacente (m) de filon	mur (m) d'un filon
hanging wall	Hangende (n)	pendiente (m)	toit (m)
long wall	Strebe (f), Streb (m)	tajo (m)	taille (f)
— — working	Strebbau (m)	explotacion (f) por tajos derechos	exploitation (f) par tail-les droites
side-wall of a lode	Ulm (m), seitliche Gang-begrenzung	hastial (m), lado (m) (Mexico) del filon	lisière (f) d'un filon
wall-rock (s)	Nebengestein (n)	roca (f) de los hastiales	roche (f) des parois
walling (s)	Mauerung (f),Mauern (n)	mamposteria (f), obra (f) de cal y canto	maçonage (m), murail-lement
— in mines	Grubenmauerung (f)	— en minas	— des mines
— of shafts, shaft —, walling	Schachtmauerung (f)	— de pozos	— des puits
wash (v. a) out (chem.), edulcorate	waschen, auswaschen, aussüssen	lavar	laver
— ores, dress (v. a)	Erz waschen, aufbereiten	— minerales, preparar	— laver } préparer } des minerais
—, water	abspülen, abbrausen	regar	arroser
—, clean	abläutern, schlämmen	deslodar	débourber
washed gold (s)	Waschgold (n)	oro (m) de lavado	or (m) de lavage
washer (s) (mech.)	Unterlagsscheibe (f)	rodaja (f)	rondelle (f)
ore washer	Erzwäscher (m)	lavador (m) de minerales	laveur (m) de minerais
washing (s)	Waschen (n)	lavado (m), lavadura (f)	lavage (m)
—, dressing	Erzwaschen(n),Aufberei-tung (f) von Erzen	—, preparacion (f) de minerales	préparation (f) des mi-nerais
—, cleaning	Läutern (n)	deslodadura (f)	débourbage (m)

English	German	Spanish	French
washing (see pag. 118)			
— bottle (s) (chem.)	Spritzflasche (f)	redomita (f) para lavar	flacon (m) de lavage, pissette (f)
— plant	Wäsche (f), Aufbereitungsanstalt	lavadero (m)	laverie (f)
— trommel (s)	Läutertrommel (f)	tromel (m) deslodador	trommel- { laveur (m), débourbeur
— vat (s)	Waschbottich (m) in der Erzlaugerei	tonel (m) de lavado	cuve (f) de lavage
waste (com.)	Abgänge, Verluste (m.pl)	pérdidas (f. pl)	pertes (f. pl)
— (s) (met.)	Abfälle (m. pl)	menoscabo (m)	déchet (m)
loss (s)	Abbrand (m)		
—, attle (Ming.)	Berge (m. pl)	escombros (m. pl)	déblais, decombres (m.pl)
waste heap, dump	Gesteinshalde (f)	terrero, vaciadero (m)	halde (f) de déblais
— (jigging) skimpings	Abhübe (m. pl)	desechos (m. pl)	rebuts, débris (m. pl)
—, tailings (s. pl) (oredressing)	Abgänge (m. pl) in die wilde Fluth	materias saliendas (f. pl) de una preparacion de minerales	matières (f. pl) sortantes d'une préparation
— gases of a furnace	Gichtgase (n. pl)	gases (m. pl) de un horno	gaz (m. pl) d'un fourneau
— water	„Wilde Fluth" (f)	águas (f.pl) turbias como salen de la preparacion mecánica	pulpe (pl. f) sortante de la préparation mécanique
water (s) [H₂O]	Wasser (n)	água (f)	eau (f)
— for washing ores	Läuterwasser, Waschwasser (n. pl)	— para deslodar minerales	— pour le débourbage de minerais
— for discharging the stamped ore	Ladenwasser, Pochwasser (n. pl)	águas (f.pl) para la descarga del bocarte	eaux (f. pl) pour la décharge du bocard
— giving power, [moving water	Kraftwasser, Aufschlagewasser (n. pl)	águas motrices	eaux motrices
— in abandoned workings	Wasser im alten Mann, Wassersack (m)	águas en minados antíguos	eaux dans des anciens travaux
back water	Stauwasser (n)	águas { estancadas (f. pl) { detenidas	eaux du remous
— from a water wheel	Abgangswasser (n) eines Wasserrades	águas (f. pl) de escape de una rueda hidráulica	eaux (f. pl) d'échapement d'une roue hydraulique
distilled water	destillirte Wasser	água destilata	eau destillée
feed water	Speisewasser (n)	água (f) de alimentacion	eau (f) d'alimentation
mine water	Grubenwasser (n. pl)	águas de minas	eaux de mines
subterraneous water	Grundwasser (n. pl)	— subterráneas	— souterraines
surface water	Tagewasser (n. pl)	— atmosféricas	— { externes { de surface
— bath (chem.)	Wasserbad (n)	baño (m) de água	bain (m) marie
— bearing (adj)	wasserführend	acuífero	aquifère
— cock	Wasserhahn (m)	grifo (m) de água	robinet (m) à l'eau
— column	Wassersäule (f)	columna hidráulica	colonne (f) d'eau
— course, — current	Wasserstrom (m)	corriente (f) de água	courant (m) d'eau
— division line	Wasserscheide (f)	linea (f) de division de las vertientes de las águas	ligne (f) de partage des eaux
— engine (s)	Wasserhaltungsmaschine (f)	maquina (f) de desagüe	machine (f) d'exhaure
— gauge (s), gaugeglass	Wasserstandsglas (n)	tubo (m) de nivel	niveau (m) à tube de verre
— level (s), surface of water	Wasserspiegel (m)	nivel (m) del água	niveau (m) de l'eau
— level, horizontal [(adj)	söhlig, in der Wasserwaage	horizontal	horizontal
— level (s), hidrostatic level	Wasserwaage (f), Libelle	nivel (m) de água, balanza hidrostática (f)	niveau (m) d'eau, balance hydrostatique
— level for draining a mine	Wasserstrecke, Sumpfstrecke (f)	galeria (f) de desagüe	galerie (f) d'écoulement des eaux
— mark (s)	Wasserstandszeiger (m)	indicador (m) de nivel	indicateur (m) de niveau
— motor (s)	Wassermotor (m)	motor (m) hidráulico	moteur (m) à l'eau
— pressure (s)	Wasserdruck (m)	presion (f) del água	pression (f) de l'eau

English	German	Spanish	French
water (see pag. 120)			
— pressure engine	Wassersäulenmaschine (f)	maquina (f) de columna hidráulica	machine (f) à colonne d'eau
— { proof (adj) / tight	wasserdicht	impermeable	imperméable
— raising (s)	Wasserhebung (f)	elevacion (f) de águas	épuisement (m) des eaux
— reservoir, — tank	Wasserreservoir (n)	depósito (m) de água	réservoir (m) à l'eau
— station (s)	Wasserstation (f)	estacion (f) de alimentacion	station (f) d'alimentation
— supply (s)	Wasserversorgung (f)	suministro (m) de água	fourniture (f) de l'eau
— wheel (s)	Wasserrad (n)	rueda (f) hidráulica	roue (f) hydraulique
bucket-wheel	Zellenrad (n)	— de paletas	— à augets
float board wheel	Schaufelrad (n)	— de paletas	— à aubes, — à palettes
middle shot wheel	Mittelschlächtige —	— de costado	— de coté
overshot wheel	Oberschlächtige —	— por encima	— en dessus
undershot wheel	Unterschlächtige —	— por debajo	— en dessous
— works, — main	Wasserleitung (f)	conducto (m) de água	conduit (m) d'eau
wax (s)	Wachs (n)	cera (f)	cire (f)
— lustre (s) (Min.)	Wachsglanz (m)	brillo (m) céreo	éclat (m) de cire
way (s)	Weg (m)	camino (m)	chemin (m)
air way (Ming.)	Wetterstrecke (f)	galeria (f) de ventilacion	gallerie (f) d'aérage
way end (Ming.)	Ortsstoss (m), Streckenende (n)	frente (f) de galeria	front (m) de galerie
wealden (s) (Geol.)	Wälderformation (f)	formacion (f) vealdiana	formation (f) wealdienne
wear (s) and tear, [wearing (s)	Abnutzung (f), Ver- [schleiss	desgaste (m), gasto	usure (f), dégât (m)
— out (v. n)	verschleissen, sich abnutzen	gastarse	s'user
weather (v. n)	verwittern	caer en efflorescencia	tomber en éfflorescence
weathering	Verwitterung (f)	eflorescencia (f)	éfflorescence (f)
web of a saw see saw			
wedge (s)	Keil (m)	cuña (f)	coin (m)
miner's wedge, gad (s)	Fimmel (m), Bergeisen (n)	cuña (f) del minero, [puntero (m)	pointe (f), coin (m) des mineurs
wedge (v. a)	keilen, verkeilen	acuñar, assegurar con cuñas	serrer des coins
wedging (s)	Verkeilen (n)	acuñacion (f)	
— cribs of tubing shafts	Tragkranz, Keilkranz (m) eines wasserdichten Schachtausbaues	marco (m) del entubado de un pozo	cadre (m) de tubage d'un puits
weigh (v. a)	wägen, abwägen, wiegen	pesar	peser, doser
— bridge (s)	Brückenwaage (f)	puente (f) báscula	pont (m) à bascule
weighing (s)	Wägen (n), Wiegung (f)	pesada (f)	pesée (f)
weight (s)	Gewicht (n)	peso (m)	poids (m), pesanteur
— (v. a)	belasten, beschweren	cargar, agravar	charger
atomic —	Atomgewicht (n)	peso (m) atómico	poids (m) atomique
bruto —	Bruttogewicht (n)	peso (m) bruto	poids (m) brut
counter —	Gegengewicht (n)	contrapeso (m)	contre-poids (m)
dead —	Todte Gewicht (n)	peso (m) muerto	poids (m) inerte
hundred —, quintal (s)	Centner (m)	quintal (m)	quintal (m)
net —	Nettogewicht (n)	peso (m) neto	poids (m) net
specific —	Specifische Gewicht (n)	peso (m) específico	poids (m) spécifique
— in the state of dryness	Trockengewicht (n)	peso al estado seco	poids (m) à l'état sec
weir (s), dam-head	Wehr (n)	dique (m)	dique (m)
weld (v. a)	schweissen	pegar, soldar el hierro caliente	souder le fer à chaude suante
welding (s)	Schweissen (n)	soldadura (f), pegadura	soudage (m)
welding / reheating } furnace	Schweissofen (m)	horno (m) { de enalbar / de resudar	four (m) { à rechauffer / à ressuer
welding-heat	Schweisshitze (f)	calda (f) violenta de frágus	chaude (f) suante, [échaude (f)
well (s), spring	Quelle (f)	fuente (f), manantial (m)	source (f)
—	Brunnen (m)	pozo (m)	puits (m)

English	German	Spanish	French
wet, moisten (v. a)	anfeuchten	humedecer	humecter
— (adj)	nass	húmido	humide
— assay	Probe (f) auf nassem Wege	ensayo (m) por via húmeda	essai (m) par voie humide
— grinding of ores	Nassmahlen (n)	molienda (f) húmeda	moulurage (m) à l'eau
— stamp mill	Nasspochwerk (n)	bocarte (m) húmedo	bocard (m) { mouillé / humide
wheel (s)	Rad (n)	rueda (f)	roue (f)
bucket — (hydr.)	Zellenrad (n)	— de paletas	— à augets
cog —	Kammrad (n)	— con dientes de madera	— à dents de bois
crown —	Kronrad (n)	— corona	— à couronne
float board (hydr.)	Schaufelrad (n)	— de paletas, rodezno (m)	— à palettes
fly —	Schwungrad (n)	volante (m)	volant (m)
hand —	Handrad, Stellrad (n)	rueda (f) de mano	roue (f) à main
overshot — (hydr.)	Oberschlächtige Wasserrad (n)	— por encima	— (f) mue en dessus
middleshot — (hydr.)	Mittelschlächtige —	— de costado	— (f) de coté
racket —, ratchet —	Sperrrad (n)	— (f) de escape	— (f) à { rochet / déclic
scoop —	Schöpfrad (n)	— de noria, — elevatória	— (f) { à godets / élévatoire
screw —	Schneckenrad (n)	— de caracol, hélice (f)	— (f), helice
spur —	Stirnrad (n)	erizo (m)	hérisson (m)
toothed —	Zahnrad (n)	rueda (f) { dentada / de engrane	roue (f) { dentée / d'engrenage
tread —	Tretrad (n)	— movida de fuerza animal	marchoir (m)
wheel axle	Radaxe (f)	eje (m) de rueda	essieu, arbre (m) d'un roue
— barrow (s)	Schubkarren (m)	carrillo (m) de mano	brouette (f)
— race	Radstube (f)	cámara (f) de rueda	cage (f) de la roue hydraulique
whim (s), windlass	Haspel (m)	torno (m)	treuil (m)
horse-whim, gin (s)	Göpel, Pferdegöpel	malacate (m)	manège (m), machine à molettes
whim shaft	Göpelschacht (m)	pozo (m) de malacate	puits (m) à manège
whipper (s)	Kreiselwipper (m)	basculador (m)	bascule (f), verseur (m)
white heat (s)	Weissglühhitze (f)	incandescencia (f)	incandescence (f)
white hot (adj)	weissglühend	incandescente	incandescent
white lead (s) [2 Pb CO₃, Pb H₂ O₂]	Bleiweiss (n)	albayalde (m), cerusa (f)	plomb blanc (m), [céruse (f)
white stone (s) (Geol.), granulite, felsit	Weissstein, Felsit, Leptinit (m)	leptinita (f)	leptinite (f), weisstein (m)
wick, cotton wick	Docht, Lampendocht (m)	mecha, torcida (f)	mèche (f) de coton
widen (v. n) of a lode, make	sich ausbauchen	ensancharse	se renfler, prendre un ventre
widening, making (s) of a lode	Ausbauchung (f)	ensanchamiento (m)	ventre, élargissement (m)
width, thickness of lodes or stratas	Mächtigkeit (f)	espesor (m), potencia (f)	épaisseur (m), largeur entrebailement (m), puissance (f)
width of meshes in a sieve	Maschenweite (f) eines Siebes	claro (m) { / luz (f) { de una malla	clair, écartement (m) de mailles
width of track	Spurweite (f) eines [Gleises	anchura (f) de los railes	écartement (m) { d'un / largeur (f) { chemin / de fer
willemite see zinc ores			
wimble (s) (Ming.), — scoop	Schappenbohrer (m), Löffelbohrer (m)	taladra (f)	tarière (f) à glaisse
win (v. a) ores, get, bring down	gewinnen, hereingewinnen, verhauen	arrancar	arracher, abattre
winch, windlass (s)	Haspel (m)	torno (m)	treuil (m)
— handle	Haspelhorn (n)	cigüeña (f)	manivelle (f)
crab winch	Vorgelegehaspel (m), Kabel (m)	cabrestante (m)	cabestan, treuil (m) à engrenage

English	German	Spanish	French
wind (s) (met.)	Gebläseluft (f)	viento (m)	vent (m)
— off, unroll (v. a)	abwickeln	desarrollar	dérouler
— up (v. a)	aufwickeln	arrollar	enrouler
winding, drawing	Aufziehen (n), Haspel- förderung (f)	extraccion (f)	extraction (f)
— engine	Fördermaschine (f)	máquina (f) de —	machine (f) d'—
— shaft	Förderschacht (m)	pozo (m) de —	puits (m) d'—
windlass, winch	Haspel (m)	torno (m), burro (m) (Mexico)	treuil (m), tourniquet, hernas
— man	Haspelzieher (m)	tornero (m)	tireur (m) } au treuil ouvrir }
winning of ores, [getting (s)	Gewinnung (f), Bear- [beitung	arranque (m)	abatage (m)
—, out put	—, Förderung, Aus- beute (f)	extraccion (f), cantidad extraida	extraction (f),quantité (f) extraite
— drift	Verhauort (n) zum Ein- leiten des Abbaues	galeria (f) preparatória (para la explotation)	galerie (f) préparatoire (pour l'exploitation)
winze (s), staple, under- ground shaft	Gesenk (n), Abteufen (n), Blinde Schacht (m)	trancada (f), rebaje (m)	puits (m) souterrain
wire (s)	Draht (m)	alambre (m)	fil (m) métallique
— cable, — rope (s)	Drahtseil (n)	cable (m) de alambre	câble (m) } en fil de fer corde (f) }
— cloth (s)	Drahtgewebe (n)	tela (f) metálica	toile (f) métallique
— drawer (s)	Drahtzieher (m)	tirador (m) de alambre	tréfileur (m)
— drawing (s)	Drahtziehen (n)	tirado (m) de alambre	tréfilage (m)
— screen } netting — sive }	Drahtsieb (n)	criba (f) de alambre	crible (m) en fil de fer
barbed wire	Stacheldraht (m)	espino (m) artificial	fil (m) piquant
electric conducting wire	Leitungsdraht (m)	alambre (m) conductor	fil (m) conducteur
Witherite s. barium ores			
withdraw (v. a) a wagon from the cage	abziehen (einen Hund von der Förderschale)	tirar un vagon de la jaula	tirer un vagon de la cage
wolframium [W], [tungsten	Wolfram (n)	wolfram (m)	wolfram (m)
tungstic acid (s)	Wolframsäure (f)	ácido (m) túngstico	acide (m) tungstique
wolframite	Gediegene Wolfram (n)	wolframíta (f)	wolframite (f)
tungsten, sheelite	Tungstein, Scheelit (m), Schwerstein (m)	tungsteno (m), schee- lita (f)	tungstène (m), schéelite (f)
wollastonite (s)	Wollastonit, Tafelspath (m)	wollastonita (f), espato en tablas (m)	wollastonite (f)
wood (s)	Holz (n)	madera (f)	bois (m)
bituminous wood (s)	Lignit (m)	lignita (f)	lignite (f)
log wood (s)	Scheitholz,Brennholz (n)	leña (f) en troncos	bûche (f) de bois
petrified wood	Versteinerte Holz (n)	madera (f) petrificada	bois (m) pétrifié
wood opal (s) (Min.)	Holzopal (m)	ópalo (m) leñoso	xylopale (m)
wood screw	Holzschraube (f)	tornillo (m) para clavar construcciones de madera	vis (f) de charpente
wooden screw	Hölzerne Schraube (f)	tornillo (m) de madera	vis (f) de bois
wood vinegar. pyro- lignous acid	Holzessig (m), Holzsäure (f)	ácido (m) piroleñoso	acide (m) pyroligneux
wood-work-machine	Holzbearbeitungs- [maschine (f)	máquina (f) para traba- jar la madera	machine (f) à travailler le bois
wooden (adj)	hölzern		
work (s), labour	Arbeit (f)	labor (f), trabajo (m), obra (f)	travail (m), oeuvre (f)
—, travel of machinary or furnaces	Gang, Betrieb (m)	trabajo (m), marcha (f)	travail (m), marche (f)
works (s. pl), establish- ment (s)	Werk (n), Werksanlage (f)	establecimiento (m)	établissement (m)
work (v. a)	arbeiten	trabajar	travailler
— day's of work	verfahren (von Schichten)	hacer jornadas	faire journées
— a deposit of mine- rals, mine out (v. a)	verbauen, abbauen	explotar, tumbar, rebajar (Mex.	exploiter

English	German	Spanish	French
work (see pag. 123)			
— metal	bearbeiten	tratar	traiter
— off minerals	Erze behandeln, verarbeiten, zu Gute machen	tratar minerales	traiter les minerais
set (v. a) to work	in Betrieb setzen	poner en marcha	mettre in marche
advance work (s) of machinary	Vorschub (m)	avance (m)	avancement (m)
exploring works [(Ming.), works of research	Versuchsarbeit (f)	labor (f) de reconocimiento	travail (m) de recherche
mason work (s)	Mauerwerk (n)	mamposteria (f)	maçonnerie (f)
stream work (s)	Seifenwerk (n)	labores de aluviones	ouvrage (m) des aluvions, minière (f) d'aluvions
work-room, shop	Werkstätte (f)	taller (m)	atélier (m)
workable (adj) Ming.)	bauwürdig, abbauwürdig	explotable, costeable (Mexico)	exploitable
— (adj) (met.)	schmelzwürdig, verarbeitungsfähig	beneficiable	bénéficiable
worker (s)	Arbeiter (m)	trabajador(m), obrero(m)	ouvrier (m)
day-worker	Tagelöhner (m), Schichtlöhner (m)	jornalero (m)	journalier (m)
working (s)	Arbeiten (n), Betrieb (m)	laboreo (m)	ouvrage (m)
—, treating (met.)	Verarbeitung, Behandlung, Zugutemachung (f)	tratamiento (m)	traitement (m)
—, mining (Ming.)	Verhau, Abbau (m) eines Mineralvorkommens	explotacion de un criadero, rebaje (m) del metal, tumbo (Mexico)	manière (f) d'exploitation, abatage, ouvrage d'un gisement
—, winning (Ming.)	Gewinnung (f)	arranque (m)	arrachement, abatage (m)
open workings (s), diggings (Californ.)	Tagebau (m), Gräberei (f)	labores } someras al (f. pl) } cielo abierto	minières (pl. f) à ciel ouvert
underground workings	Grubenbaue (m. pl)	labores (f. pl) mineras, minados (m. pl)	travaux (m. pl) de mines
deep mine workings	Tiefbau (m)	explotacion (f) por bajo de la galeria de desagüe	exploitation (f) au dessous de la galerie d'écoulement
working of lodes	Gangbergbau (m)	laboreo (m) de filones	ouvrage (m) } des exploitation (f) } filons
abandoned workings, old workings	Alte Verhaue (m. pl), „Alte Mann" (m)	trabajos (m. pl) antiguos de explotacion	anciens travaux d'exploitation
working by cross cuts	Querban (m)	explotacion (f) transversal	exploitation en travers
— by excavations	Weitungsbau (m)	explotacion por excavaciones	exploitation (f) par excavations
— by fire	Feuersetzen (n)	— por fuego	— par le feu
long wall } working long way }	Strebbau (m), [streichender —	— por tajos derechos	— par tailles droites
rising —	schwebender —	— por tajos montantes	— par { ascendantes tailles { montantes
diagonally —	diagonaler —	— por tajos oblicuos	— par { couchées tailles { obliques
working by pillars and stalls, — by post and stalls, — by boards and pillars, pannel work	Pfeilerbau (m)	— por pilares	— par { piliers { massifs
— home wards	Rückbau (m), Pfeilerrückbau (m)	— por huecos y pilares	— par piliers abandonnés
sink workings in salt mines	Sinkwerke (n. pl)	— de sal gema por lejivacion	ouvrage (m) de sel gemme par l'eau
working by sledge and wedge	Treibarbeit mit Schlägel und Eisen	— con el martillo y punteros	— par massette et coins
working by stopes	Stossbau, Strossenbau (m)	— por gradas derechas	— par gradins droits

English	German	Spanish	French
working (see pag. 124)			
— by overhand stopes	Firstenbau (m)	explotacion por gradas al reves	ouvrage par gradins [renversés]
square working	Schachbrettbau (m)	sistema (m) de huecos y pilares	— par piliers aban- donnés
dead workings, stone driving	Gesteinsarbeit (f)	trabajo (m) en la roca	travail (m) dans les [roches
working barrel of a pump	Pumpenstiefel (m)	cuerpo (m) de bomba	corps (m) de pompe
working door of a fur- nace, working hole	Arbeitsthüre (f)	puerta (f) de trabajo	porte (f) de travail
working face, working place	Arbeitsstoss (m), [Stirn (f)	frente (f) de un minado	front (m) d'un travail minière
working-pit	Förderschacht (m)	pozo (m) d'extraccion	puits (m) d'extraction
— with the rake (ore dressing)	Krückarbeit (f), Arbei- ten (n) mit der Kiste	trabajo (m) con el ba- tidor	râblage (m)
system of working	Abbaumethode, Abbau- art (f)	sistema (m) de explo- tacion	système (m) { d'exploi- méthode (f) { tation
workman (s)	Arbeiter (m)	trabajador (m)	ouvrier (m)
wrench (s)	Schraubenschlüssel (m)	llave (f) de tornillos	clef (f) à vis

Y.

yard (s) english — [0,914 m]	Elle (f) englische —	vara (f) — inglesa	aune (f) — anglaise
yellow copper see brass			
yield, value (s)	Metallgehalt (m), Halt	ley (f) en metal, conte- nido (m) metálico	teneur (f)
—, production	Ausbringen (n)	rendimiento	rendement, produit (m)
— (v. a) of ores	ausbringen, liefern	produir	produire
yttria (s)	Yttererde (f)	itria (f), óxido (m) de ítrio	oxyde (m) yttrique
yttrium (s) [Yt]	Yttrium (n)	ítrio (m)	yttrium (m)

Z.

zeolite (s) (Min.)	Zeolith (m)	zeolita (f)	zéolithe (f)
zinc (s) [Zn]	Zink (n), Spiauter, Spel- ter (m)	zinc, cinc (m),	zinc (m)
oxide (s) of — [Zn O]	Zinkoxyd (n)	óxido (m) { de zinc zíncico	oxyde (m) de zinc
protochloride of —	Zinkchlorür	protocloruro (m) de zinc	protochlorure de zinc
carbonate of — [Zn CO₃]	Zinkcarbonat(n),Kohlen- saure Zinkoxyd	carbonato (m) de zinc	carbonate (m) de zinc
sulphate of—[Zn SO₄]	Zinkvitriol, Schwefel- saure Zinkoxyd, Zink-	sulfato (m) de zinc,	
white } copperas vitriol	sulfat	vitriolo (m) { blanco de zinc	sulfate (m) } de zinc vitriol
sulphide { of zinc sulphuret { [Zn S]	Schwefelzink (n)	súlfuro (m) de zinc	sulfure (m) de zinc
zinc (v. a)	verzinken	cinquear	zinguer
zinc ores:	Zinkerze (n. pl):	minerales de zinc	minerais de zinc
blende, sphalerite [Zn S]	Zinkblende (f), Sphale- rit (m), Blende (f)	blenda, esfalerita (f)	blende, sphalérite (f)
smithsonite [Zn CO₃], dry bone of miners	Zinkspath (m), Smith- sonit, Kohlensaure Galmei	smithsonita (f), cala- mina (f) blanca	smithsonite (f), calamine carbonatée
zinciferous siderite, ferriferous smith- sonite	Eisenzinkspath, Zink- eisenspath	siderita zincífera, smith- sonita ferrífera	sidérite zincifère, smith- sonite ferrifère

.English	German	Spanish	French
zinc (see pag. 125)			
calamine, hydrosiliceous oxide of zinc [$Zn_2 SiO_4 + H_2O$]	Kieselgalmei, Kalamin, Kieselzinkerz, Kieselzinkspath	calamina (f) silícea, hemimorfita (f)	calamine siliceuse, hémimorphite (f)
willemite, siliceous oxide of zinc [$Zn_2 Si O_4$]	Willemit (m)	willemita (f)	willémite (f)
zinc distillation furnace	Zinkdestillirofen (m)	horno (m) de destilar el zinc	fourneau (m) à destiller le zinc
zinc dust (s) (met.)	Zinkstaub (m)	zinc (m) pulverulento	zinc (m) pulverulent
zinc white [Zn O]	Zinkweiss (n), Zinkblüthe (f)	blanco (m) de zinc	blanc (m) de zinc
sheet zinc (s)	Zinkblech (n)	zinc (m) { laminado, en chapas	zinc (m) { laminé, en plaques
zinciferous (adj)	zinkhaltig	zincífero	zincifère
zincky (adj)	zinkig, zinkartig	zíncido	zingueux
zircon (s) (Min.)	Zirkon (m)	zircon (m)	zircon (m)
zirconium (s) |Žr]	Zirkonium (m)	zircónio (m)	zirconium (m)

Abbreviatons:

f = femine
m = masculine
n = neuter
pl = plural
s = see

arch.	= architecture	hydr.	= hydraulics
ore dress.	= ore-dressing	surv.	= surveying
ming.	= mining	eng.	= engineering
chem.	= chemistry	mech.	= mechanics
elect.	= electrotechnology	met.	= metallurgy
geol.	= geology	min.	= mineralogy
tmg.	= timbering of mines	patio-proc.	= patio-process.

Gressner & Schramm, Leipzig.

Lightning Source UK Ltd.
Milton Keynes UK
UKHW020923080919
349407UK00002B/9/P